本专著出版受到国家社会科学基金一般项目——新产品开发模糊前端阶段企业技术差异化能力的提升机理研究（16BGL042）、西安石油大学优秀学术著作出版基金和陕西省创新与创业管理软科学研究基地的资助

企业技术差异化能力的提升机理

基于新产品开发模糊前端的实证研究

裴旭东　著

人民出版社

前　言

在竞争日益激烈和顾客需求快速变化的环境下,仅仅依靠企业内部资源难以满足产品持续创新的需求。模糊前端作为新产品开发的初始阶段,包括从创意产生到该创意得到认可或批准,形成产品概念,其执行效果和效率对企业新产品开发绩效有直接影响。在模糊前端阶段,企业需要大量的新思想和新创意以推动模糊前端活动的顺利实施。实践中,越来越多的企业在模糊前端阶段利用开放式创新模式从外部获取新产品开发所需的创意资源。然而,开放式创新模式在给企业带来外部资源机会和价值的同时,也在很大程度上给企业造成信息资源冗余的问题,使企业在模糊前端阶段难以精准识别和筛选外部创意资源,增加了模糊前端的"模糊性"。技术差异化能力可以有效实现创意资源的"去冗余化",降低模糊前端的"模糊性",提高创意资源价值识取的方向性和有效性。技术差异化能力是差异化和多样化技术知识的母体,是企业识别、获取、整合和重构内外部技术资源,生成多样化和差异化的技术知识,快速推出差异化产品或服务以及时响应顾客需求的一种动态能力。在新产品开发模糊前端阶段,技术差异化能力能够对多样化的创意资源进行严格筛选,优先考虑有发展潜力的创意,及时、有效地"去模糊化",以提高模糊前端的成功率。因此,厘清技术差异化能力的结构维度,探究在新产品开发模糊前端阶段技术差异化能力的提升机理对企业实现可持续创新至关重要。

本书考察了技术差异化能力的结构维度,探索了新产品开发模糊前端阶段技术差异化能力的影响因素,并揭示各个影响因素对技术差异化能力提升的微观机理。首先,基于扎根理论的研究方法,用开放式深度访谈和焦点小组会议收集原始材料,通过开放式编码、主轴编码和选择性编码,探索技术差异化能力的概念边界与结构维度。在此基础上编制技术差异化能力的量表,通过大样本问卷调研获取数据,运用探索性因子分析法提取公共因子,得到包括 38 个题项的技术差异化能力的正式测量量表,通过验证性因子法检验因子结构的稳定性,并对量表的信度和效度进行检验。其次,基于资源编排理论,通过文献研究法和企业访谈,识别并提取了模糊前端阶段技术差异化能力的影响因素,并确定了技术差异化能力影响因素的正式测量量表。最后,基于文献梳理和理论推导,构建了新产品开发模糊前端阶段企业技术差异化能力提升机理的概念模型,并提出研究假设。通过大样本问卷调查收集数据,运用结构方程模型和层次回归分析方法对所提研究假设进行实证检验。

研究结果表明:(1)企业技术差异化能力包含 4 个维度,分别是技术感知能力、技术捕捉能力、技术愿景能力和技术重构能力。其中,技术感知能力包含技术洞察能力、技术认知能力和技术信息处理能力;技术捕捉能力包含快速反应能力、技术协同能力和技术学习能力;技术愿景能力包含技术导向、技术机会识别能力和技术机会预判能力;技术重构能力包含技术扩散能力、技术开发能力和技术产出能力,所开发量表具有良好的信效度。(2)基于资源编排理论,运用探索性因子分析法提取了新产品开发模糊前端阶段企业技术差异化能力的 8 个关键影响因素,分别是界内创意资源识取、跨界创意资源识取、调整型集成方式、丰富型集成方式、开拓型集成方式、吸收能力、利用式创新导向和探索式创新导向。(3)基于理论推导,构建了新产品开发模糊前端阶段技术差异化能力提升机理的概念模型,明确了提升技术差异化能力的两条具体路径。路径 1:创意资源识取(界内资源识取和跨界资源识取)—创意资源集成方式(调整型集成、丰富型集成和开拓型集成)—资源价值创造(技术差异化能力);路径 2:创意资源识取—资源价值创造,在这一路径中吸收能力、创新导向(探索式创新导向和利用式创新导向)作为调节变量调节上述的影响关系。具体而言,在路径 1 中,界内资源识取对调整型集成和丰富型集成有显著的正向影响,跨界资源识取对丰富型集成和开拓型集成有显著的正向影响;调整型集成、丰富型集成和开拓型集成均对技术差异化能力有显著的正向影响;调整型集成和丰富型集成在界内资源识取和技术差异化能力关系间具有部分中介效应,丰富型集成和开拓型集成在跨界资源识取和技术差异化能力关系间具有部分中介效应。在路径 2 中,界内资源识取和跨界资源识取对技术差异化能力具有显著的正向影响;吸收能力在界内资源识取和技术差异化能力、跨界资源识取和技术差异化能力之间均具有正向调节效应;利用式创新导向正向调节界内资源识取和技术差异化能力之间的关系,探索式创新导向正向调节跨界资源识取和技术差异化能力之间的关系。

　　研究结论明确了技术差异化能力的概念边界与结构维度,以及在新产品开发模糊前端阶段影响企业技术差异化能力的关键因素,揭示了新产品开发模糊前端阶段企业技术差异化能力提升的深层次原因,推进了技术差异化能力领域的相关研究,为企业如何在新产品开发模糊前端阶段构建和提升技术差异化能力提供理论借鉴和实践指导。

目　录

绪　论

　　绪论阐述了新产品开发模糊前端阶段技术差异化能力的研究背景,提出什么是技术差异化能力的含义以及构成维度,在新产品开发模糊前端阶段影响技术差异化能力的因素有哪些,以及这些因素影响企业技术差异化能力的路径是什么的问题。而后描述了研究内容与目标,界定了关键概念,并对研究方法和结构安排加以叙述,为后续研究的展开提供方向和指引。

第一节　研究背景

　　如何产生有创造力的创意是企业新产品开发的核心活动。企业新产品开发能力是保证其竞争优势和核心竞争力的关键所在,而能够产生质量高且具有新颖性的创意是企业新产品开发能力得以持续精进的前提和基础,是企业从事技术创新所需的新型驱动力,也是激发新产品开发活动的触发点。近年来,新产品的生命周期越来越短,产品的设计和开发越来越重要,新产品开发的重要性也大大提高,成为各行业企业生存的基本要素之一。在生产基地进行大规模生产之前,新产品开发管理的目的是控制生产过程中从最初构思到停产所涉及的成本和时间。有效的新产品开发管理可以提高企业的市场竞争力,使企业持续发展。同时在新产品开发阶段,结果导向、客户视角和战略等因素对新产品开发过程的绩效具有重要影响。为了防止新产品开发的失败,一些学者和工业实践者从理论、模拟和预测等方面研究了各种分析新产品开发过程的措施。其中一些人采用公理设计和创造性问题解决理论来支持创新过程,从而在现有产品中创造出创新元素,以满足客户和市场的突出需求。此外,客户参与新产品开发过程作为共同创造的一种形式,使公司和客户可以共同开发出更好的新产品。除了满足客户的需求外,近期的新产品设计更倾向于可持续发展和绿色环保,同时应消除新产品开发过程中的浪费。因此,新产品开发的可持续性成为决定新产品开发过程成功与否的关键因素。然而,创意资源价值的实现取决于新产品开发模糊前端的创意管理实践与资源配置的效率。

模糊前端作为新产品开发过程中创意产生的源头和"集聚地",其执行效果和效率对企业新产品开发绩效有直接影响。尽管现有研究中学者们对模糊前端(fuzzy front end)活动的定义各有侧重,但均认为它是新产品开发过程中混乱的"开始"阶段,处于新产品开发流程中的初始或早些时期,主要包含创意的出现、创意的选择、创意产品的概念探索与检测。在此阶段会形成将要开发的产品概念,并决定是否将资源投入某一个产品概念的进一步开发中。尽管模糊前端阶段可能不需要大量的资本投资,但要占用 50%以上的新产品开发时间,其失败率高达 98.13%。模糊前端并非"新产品开发前"偶然发生的一件事情,而是新产品开发过程中必须要经历的一个阶段。它是新产品开发中最薄弱的环节,但却是改善企业新产品开发绩效和提升产品创新能力的引擎和推动力[科茨克等(Kock,et al.),2015;瓦格纳(Wagner),2012]。

通过对现有文献的梳理,我们列举了一些针对模糊前端概念的学者观点。从表 1 中可以看出,大部分学者将新产品开发模糊前端活动分为机会辨识与分析、创意产生、创意评估与筛选、产品概念发展和方案评估五个部分。

表 1　新产品开发模糊前端活动定义

学者	机会辨识与分析	创意产生	创意评估与筛选	产品概念发展	方案评估
格里芬(Griffin,1997)				■	■
罗素和蒂皮特(Russell, Tip-pett,1998)		■		■	
库珀(Cooper,1998)		■	■		
库珀和克莱因斯密特(Cooper,Kleinschmidt,1998)		■		■	■

学者	机会辨识与分析	创意产生	创意评估与筛选	产品概念发展	方案评估
库拉纳和罗森塔尔（Khurana，Rosenthal，1998）	■			■	■
伯德里希（Boeddrich，2001）	■	■	■	■	
德佩等（Deppe，et al.，2002）		■	■	■	
桑德梅尔等（Sandmeier，et al.，2004）	■	■	■		
卡根和福格尔（Cagan & Vogel，2002）	■			■	
赫施塔特等（Herstatt et al.，2004）		■		■	
赖德和布伦塔尼（Reid，Brentani，2004）	■	■	■	■	
波斯特马等（Postma，et al.，2012）		■	■		

封闭式创新模式曾经在新产品开发模糊前端阶段起着至关重要的作用（即封闭式模糊前端），该模式对企业内部研发能力要求很高，强调自我依赖型创新，通过企业内部搜索模式收集并选择创意资源，进行持续和高强度的新产品开发活动，构建强大的内部研发能力从而建立竞争优势。然而，这种封闭式模糊前端模式会使企业陷入创意资源来源单一化而导致的"能力刚性"问题［春（Chun），2014］，阻碍企业发现更多可供选择的差异化和多样化创意资源。由此，有学者提出开放式模糊前端的概念，开放式模糊前端的本质是一个模糊前端全过程的开放行为，重点关注在此阶段企业内外部创意资源的流动与交换，让企业能够像使用内部创意资源一样使用外部创意资源。相对于封闭式模糊前端，开放式模糊前端不再强调对创意资源的所有和控制，而是强调对创意资源的识别、获取与整合（Wagner，2012）。

由图 1 可以看出，随着时间的推移，与封闭式模糊前端相比较，开放式模糊前端的模糊程度在下降，虽然创意成本在不断上升，但是开放式模糊前端创意成本明显低于封闭式模糊前端的创意成本，而且在开放式模糊前端新产品开发周期大大缩短的情况下,上市时间也显著变短。

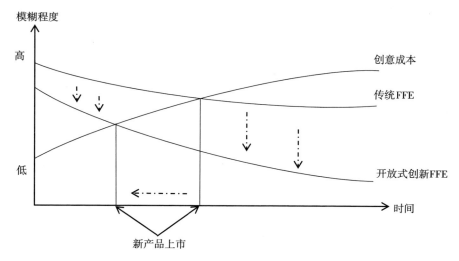

图1 封闭式模糊前端和开放式模糊前端的比较

资料来源:张嘉华:《构建模糊前端开放式策略的系统思考模式》,《南台学报》2011年第4期。

图2是著名的"创意漏斗模型"。在此基础上,有学者将模糊前端分为三个阶段:机会辨识与分析阶段、创意产生与评估阶段、新产品概念发展阶段。这三个不同阶段中,创意资源所起的重要作用如图3所示。

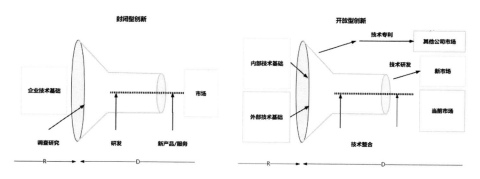

图2 创意漏斗模型

在开放式模糊前端,开放对象包括供应商、用户、竞争对手、大学、其他科研机构、创新中介以及专业服务机构等,它们套嵌在密集的关系网络中通过多方互动,驱使创意资源向核心企业流动[菲格雷多和保罗(Figueiredo,Paulo),2002]。

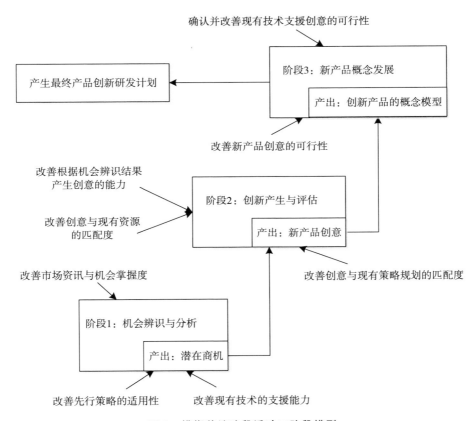

图 3　模糊前端阶段活动三阶段模型

资料来源:张嘉华:《构建模糊前端开放式策略的系统思考模式》,《南台学报》2011 年第 4 期。

有研究认为,由于企业对外部创意资源具有有限的感知能力,其认知注意力只能是有限的创意资源。在开放式模糊前端模式下,企业需要对来自外部海量的创意资源信息进行筛选,这会在很大程度上给企业造成创意资源冗余的问题[劳尔森(Laursen),2006]。也就是说,开放式模糊前端在给企业带来大量外部创意资源机会价值的同时,也使得企业在对外部创意资源选择时很难做到对真正所需的创意资源进行精准的识别和筛选[雷亚尔等(Real,et al.),2006],无法客观合理地评价外部创意资源的新颖性、复杂程度和契合程度,使得创意资源获取的方向性和有效性差,导致创意管理实践低效率和资源配置不合理,从而在源头上造成开放式模糊前端呈现出模糊性的特征[罗森考普福山和内长(Rosenkopf,

Nerkar),2001]。珀茨(Poetz,2012)研究发现,虽然在开放式模糊前端阶段企业获取的创意数量在大幅度增长,部分创意在创新性和客户收益方面也有较高价值,但是这些创意实施的可行性却较低,很难顺利进入新产品开发后端。因此,在模糊前端阶段企业如何能够找到对所需创意资源进行识别和筛选的方法就能在很大程度上解决"去模糊化"的问题。

诸多学者提出,应使用一些管理工具和模型对模糊前端过程进行结构化的定量分析,通过量化模糊前端过程中的每个步骤,以确定哪些因素会导致其"模糊化"的问题,再对模糊前端进行弹性化再设计以消除这些因素的影响,进而达到"去模糊化"的目的[科茨克等(Kock, et al.),2015]。然而,模糊前端阶段非结构化和不确定性等固有特征导致了这种"去模糊化"方式的效果欠佳,而且这种观点忽视了开放式模糊前端本质上是对创意资源进行管理的客观事实(裴旭东等,2018)。如果在创意资源管理中不能做到对其进行精准的识别和筛选,就无法形成清晰的产品概念,"去模糊化"问题就得不到根本解决。因此,及时有效地识别和筛选创意资源价值机会,预判其成长性和未来运用前景是开放式模糊前端能否"去模糊化"的触发点,更是实现创意资源价值获取和利用的前提和基础。以苹果企业为例,2015 年 9 月苹果企业正式上线了 Apple News,与竞争对手脸书(Facebook)的 Instant Articles、Flipboard 及今日头条等第三方聚合新闻类 App 相比,Apple News 的独到之处在于:其一,采用 Apple News Format 数字出版格式,可支持自定义字体、图库、音频、影片及交互式动画,这就使得大量出版商可以编排出最符合 iOS 使用者需求的精美版面,从而提升整体阅读体验。其二,与同类中大部分新闻类 App 的推荐机制几乎完全依赖于大数据和智能算法不同,Apple News 在依靠算法的同时加入了人工推荐机制以弥补完全依赖于数据算法的不够精确等诸多缺陷,这种混合式推荐机制最大限度地满足了用户的需要。凭借大量传统新闻出版企业的支持,Apple News 在新闻产业中占据了重要的一环。探究苹果企业获得成功的深层次原因在于其凭借自身技术差异化能力(technological distinctive competencies),在新产品开发模糊前端阶段对大量创意资源进行了精准的识别和筛选,较好地帮助了苹果企业内部专业评估团队充分论证创意资源的设计理念、契合度、市场潜力、财务风险、市场定位等内容,进而从大量创意中筛选出符合苹果企业要求的原始创意,及时、有效地"去模糊化",大大提高创意资源甄选效率,进而降低模糊前端不确定性。技术差异化能力是差异化和多样化技术知识的母体,是企业识取、整合和重构内外部技术资源,生成多样化和差异化技术知识,以快速推出差异化产品或服务以及时响应顾客需求的一种动态能力。

综上,为实现模糊前端阶段创意资源的精准识别和筛选,将有发展潜力的创意资源转化为产品概念,企业需要跨越技术差异化能力这道"鸿沟"。技术差异化能力能够帮助企业在新产品开发模糊前端阶段对多样化的创意资源进行严格筛选,并优先考虑有发展潜力的创意,及时、有效地"去模糊化",提高模糊前端的成功率(裴旭东等,2018)。因此,在新产品开发模糊前端阶段如何提升企业技术差异化能力逐渐成为近年来学术界和实践界的研究热点。

第二节　研究问题的提出

史密斯和莱纳森(Smith,Reinertsen,1991)最先提出模糊前端的概念,此后学者深入探讨了模糊前端的内涵和边界,并重点围绕模糊前端的关键成功因素、模糊前端管理实践及模糊前端对新产品开发绩效的影响三个主题展开研究。关于模糊前端的关键成功因素主要包括企业创意战略、企业有组织的创意搜寻行为、模糊前端管理技能、高层支持、对有创造性创意的激励措施,以及对模糊前端进行弹性设计等[科茨克等(Kock,et al.),2015;阿尔布拉斯和贾亚拉姆(Alblas,Jayaram,2013);维尔沃思等(Verworn,et al.),2009]。关于模糊前端管理实践主要涉及一些具体的工具、模型和管理战略,如项目组合管理、对模糊前端进行全要素管理、构建内部技术共享平台,以及绘制技术路线图等[威廉姆斯和萨姆塞(Williams,Samset),2010;阿加尔德(Aagaard,2012);陈劲和黄淑芳,2014]。但是,有学者指出现有研究大多是在封闭式创新模式下展开,主要关注企业在新产品开发模糊前端阶段如何充分利用内部资源以确保模糊前端活动的成功[波什凯拉和马丁苏(Poskela,Martinsuo),2009;贝尔特尔斯等(Bertels,et al.),2011;瓦格纳(Wagner),2012]。然而,全球化与技术进步延伸了企业新产品开发活动的边界,企业更需注重外部资源的流入,通过有效整合和利用内外部资源,以促进产品创新活动的顺利进行。瓦格纳(Wagner,2012)强调开放式创新模式与封闭式创新模式下的新产品开发活动特征存在显著差异。关于模糊前端对新产品开发绩效影响的研究在结果上则呈现出相互矛盾的情形,如有学者认为企业模糊前端实践对新产品开发绩效有显著正向影响[马尔克姆(Markham),2013],而实证研究结果表明,模糊前端增加项目本身的复杂性和企业间协调成本,因此降低了新产品开发效率[约根森等(Jörgensen,et al.),2011]。这些观点不一致的主要原因是我们对新产品开发模糊前端阶段如何"去模糊化"的理解和把握不够准确,以至于不能完全打开如何"去模糊化"的黑箱,造成缺乏对创意资源进行系统化的评估和筛选,导致创意管理实践的低效率和资源配置的不合理。

有学者提出企业拥有的差异化和多样化技术知识能够有效解决这个问题,通过在模糊前端阶段对大量和多样化的创意进行严格选择和优先考虑有发展潜力的创意,及时、有效地"去模糊化",能够提高模糊前端的成功率[沃瓦克等(Wowak,et al.),2016;科茨克等(Kock,et al.),2015;马尔克姆(Markham),2013]。技术差异化能力是差异化和多样化技术知识的母体,是企业整合和重构内外部技术资源,形成多样化的技术轨道,快速推出差异化产品或服务以及时响应顾客需求的一种动态能力。但什么是技术差异化能力?技术差异化能力如何测度?其在新产品开发模糊前端阶段关键影响因素以及因素间的作用机理是什么?已有研究对这些问题的关注明显不足。

基于此,本书研究主题可以被分解为三个科学研究问题:

第一,技术差异化能力的含义以及构成维度是什么?前期研究忽略了新产品开发模糊前端阶段技术差异化能力所起的重要作用,未完全解决"技术差异化能力是什么以及包括哪些维度"的问题,这在很大程度上阻碍了我们对技术差异化能力构念的总体认知与把握,也不利于有效开展围绕技术差异化能力问题的相关研究。因此,有必要在已有研究成果的基础上,探究技术差异化能力的概念边界和结构维度,构建一套信度和效度良好的测量量表,为研究新产品开发模糊前端阶段企业技术差异化能力提升机理奠定重要的前期理论基础。

第二,在新产品开发模糊前端阶段,哪些因素会影响技术差异化能力?前期研究仅对技术能力和技术创新能力等概念进行了简单的借鉴,并未体现新产品开发模糊前端阶段中技术差异化能力的重要作用,研究结果虽然对理解和把握技术差异化能力的影响因素提供了一定的理论依据,但是缺乏研究的情境性,不利于从整体层面认识技术差异化能力的关键影响因素以及各个因素之间的作用机理。本书基于资源编排理论视角探究了在新产品开发模糊前端阶段企业技术差异化能力的影响因素,遵循规范的研究方法提取和命名各个因素,并检验各个因素因子结构的稳定性。

第三,在新产品开发模糊前端阶段,这些关键因素通过怎样的路径影响企业技术差异化能力?虽然前期有研究涉及技术差异化能力的影响路径问题,但是研究的针对性和系统性较弱,深度不足,影响因素间的内在逻辑关系还需进一步探讨。本书基于资源编排理论视角,提出了"资源构建→资源整合→资源价值创造"的研究思路,厘清技术差异化能力各个影响因素间的关系,深入揭示新产品开发模糊前端阶段企业技术差异化能力的提升机理,丰富和发展新产品开发模糊前端阶段企业技术差异化能力的研究,为企业在新产品开发模糊前端阶段利用技术差异化能力有效"去模糊化"提供理论借鉴和实践指导。

第三节　研究内容与目标

一、研究内容

研究内容主要包括以下三个方面:

(1)企业技术差异化能力构成维度的研究。基于对已有研究文献的梳理和分析,严格按照扎根理论的研究方法,采用开放式深度访谈和焦点团队访谈,探索企业技术差异化能力的构成维度,回答"企业技术差异化能力是什么"的问题,在此基础上构建一套信度和效度良好的测量量表,为研究新产品开发模糊前端阶段企业技术差异化能力提升机理奠定理论基础。

(2)新产品开发模糊前端阶段企业技术差异化能力的关键影响因素研究。首先,借鉴已有研究成果,并结合企业访谈和问卷调研,提出新产品开发模糊前端阶段企业技术差异化能力影响因素的初始测量量表。其次,收集数据进行问卷的预测试,以净化测量量表中的题项,从而得到有效的测量量表。运用探索性因子分析法,总结出新产品开发模糊前端阶段企业技术差异化能力的影响因素,通过验证性因子分析法来测定各因素因子结构的稳定性,获得新产品开发模糊前端阶段企业技术差异化能力影响因素的最终测量量表,从多视角把握在新产品开发模糊前端阶段企业技术差异化能力的影响因素,克服从单一视角展开分析的局限性。

(3)新产品开发模糊前端阶段企业技术差异化能力提升机理研究。基于探索性因子分析所得到的影响因素,在理论推演的基础上构建研究模型,借助统计软件,检验这些因素如何对新产品开发模糊前端阶段企业技术差异化能力产生影响,深刻揭示新产品开发模糊前端阶段企业技术差异化能力提升的微观机理,推进新产品开发模糊前端阶段如何提升企业技术差异化能力的相关研究。

二、研究目标

本书希望通过研究实现以下三个目标:

(1)探索和验证企业技术差异化能力的构成维度,设计并开发技术差异化能力的测量量表,打破技术差异化能力定性研究方法的桎梏,为新产品开发模糊前端阶段企业技术差异化能力提升机理的量化研究奠定重要的前期理论基础。

(2)系统梳理、归纳和验证新产品开发模糊前端阶段企业技术差异化能力的关键影响因素。基于资源编排理论视角,归纳新产品开发模糊前端阶段企业技术差异化能力的关键影响因素,并结合企业深度访谈和问卷调研,运用探索性和验证性因子分析法,总结出新产品开发模糊前端阶段企业技术差异化能力的影响因素。

(3)通过对新产品开发模糊前端阶段企业技术差异化能力提升机理的研究,丰富新产品开发模糊前端阶段企业技术差异化能力的相关理论。根据前文提出的影响因素,分析各影响因素对企业技术差异化能力的作用,提出研究假设。应用统计分析方法开展实证研究,以确定这些因子如何影响新产品开发模糊前端阶段企业技术差异化能力,揭示新产品开发模糊前端阶段企业技术差异化能力提升机理,从而为新产品开发模糊前端阶段企业技术差异化能力的构建奠定理论基础。

第四节　关键概念界定及说明

本书旨在探讨新产品开发模糊前端阶段企业技术差异化能力的提升机理,因此本节对新产品开发模糊前端和技术差异化能力进行界定,其余构念在其他章节分别进行详细论述。

一、新产品开发模糊前端

模糊前端是指新产品开发过程中混乱的"开始"阶段,在此阶段会形成将要开发的产品概念,并决定是否将资源投入某一个产品概念的进一步开发中。新产品开发模糊前端要占用 50% 以上的新产品开发时间,其失败率高达 98.13%,它是新产品开发过程中最薄弱的环节,但却是改善企业新产品开发绩效和提升产品创新能力的引擎和推动力。模糊前端是史密斯和莱纳特森(Smith,Reinertsen,1991)提出的一个构念,被认为是新产品开发过程的第一个阶段,大致涵盖了从一个想法产生到内部研发团队达成一致,被批准开发或终止的阶段。史密斯和莱纳特森利用"模糊前端"这个术语来指明在团队被分配到一个创意之前,对创意进行开发活动的这段期间。他们认为,在改善新产品绩效的所有措施中,对模糊前端进行有效管理是实现新产品开发成本最低、开发时间最节省的方法。此后,模糊前端开始受到学者们的广泛关注,大量的相关研究由此展开。模糊前端是整个创新过程的开端,它发生在新产品开发之前。新产品开发是整个创新过程的系统项目部分,整个过程的有三个部分:模糊前端、新产品开发和商业化部分。模糊前端与之后的新产品开发部分不同,没有明确的阶段[库恩等(Koen, et al.),2002;库恩等(Koen et al.),2001;库拉纳和罗森塔尔(Khurana, Rosenthal),1998]。模糊前端包括持续的、针对具体想法的创新活动,这些活动发生在明确承诺的、个性化的新产品开发项目之前。库拉纳和罗森塔尔(Khurana, Rosenthal,1998)认为,当一个组织将资源集中用于某个研发项目时,某个创意的模糊前端也就结束了。他们认为,在决定将资源集中用于某个研发项目之前发生的创新行动也是模糊前端的一部分。库恩等认为,在正式和系统的新产品开发部分之前进行的所有创新活动都属于模糊前端,因为有些想法在模糊前端期间也可能拥有大量资源。金和威利蒙(Kim,Wilemon,2002)认为模糊前端开始于组织首次考虑商业机会之时,结束于产品创意准备进行系统和正式开发之时。库恩等(Koen et al.,2001)也认为,模糊前端的开始可以是一个想法的产生,也可以是一个机会的发现。

埃林等(Eling et al.,2017)的研究采用了库恩等或金和威利蒙关于模糊前端部分的定义。作为对模糊前端定义的总结,模糊前端始于一个组织发现一个机会或产生一个想法。当正式决定启动新产品开发项目并将大量研发资源用于某个新产品开发项目时,模糊前端结束[埃林等(Eling et al.),2017;埃林等(Eling et al.),2014]。然而,在实践中,要明确界定模糊前端各部分的起点和终点并不容易,而且模糊前端的长度也可能差别很大[斯皮思和约阿希姆(Spieth,Joachim),2017]。所有上述作者都认为,模糊前端部分包括创新活动,如机会识别或潜在客户需求发现、创意产生本身以及商业计划和明确产品概念的开发。这些创新活动发生在根据某个机会或想法启动新产品开发项目之前。选择合适的机会、产生想法和开发概念所需的时间,取决于应减少多少模糊性,从而使新产品开发项目的进行合理合法[格里芬(Griffin),2014]。

模糊前端部分的重要性至关重要,因为早期阶段的决策和创新活动通常会对研发项目和总体创新绩效产生长期的后果和影响[斯皮思和约阿希姆(Spieth,Joachim),2017]。有观点认为,大多数研发项目在模糊前端开始时就失败了,而不是在新产品开发部分或商业化过程中[布伦塔尼和雷德(Brentani,Reid),2012]。模糊前端问题的出现通常是由于一个组织,尤其是其高级管理人员没有有效管理模糊前端活动的系统方法。另外,外商投资企业内部过于严格和正式的管理方法可能会降低员工的创造力。因此,在效率和创造力之间保持平衡是联邦经济研究所取得成功的关键问题[科克等(Kock et al.),2015]。

基于已有研究,模糊前端内涵理解大致可分为两种:一种是过程观,另一种是活动观。前者认为模糊前端是整个新产品开发的"早期"阶段,其本身还包括多个有着明确先后顺序的子阶段。格里芬(Griffin,1997)对企业新产品开发进行建模和测量时,把模糊前端划分为"0"和"1"这两个阶段,"0"是指产品概念的形成阶段,"1"是指对项目进行评估从而决定企业是否对该产品概念进行投资的阶段。罗素和蒂皮特(Russell,Tippett,2008)以医疗机械行业为例,较为详细地探究了影响行业内企业新产品开发模糊前端成功的关键因素,罗素和蒂皮特将新产品开发模糊前端分为创意形成和项目评估及选择两个阶段,其中创意形成包括外部机会的识别和选择、制定前端战略、选择前端战略、进行创意组合分析和筛选有发展潜力的创意。库珀(Cooper,1988)认为,在企业进行新产品开发开始之前,需要做更多的前期准备工作。企业必须尽早决定是否终止恶化的新产品开发项目,因为当项目进入新产品开发阶段,停止其进展是不太可能的。库珀指出,通过选择最有希望的创意和想法,企业有可能最大化实现新产品开发成功的可能性。库珀将新产品开发模糊前端划分为创意和想法的形成、产品概念形成和定义及项目评估三个子阶段。库拉纳和罗森塔尔(Khurana,Rosenthal,1997)认为,模糊前端包括产品战略制定和沟通、机会识别和评估、创意产生、产品定义、项目规划和执行评审。库珀(Cooper,1993)区分了模糊前端的四个阶段:创意的产生、初始筛选、初步评估和产品概念形成。他强调了与市场信息有关的活动和技术活动的重要性。桑德梅尔等(Sandmeier,et al.,2004)研究了新产品开发模糊前端阶段如何进行结构化和整合化的问题,提出了所谓的"三阶段模型",认为模糊前端过程中需要包含对相关市场及技术机会的辨识、产品和商业创意的形成、提出产品概念和制订商业计划。

与桑德梅尔的观点相似,库拉纳和罗森塔尔(Khurana,Rosenthal,1997)也认为新产品开发模糊前端可以分为三个阶段:0阶段前是指对外部市场和技术机会的识别和筛选,阶段0是指形成产品概念和对该产品概念进行内涵化的阐述,阶段1是指对项目计划进行评估。波斯特马等(Postma,et al.,2012)认为新产品开发模糊前端包括对技术和市场机会的识别和分析、筛选并形成创意、提出新产品或服务的概念三个阶段。通过对现有文献的梳理,我们发现虽然学者们对新产品开发模糊前端各阶段的划分不尽相同,但却涵盖了对外部资源机会识别和筛选、创意和想法的形成以及建构清晰的产品概念这几个共同的基本阶段。然而,目前学术界和实践界就新产品开发模糊前端起始于对外部资源机会的识别还是创意和想法的生成并没有形成统一的理解。而有关新产品开发模糊前端的终点是对项目计划进行评估以确定是否需要进一步投资,即准备进入新产品开发的执行阶段,大多数学者的观点都相同。

基于活动观的观点认为,新产品开发模糊前端是一个非常规化与异常模糊的阶段,这一阶段存在高度动态性、不确定性和模糊性,导致模糊前端阶段的任务和决策往往是不明确的、非常规的和临时的,需要创造性和灵活性来应对这种固有的不确定性。因此,即便是使用一个有着明确顺序的过程模型也不能很好地解释新产品开发模糊前端的全貌。研究需要将更多的关注点放在新产品开发模糊前端的活动内容而非过程上。布德里奇(Boeddrich,2004)提出企业新产品的开发流程大致有两步:第一,在新产品开发时的模糊前端流程中企业需要提前进行前期开发工作,从创意生成到项目评估。新产品开发过程的模糊前端阶段包括从最初想法出现到产品开发开始的这段时间,这一阶段的特点是不正规和定义不清的流程、临时决策,以及高度动态性、不确定性和模棱两可性。第二,进入更正式、结构更好的新产品开发阶段,开发工作采用项目管理方法进行,并通过计划和实施来完成目标。库恩等(Koen,et al.,2001)特别指出模糊前端的起点将起始于挖掘商机,然而企业机会的来源以及类型、种类众多,应该多元搜集并辨识各类资讯,明确定出未来发展的方向,新的机会形态可以是新产品架构、新制造流程、新服务流程或是新营销方式,而阿尔季奇维里等(Ardichvili,et al.,2003)基于资源基础理论的观点,探讨了机会辨识阶段活动的内容,包含寻找市场需求或未被完善利用的资源、发掘特有市场需求与特有资源的关联性,以及创造新市场的需求与特有资源的联结方式。而当企业挖掘到新市场机会后,则须进一步评估与组织发展策略的配合程度以及技术可行性等。当发掘商机后,则应该搜集可能的创意构想,在取得足够的创意后,经创意实现便可落实到产品或服务中,因此,模糊前端的最后一个阶段即为产品概念发展,此时必须考虑现有技术面的可行性、市场面的顾客需求,以及市场潜力等方面,借此来评估并选择适合新产品开发的产品概念组合。维泽尔和罗伯特(Veryzer,Robert,1998)认为渐进性产品与突破性产品的新产品开发流程方面的差异在于它们各自的模糊前端不同。在模糊前端,随着创意产生(构思)过程的知识越来越多,企业可以使用一些"去模糊化"的工具和方法(例如,通过创意模板等)进行创意的管理实践,或在模糊前端阶段采用跨职能团队的方式组织和管理创意。模糊前端决定了哪些项目将被进一步执行,同时质量、成本和时间主要在模糊前端进行定义。在这个早期阶段,不需要花费太多成本进行优化就能对整个新产品开发过程产生很大影响。马克里等(Makri,et al.,2010)认为新产品开发模糊前端是指在项目进入正式的产品开发系统之前对一个产品的一系列开发工作,包括技术合理性的论证、早期市场调查、财务可行性分析、商业模式开发,以及撰写商业计划书。乌尔里和艾平格(Ulrich,Eppinger,2003)对新产品开发过程进行了设计,认为模糊前端特指新产品概念的开发阶段,在此阶段中通常要依靠内部研发人员的创意与经验,并且辅以市场预测的做法,以便能够产生成功的产品开发方案,顺利、快速地将产品或服务推向市场,但因为新产品开发策略一向被视为企业重要的私有资产,也因此在传统产品开发的做法上属于封闭式模式,也仅在企业界限内通过内部可应用资源来发展。不仅受限于模糊前端阶段的决策不确定性与资源的有限性,使得产品从概念研发到成功上市的时间被拉长,因而企业经常会失去"先动"(first-mover)的优势。在此阶段若是有明确的模式有效降低新产品在初始开发中的市场风险及技术风险,加速新产品的成功面市,企业将满足永葆活力的基本条件。综上所述,基于活动的观点将新产品开发模糊前端流程大致总结成四个步骤:识别外界机会、形成创意及想法、界定新产品的概念与逻辑、提出新产品的开发规划,该观点更加强调新产品开发模糊前端本身的内容,而不是活动发生的先后顺序。

　　整个新产品开发过程的开端通常是不明确的,在新产品开发模糊前端期间模糊程度较高[金和威利蒙(Kim,Wilemon),2002]。张和道尔(Zhang,Doll,2001)提供了一个因果模型,说明外部环境的模糊性会导致组织的团队愿景不清晰。即使无法直接管理这种外部模糊性,也可以通过从不同角度对其进行持续分析来加以理解。金和威利蒙(Kim,Wilemon,2002)认为,新产品开发模糊前端的模糊性阻碍了明确的创新决策和行动,因为某个机会或想法的商业潜力太不明确,无法从根本上论证。高模糊性增加了正确理解问题和决定正确行动的难度和风险。

许多外部和内部因素都可能是模糊的,如果组织不减少模糊性,就会造成负面影响。新产品开发模糊前端的模糊性是由客户、技术和竞争对手等外部问题造成的。此外,金和威利蒙(Kim,Wilemon,2002)还指出,组织的内部因素,如所需资源、战略适应性和能力,也可能是模糊性的来源。如果模糊性过高,组织可能会出现时间延误、资源浪费和概念失败等问题。减少模糊性,尤其是其负面影响,是新产品开发模糊前端部分的一个关键目标。减少模糊性是通过与新产品开发模糊前端相关的创新行动(如识别和分析机会)来实现的。学习和获取更多知识和信息是减少模糊性的最通用方法[史蒂文斯(Stevens),2014],消除模糊性的负面影响会对新产品开发模糊前端和组织的整体创新绩效产生有利影响。常等(Chang et al.,2007)认为,模糊性也可能对创新绩效产生积极影响,因为创新者可以在没有明确界限的情况下更有创意、更自由地处理问题。因此,管理模糊性的负面和正面影响可以提高创新者的效率和创造力。

新产品开发模糊前端开始时的模糊度通常最高。可以采取各种创新行动来减少模糊性。获取足够的信息和知识以做出正式决策,最终可能会从一个潜在的创意概念开始启动一个新产品开发项目[金和威利蒙(Kim,Wilemon),2002]。然而,人们发现,模糊度可以以各种方式动态变化,例如,模糊度水平可以先上升后下降,形成 U 形曲线。这是因为某些创新行动或其执行顺序实际上可能会增加模糊性[常等(Chang et al.),2007]。

通过指定决策点,可以将新产品开发模糊前端和整个创新过程分解为更容易理解的阶段。从新产品开发模糊前端过渡到新产品开发部分可以被视为最明显的决策点,因为它包括研发项目的正式启动决策。为了达到这一点,企业可能需要将模糊性降低到批准级别。批准级别取决于概念和组织的具体情况,因为不同的概念和组织的团队对风险的承受能力、技术准备情况、可用资源、加快研发的外部和内部压力等都可能有很大的不同[金和威利蒙(Kim,Wilemon),2002]。其他决策点可以通过新产品开发模糊前端流程模型来识别。明确进入另一项创新活动,特别是当团队决定如何继续时,可用于分解新产品开发模糊前端流程和减少模糊性。新产品开发模糊前端的决策点可分为新产品开发模糊前端开始、项目启动、创意筛选和进入开发阶段[埃林等(Eling et al.)，2014]。

由于某些创新行动可能会增加模糊度，因此模糊度维度是更准确地定义和理解新产品开发模糊前端模糊性的一种方法。模糊性可分为不确定性、模棱两可性和复杂性，它们共同构成了新产品开发模糊前端的整体模糊性[常等(Chang et al.)，2007]。弗里萨马尔等(Frishammar et al.，2011)只将模糊性分为不确定性和等价性，但他们也提到了复杂性是等价性的一部分。此外，常等(Chang et al.，2007)还在模糊性维度列表中增加了可变性，尽管可变性通常被视为不确定性的一部分[施韦策等(Schweitzer et al.)，2016；史蒂文斯(Stevens)，2014]。

新产品开发模糊前端模糊性的维度可定义如下。不确定性可被视为当前状态与理想结果之间的信息差距[塔纳索邦等(Thanasopon et al.)，2016；史蒂文斯(Stevens)，2014]。不确定性是指在创新过程中采取错误行动和决策的风险[沃恩(Verworn et al.)，2008]。等价性是指缺乏共同的意义或理解，因为不同的人对同一事件和影响因素的理解可能各不相同，因此，他们可能会得出完全不同的假设和决定[史蒂文斯(Stevens)，2014；弗里萨马尔等(Frishammar et al.)，2011]。复杂性是一个数据处理问题，因为大量获取的信息和知识并不是以简单的方式相互作用的，这使得有效、正确地理解数据变得更加困难[史蒂文斯(Stevens)，2014]。变异性是指变化的速度，可视为整体模糊性的时间维度[常等(Chang et al.)，2007]。

从组织的角度来看，模糊性的维度可分为外部维度和内部维度。不确定性是组织的外部因素[常等(Chang et al.)，2007]，不确定性维度的模糊性是由于商业环境的形势和趋势而形成的[斯皮思和约阿希姆(Spieth, Joachim)，2017]。可变性也是一个外部因素，因为它基本上是商业环境和某个行业的变化率[常等(Chang et al.)，2007]。均衡性可被视为组织与其商业环境之间的边界，因为客户需求和可行的产品功能是由内部和外部行为者共同决定的[弗里萨马尔等(Frishammar et al.)，2011]。复杂性是一个更为内在的因素，因为通过清晰的流程和渠道，将获取的数据处理和结构化为更小、更易理解的片段，是降低复杂性的方法[史蒂文斯(Stevens)，2014；常等(Chang et al.)，2007]）。

减少不确定性的通用学习策略是从各种外部来源获取更多信息，以验证创新行动和决策[史蒂文斯(Stevens)，2014；弗里萨马尔等(Frishammar et al.)，2011]。由于不确定性是由外部商业环境的影响造成的，因此组织无法直接消除或管理不确定性[张和道尔(Zhang，Doll)，2001]。准确和足够广泛的信息收集涵盖宏观经济因素、市场和竞争形势、立法、技术发展、上升趋势和其他微弱信号[格里芬(Griffin)，2014]。然而，获取更多信息可能会通过其他方面增加整体模糊性[常等(Chang et al.)，2007]。首先，模棱两可的情况可能会增加，因为如果存在可从不同角度考虑和理解的信息，达成共同理解就会更加困难[弗里萨马尔等(Frishammar et al.)，2011]。其次，获取更多信息会增加复杂性，因为组织需要处理更多信息才能做出正确决策[常等(Chang et al.)，2007；弗里萨马尔等(Frishammar et al.)，2011]。通过内部和外部参与者之间的多功能交流，可以减少矛盾性，因为将不同的知识结合起来，可以得出共同的意义和结论[史蒂文斯(Stevens)，2014]。共同的创新愿景和战略与多功能交流一起，可用于为对外经济交流中心内的决策和创新活动提供基本假设和方向[史蒂文斯(Stevens)，2014]。弗里萨马尔等(Frishammar et al. ，2011)发现，与不确定性相比，模棱两可对组织造成的问题更大。此外，均衡性更难减少。因此，他们认为首先减少模棱两可能是提高新产品开发模糊前端整体成功率的理性之举。

然而，不同行为者之间的建设性和多功能交流可能会增加复杂性，因为行为者需要有更加清晰和成熟的交流渠道[史蒂文斯(Stevens)，2014]。这使得知识网络变得更大、更复杂。理解所获得的信息可能需要来自不同业务职能部门（如战略管理、研发和营销）的更广泛的知识。在新产品开发模糊前端开始时，利用有效的迭代模式处理信息和进行意义建构，可以降低复杂性[波什凯拉和马丁苏(Poskela，Martinsuo)，2009]。换句话说，迭代过程需要连接知识库，以提供关于所获信息的必要性和效果的共同意义[施韦策等(Schweitzer et al.)，2016]。明确的信息系统以及沟通和反馈渠道可降低信息处理和决策的复杂性[斯皮思和约阿希姆(Spieth，Joachim)，2017]，有效的迭代过程可能包括将复杂问题分解为更小的子问题。此外，定量和定性评估方法可用于简化信息，使人们更容易理解复杂问题,从而降低复杂性[马丁苏和波斯凯拉(Martinsuo, Poskela, 2011)]。计算机辅助方法(如标准和情景)是一种尽可能正确理解数据的方法[史蒂文斯(Stevens, 2014)]。变异性的形成,是因为商业环境是动态的、不断变化的[常等(Chang et al., 2007)]。可变性是模糊性的时间维度,因为如果组织不执行创新行动,所获得的信息和知识就会过期[常等(Chang et al., 2007)]。为避免这种情况发生,组织可以快速发展和行动[沃恩等(Verwornet et al.), 2008],集中精力抓住短期机会[马丁苏和波斯凯拉(Martinsuo, Poskela, 2011)],持续扫描外部环境并尝试预测可能发生的变化[贝尔杰松等(Börjesson et al.), 2006]。

二、创意资源识取

在过去二十年里,越来越多的实证研究对创意资源识取进行了研究,这里的创意资源识取是指企业为支持其创新项目而在外部环境中搜索新信息和知识的过程。这项工作的理论基础有多种。交易成本理论可以解释企业进行创意资源识取的动机,该理论基于为创新引进外部知识所带来的成本和效率优势(与内部开发投资相比)(Williamson, 1985, 1987)。动态能力传统将创意资源识取视为保持创新竞争力的一项基本活动:创意资源识取是企业从不断变化的外部环境中寻找新信息并做出反应的过程(Teece & Pisano, 1994; Teece, 2009)。同样,吸收能力方法认为,外部创意资源识取的有效性受到企业内部能力的制约;内部能力使企业能够更有效地定位和整合创新项目的新知识和新技术(Cohen & Levinthal, 1990)。最近的许多研究都以开放式创新理论为框架(West & Bogers, 2014),该理论认为企业在投资开发内部创新之前,通常会在外部环境中寻找可采用的知识和创新。

实证文献主要借鉴了这些相关理论,揭示了大型企业知识搜索的几个方面,为本研究提出假设提供了框架。首先,许多研究的一致结论是,外部知识来源对实施创新的可能性和创新绩效有积极影响(Love, Roper, & Vahter, 2014; Ren, Eisingerich, & Tsai, 2015)。例如,Kang 和 Kang(2009)在对韩国 1353 家制造业企业的研究中发现,外部搜索对产品创新的可能性有积极影响;Kang 和 Kang

（2014）在对454家韩国服务业企业的抽样调查中发现,外部信息获取与服务创新的可能性之间存在正相关关系。Laursen和Salter(2006)在对英国2707家制造业企业进行的开创性研究中,利用广度和深度指标制定了企业层面的外部搜索活动衡量标准。搜索广度是一个计数变量,是所报告的不同外部知识来源（如供应商、客户、大学）总数的总和,而搜索深度则是一个强度测量指标,通过对每个信息来源的重要性评级相加计算得出。Laursen和Salter(2006)发现搜索广度与创新绩效之间存在曲线关系,这表明搜索只在一定程度上是有益的,这一发现在随后的搜索与合作过程研究中得到了验证。

　　创意资源识取的最初阶段是新产品开发模糊前端的一部分。新产品开发模糊前端是一个术语,用于描述与产品创新早期阶段有关的各种概念。Eling和Herstatt(2017)将新产品开发模糊前端定义为新产品开发过程的第一阶段,从发现产品创新的机会或原始想法开始,到做出开发新产品的GO决定时结束。Ende等(2014)将新产品开发模糊前端描述为创新的创意产生阶段,而Frishammar、Dahlskog、Krumlinde和Yazgan(2016)则将前端定义为“项目进入正式开发之前的阶段”。新产品开发模糊前端通常被描述为“模糊”,因为新产品开发模糊前端通常涉及非正式、无序、混乱的过程,而新创意正是在这些过程中诞生或寻找的。前端创新由若干要素或活动组成,包括机会识别、创意搜索和生成、创意或概念开发、评估、测试和选择（Kim & Wilemon, 2002）。Björk和Magnusson（2009）指出,一般来说,与创意产生和识别有关的文献非常广泛,借鉴了与创造力、学习、心理学和社会网络有关的各种学科和理论。然而,在针对外商投资企业的文献中,创意的产生在很大程度上被忽视了（Kock et al. ,2015）,尽管它在外商投资企业和整个创新过程中起着至关重要的作用。从理论角度来看,创意的产生通常用产品创新的线性模型来解释,如阶段门模型（Takey & Carvalho, 2016）。线性模型侧重于将创意生成作为新产品开发的关键开端或前期阶段（Stevens,2014）,在这一阶段播下新颖的种子。另一方面,新概念开发模型（Koen et al. ,2001）等迭代方法认为创意生成是迭代和非结构化的（Pereira, Ferreira, & Lopes, 2017）。文献对迭代观点进行了扩展,承认社会网络对于支持企业外部创意内流的价值,认为“弱”和“强”社会联系对创意生成都很重要

（Ende et al. ,2014）。综上所述,这些观点都强调,创意搜索对启动产品创新项目至关重要,对项目的实施也很重要。早期研究表明,新产品开发模糊前端阶段对创新成功至关重要（Cooper & Kleinschmidt, 1987）,后来的研究重申,新产品开发模糊前端早期阶段的有效性会极大地影响创新项目日后成功的可能性（Backman, Börjesson, & Setterberg, 2007）。研究表明,多达 50%的创新开发总时间可归功于外商投资企业。尽管在寻找新创意的过程中,对数量和质量的需求之间存在着公认的矛盾,但新产品开发模糊前端文献中的研究一致发现,保持从外部流入企业的新创意的高强度对创新至关重要（Gilson & Litchfield, 2017）。

三、技术差异化能力

能力被认为是企业能够获得可持续竞争优势的基础,这种观点越来越受到学术界和实践界的重视。吴（Wu,2009）认为能力是被概念化、可衡量的知识、技能、能力、行为和其他模式,是企业高绩效的重要保证。战略管理领域的学者们认为,为了应对经济全球化、新产品开发周期缩短及技术更新速度加快给企业未来发展造成的高度不确定性和环境动态性的风险,企业需要采用开放式创新模式,通过将外部获取的技术、知识等资源与企业现有技能、资源和能力进行充分的整合,重构企业技术资源体系,大力培育自身技术能力。通过充分梳理现有研究成果,基于动态能力理论的视角,本书将技术差异化能力分为两个方面:一方面是为了更好地适应外部动态环境从而实现较为"隐性的组织和管理目标的能力",例如,企业对感知、识别和把握外部技术机会开发出新产品从而进入新市场的能力;企业通过强大学习能力吸收、消化和集成外部技术的能力;企业整合内外部资源调整和重构资源体系的能力等。另一方面是通过内部高效运营从而实现较为"显性的组织和管理目标的能力",例如,新产品开发中探索新流程和新工艺的能力、高效研发和营销能力;寻找外部合作企业形成战略联盟的能力,构建战略采购的思想和流程,高效利用供应商资源进行创新的能力;构建新型的供应商关系和顾客关系的能力等。

雷阿尔等（Real,et al.,2006a）指出,技术差异化能力是描述和研究技术创新过程的构念,属于流量范畴,用于描述产生差异化技术知识的过程。企业使用流程进行创新需要不断学习,创造新的技术知识,而将组织活动转换为惯例是存储组织技术知识的主要操作方式。技术差异化能力能够组织和动员各种科学和技术方面的专业技术知识资源通过一系列惯例得以固化,促进新产品和/或生产的程序开发和设计。基于提斯等(Teece, et al., 1997)的研究,雷阿尔等(Real, et al., 2006b)提出技术差异化能力是一种企业推出差异化产品或服务,以快速响应顾客需求的能力,而信息技术和组织学习行为会显著地正向影响技术差异化能力。丹内尔斯(Danneels, 2012)指出,某种技术优势可能意味着企业拥有了一定的竞争优势。技术差异化能力就是技术优势的重要来源之一,它的基本功能包括:成功地利用差异化的技术知识促进企业的技术创新绩效;技术差异化能力是企业取之不尽、用之不竭的重要战略资产,是企业产品质量竞争优势的主要来源之一;技术差异化能力属于一种动态能力,高度依赖组织学习过程,随着时间的推移而不断进化和发展。加西亚-莫拉莱斯等(García-Morales, et al., 2014)在雷阿尔等研究基础上进一步探讨企业内部技术变量如何影响技术差异化能力的提升。笔者认为能力这个术语一直是被定义为"企业能够反复执行与生产任务直接或相关的技能",间接地通过实现投入转化为企业创造价值的能力输出。加西亚-莫拉莱斯等进一步提出,一方面,能力有基于技术或基于知识的组成部分,特别是能力往往来自技术融合和生产技能;另一方面,能力也更多地植根于流程和业务。加西亚-莫拉莱斯等指出,技术差异化能力包括获得最新科学技术信息的能力,产生先进技术过程、更新和引进技术创新,吸引和留住合格技术人员实现产品的技术差异化并吸收新技术的能力。

认真梳理技术差异化能力构念界定的研究现状,我们可以发现,以往相关研究将其视为内生变量,仅强调通过企业内部的一系列惯例和程序来整合和重构技术资源并以此构建技术差异化能力。如果将技术差异化能力仅仅定义为对企业内部资源、流程和能力的构建,就不能顺应开放式创新的潮流,对企业技术差异化能力构念的解释就会出现极大的局限性。因此,企业需要在开放式创新模式背景下,通过高效整合和外部获取的技术、知识等资源以及企业现有技能、资源和能力重构企业技术资源体系,才能大力培育自身技术差异化能力。这正好与"隐性的组织和管理目标的能力"的界定方法不谋而合,更能体现不同企业技术差异化能力共性。同时,组织能力阶层理论和组织惯例理论为我们解释技术差异化能力提供了理论支撑和依据,组织能力阶层理论能够清晰地描述技术差异化能力的本质特征,即感知和识取外部技术知识的能力,组织惯例理论则解决了对外部技术进行充分吸收,对技术进行重构的能力。这有助于我们对技术差异化能力构念进行清晰、明确的界定,使其更具可操作性。

综上,基于已有研究结果,本书认为,技术差异化能力是差异化和多样化技术知识的母体,是企业在自身技术愿景基础上,通过感知、获取、整合和吸收内外部技术资源,形成多样化的技术轨道,重构企业资源价值体系,以快速推出差异化产品或服务,及时响应顾客需求的一种动态能力。

第五节　研究方法与结构安排

一、研究方法

通过对研究问题的深入理解及对研究方法适用性的考虑,基于理论研究与实证分析同等重要的基本原则,本书采用文献研究法、访谈法与实证分析相结合的方法展开研究,研究中涉及的具体方法包括以下几种。

(一)文献研究法

对已有的文献进行梳理以全面、系统地把握研究现状,从而更加透彻地理解本书研究的问题,了解研究问题发生的背景,厘清其与已有研究之间的联系,证明特定研究能为现有研究做出理论贡献。文献研究法的运用主要表现在:在第一、二章中介绍了研究背景、目的和意义,梳理现有的研究成果,确定所要研究的科学问题,明确研究的方向与目标。在学校图书馆的各类电子数据库,如EBSCO、Wiley、Springer、Emerald、Elsevier 和中文 CNKI、万方等期刊数据库中查询及搜集文献资料,同时将与研究问题相关的文献资料进行分类、概括,明晰现有研究的不足之处,基于此来确定研究问题。在第二章中,基于对现有文献的总结和梳理,严格遵从扎根理论的研究方法对技术差异化能力构念进行了探索性分析。在第三章中,通过文献研究法,基于资源编排理论视角归纳和总结新产品开发模糊前端阶段技术差异化能力的影响因素,分析学者们在考察其他相关变量时使用的成熟量表,据此确定新产品开发模糊前端阶段技术差异化能力影响因素的初始测量量表。在第四章中,基于现有的文献资料,同时结合本书的研究情境,理清各个变量间的内在联系,构建本书的概念模型,并提出研究假设。阐述能够操作的方法与工具。在第五章中,根据对现有文献及资料的查阅与梳理,归纳和本书类似并且被学者普遍认可的成熟量表,将量表中各个题项的表述进行适当调整,测量概念模型中所涉及的相关变量。

（二）实证研究法

本书所使用的实证方法有开放式深度访谈法、关键团队访谈法、问卷调查法和统计分析方法等。在第二章中,基于扎根理论的研究方法,利用开放式深度访谈、焦点团队访谈等收集原始资料,对其进行适当调整和修改,以探索企业技术差异化能力的结构维度。在第五章中,采用了实地调研和面对面访谈法来完善本书涉及变量的测量量表。选择与本书有联系的典型企业,并与该领域的学者、专家、企业高层和一线员工进行深度交流和沟通,以明确理论研究与企业现实情况的差距,进一步修改和完善变量的测量量表。

本书还采用问卷调查收集数据,分为预测试与大样本正式调研。基于对企业进行访谈和交流后,进行预测试,根据预测试的结果来净化正式调研问卷题项,以确定正式的测量量表。在遵守随机原则的前提下,依据大样本调查的有关流程收集数据、统计分析收回的问卷,并去除无效数据。通过大样本调查方法汇总各类数据信息,进行统计分析。采用的统计分析软件有 AMOS 24.0 和 SPSS 24.0,涉及的统计分析方法包括描述性统计分析、验证性因子分析、探索性因子分析,以及结构方程模型、变量间相关性分析等。根据描述性统计分析的结果,判断所收集信息及数据的质量。采用探索性因子分析方法与验证性因子分析方法检验量表的信效度,分析变量间的相关性,对研究假设是否得到支持进行初始判断。采用结构方程模型来对概念模型的整体结构展开拟合分析,以检测变量间的影响关系与相互作用关系。

二、结构安排

根据研究问题,本书将分成九章进行研究内容的设计,每章内容概要如下:

绪论。聚焦当前企业新产品开发模糊前端的实践,详细分析现有研究的不足之处,提出研究问题,确定研究目标、研究内容及研究方法。借鉴实证研究的方法论,说明技术路线以及整体结构安排。

第一章:理论基础与文献综述。围绕研究问题,系统梳理前期关于新产品开发模糊前端、企业技术差异化能力等方向的国内外研究现状,明晰亟待解决的科学研究问题。

第二章:企业技术差异化能力的构成维度及测度研究。在对已有文献进行系统梳理的基础上,运用扎根理论的研究方法探索企业技术差异化能力的结构维度,回答"企业技术差异化能力是什么"的问题,并构建企业技术差异化能力的测量量表,实证检验了量表的信效度。

第三章:新产品开发模糊前端阶段企业技术差异化能力影响因素的探索性分析。基于资源编排理论,通过文献研究和企业访谈,归纳和总结新产品开发模糊前端阶段技术差异化能力的影响因素,并通过大样本问卷调查,运用探索性与验证性因子分析方法进行实证检验,明确新产品开发模糊前端阶段技术差异化能力的关键影响因素。

第四章:概念模型与研究假设。在第三章研究的基础上,基于相关理论剖析各影响因素如何相互作用以提升企业技术差异化能力的微观机理,构建新产品开发模糊前端阶段技术差异化能力提升机理的理论模型,并提出研究假设。

第五章:研究设计。借鉴已有成熟量表,通过企业访谈与专家讨论,明确各变量的测量量表,并阐述数据收集过程与数据回收情况,以及数据分析使用的统计软件。

第六章:数据分析与结果讨论。运用统计分析方法对研究假设进行检验,验证各研究假设是否通过。

第七章:研究结论与启示。总结研究结论,阐明理论贡献与实践启示,并指明研究局限与未来研究方向。

第八章:政策建议。根据研究结论,提出切实可行的政策和建议。

本书技术路线如图 4 所示。

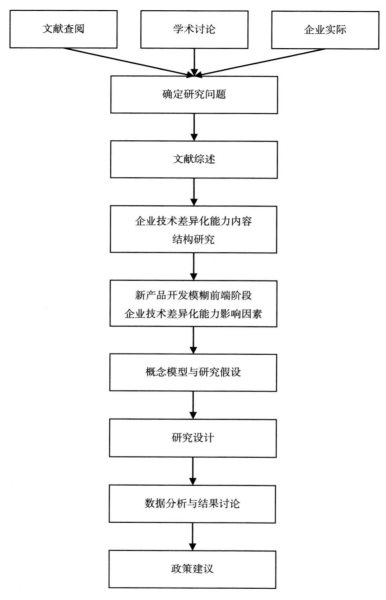

图 4　技术路线图

第一章　理论基础与文献综述

围绕绪论提出的研究问题,本章将进一步阐述相关理论与梳理国内外文献,探寻现有研究的局限性,明确后续研究的必要性与可行性。

第一节　理论基础

本节通过对开放式创新理论、资源基础理论和动态能力理论进行分析和论述,梳理理论发展脉络和内容,阐释本书问题产生的理论来源,为后续分析研究问题提供支撑和依据。

一、开放式创新理论

在知识经济时代,企业仅依靠自身资源实现创新是相当困难的,"开放式创新"已取代"封闭式创新"成为企业创新的主导模式。开放式创新强调企业通过有效配置内外部资源以实现新产品与新技术,从而带来卓越的经济效益。因此积极寻找外部的知识与技术,并将这些知识与技术和企业内部资源进行有效碰撞与整合成为开放式创新的主要任务。

开放式创新战略是由内部和外部因素推动的,以尽可能低的成本和尽可能短的时间交付创新成果。开放式创新使企业能够从它们所需的技术许可中获益,同时使那些在封闭式创新环境中可能不被注意的技术得以实现。企业创新的最终目标是在研发方面创造成本节约和效率。内部研发被视为企业的宝贵战略资源,对加强核心竞争力和保持竞争优势至关重要。在这种情况下,开放的创新战略的制定尤为重要。一方面,外部因素是基于技术变革、全球生产网络、高水平的技术扩散和转让,以及企业对风险资本的投资倾向。近年来,中国加大了科技对外开放的力度,主动加强创新和合作能力,构建一体化的国际科技关系。经济全球化的浪潮为创新和重要独特技术的发展创造了新的环境。跨国企业是推动全球生产网络和全球创新网络的关键角色。通过垂直专业化的生产环节的外包,以及生产过程的迁移,促进了生产活动的全球化和全球创新网络的出现。企业深度融入全球创新网络,不应局限于融入全球生产网络,更不应仅仅是发达国家的研发外包,而应主动转化创新的比较优势,使其充分参与生产的比较优势,为全球创新要素的汇聚和利用创造条件。开放式创新在全球竞争中具有直接性和颠覆性。企业引入开放式创新本质上是一个组织变革的过程,需要对企业现有的组织和治理模式进行调整,以适应开放式创新的需要。在技术快速变化的环境中,产品开发的复杂性增加了,多样化的技术基础已成为企业竞争优势的重要来源,特别是对创新型企业来说,它们需要实现技术多样化,以提高研发效率和吸收能力,支持开放式创新,及时利用新的技术机会。风险投资使提供独特技术优势的初创企业数量增加,并使外部技术资源基础增加和多样化。风险投资创造了大量的技术初创企业,它们将研究中心、企业、学校和机构的创新理念带入市场,从而丰富了技术市场。创新想法主要来自研发部门或企业的其他部门,但也可以来自外部。在研发过程的每个阶段,创新思想都可以通过知识转让、员工流动、专利权转让等方式在内部和外部传播。这意味着,企业越来越难以吸引它们不断需要的技术人才。一些与企业当前活动无关的研究项目在新的市场上可能非常有价值,或者可以通过外部资金进行商业化。企业可以利用许可协议、短期合作关系和其他安排,让其他企业自己开发技术,而不是锁住它们的知识产权。在当今高度竞争的市场中,成功的创新不仅取决于创新的质量,也取决于创新的速度。为了实施开放式创新战略,一个企业必须首先确定其核心竞争力,并确定一个明确的前进方向。它还必须制定一个中期和长期的创新路线图。其次,应采用基于对内部和外部技术创新能力评估的开放式创新方法来实施创新计划,有助于加速创新计划的所有力量,包括企业内部和外部的力量,积极纳入组织模式,使这些力量能够推动创新。

另一方面,开放式创新是由内部因素驱动的,主要是缩短研发周期,降低研发投入成本,共享资源,降低潜在风险等。目前的认知模式将在新的商业创新模式的基础上进行转变,以利用内部开放创新的机会。企业内部以知识为基础的信息保密,降低了技术、知识和其他资源的效率和可转移性,影响了企业间的技术扩散,阻碍了知识共享和扩散,从而阻碍了创新。企业在技术创新方面应采用"路径—序列—跳跃"的方式进行创新,克服技术模仿等后期障碍。如果技术模仿被看作帮助企业变革,那么强有力的知识产权保护无疑会成为技术壁垒,给企业带来技术困难或复制陷阱,而先发制人的企业仍能保持领先优势。在这种情况下,企业需要开放式创新来消除早期创新的障碍。开放式创新过程可分为三个连续阶段:解冻式创新、更新式创新和冻结式创新。解冻阶段的主要目标是诊断组织的内部和外部环境,确定变革的需要并为变革做准备,为变革创造可持续的氛围,确定变革和创新的愿景,调整组织结构以使企业的开放式创新得到发展。冻结创新通过开发一个永久的商业创新模式,使组织行为制度化。

近年来,众多国内外企业的创新实践表明,开放式创新不仅重新审视和定义了企业价值链,将供应商、客户、高校、研发机构等组织纳入新产品研发系统中,还充分挖掘了这些组织所能提供的创新知识与资源,使企业实现了对市场动态的及时更新,更创造了市场需求,加强了企业的竞争优势。通过对已有国内外文献的梳理,关于开放式创新的相关研究存在以下四个分析视角。

(1)资源视角。资源视角将开放式创新视为内外部知识流动与管理的过程,打破组织边界束缚,实现跨组织边界的资源整合是开放式创新的显著特征[切萨布鲁夫(Chesbrough),2006]。韦斯特和加拉格尔(West,Gallagher,2006)将开放式创新界定为企业有效配置与集成内外部资源实现价值创造的一种创新模式。以此为基础,当前持有资源视角观点的国内外学者对开放式创新已达成统一的理解,将开放式创新视为企业以实现新产品与技术为目的,从外部探索与组织内部相匹配的资源,并有效获取与集成这些外部资源的一种创新模式。

(2)过程视角。过程视角认为开放式创新是一个既包含组织内部资源动态成长,又包含组织外部价值网络价值共创的复杂系统过程。具体来说,在开放式创新驱动下,一方面价值链上的企业间相互协作,实现资源的共享与集成,在丰富自身知识与技术等资源的同时,也有效提升了技术创新能力;另一方面,通过价值链上企业间的紧密互动,为目标客户创造与分享更多的价值。持有过程视角观点的代表性学者研究成果主要有:利希滕塔勒(Lichtenthaler,2011)在其研究中指出,开放式创新能够通过有效的跨边界知识挖掘、分享与利用来实现有效提升组织的创新能力。达兰德和江恩(Dahlander,Gann,2010)依据创新路径(外向型与内向型)与交换逻辑(经济的与非经济的),将创新开放性分为出售、公布/分享、获取、开源四种类型。国内学者易锐和夏清华(2015)指出,由内向外、由外向内及耦合这三种知识在组织间的流动是开放式创新的重要表征,它能够有效实现企业与其他合作组织间的分布式创新活动。张振刚等(2015)认为,开放式创新是一种分布式创新,它能够通过有效组织间知识与技术管理来推动知识网络的建立,从而实现商业化网络。刘海兵(2019)指出,开放式创新是组织在应对环境和选择创新战略的一种可行的创新模式,它主要表现为对动态且连续资源从获取、整合、利用、扩散这一过程的有效管理。

(3)流程视角。流程视角下的开放式创新重点关注组织知识的流动性,强调有针对性地控制知识的流动以提升企业创新效率与效果。依据知识流动的方向,开放式创新包含两个流程,即内向型开放式创新(inbound open innovation)与外向型开放式创新(outbound open innovation)。前者是指组织集成多样化的外部知识源,知识由外部向内部流入,并与自身资源进行有效融合,这种开放式创新下的外部知识源主要涉及高校、科研机构、供应链的上下游伙伴等。后者是指组织知识由内向外流动,组织的知识融入其他外部组织中,可以说,这种开放式创新下,组织是知识所流入外部组织的知识源,由外部组织进行知识整合并实现创新的商业化过程。

(4)认知视角。持有认知视角的学者普遍认为,开放式创新一方面是一种能够实现效益的创新实践,另一方面又是一种能够阐释这些实践如何形成和开展的认知模型。正如韦斯特和加拉格尔(West,Gallagher,2006)在其研究中指出,组织实施开放式创新不仅能实现技术方面的创新收益,还能够从认知层面上清楚认识到具体开放式创新的各种实践。王雎和曾涛(2011)将开放式创新的实质界定为价值层面的创新,并建立起一个包含价值识别、价值创造和价值获取的认知框架,这一框架是从认知角度解释开放式创新相关研究与问题的重要基础。

虽然对于开放式创新的理解存在许多观点,但仔细分析可以发现还是存在一些共性之处,具体为:

(1)知识跨组织边界的流动:知识冲出组织内部,在组织间流动是开放式创新的显著特征,无论是由内向外还是由外向内的知识流动。由于知识经济时代的到来以及日益激烈的竞争环境,组织内部已不具备能够实现创新的知识与资源基础,从外部各种组织中获取资源是十分迫切的,这也是开放式创新出现的根本原因。

(2)动态性:开放式创新还是对组织间流动的知识进行管理的一个动态过程,包含知识的评价、识别、获取、集成、柔性利用、分享等一系列动态管理过程。

(3)系统创新活动:开放式创新的实现是一个系统的创新活动,需要组织内部、组织间关系的各种支持与帮助。

通过对国内外开放式创新研究的梳理发现,关于开放式创新的研究,目前也主要从以下三个方面展开:创新主体、知识流动方向和开放度。具体来说:①创新主体围绕组织对开放式创新的管理与应用能力展开,分析开放式创新的具体运行流程与操作。②知识流动方向就围绕由内向外、由外向内各种知识流动,关注企业如何获取知识或者分享知识来实现知识向最终产品的有效转化。③开放度顾名思义是开放式创新的开放程度,一般从开放的宽度与深度两方面进行深入分析。

二、资源基础理论

"企业竞争优势的来源是什么"一直是理论界争论的焦点。关于这一问题的解释与回答,早期存在两种理论学派观点。即产业组织学派认为,企业能否取得优秀的绩效成果受其所处的产业环境影响,不同的产业结构中企业竞争强度、竞争性质、竞争的范围存在差异,企业效益的表现也不尽相同。这一学派最具代表性的研究成果就是"结构—行为—绩效"的 SCP 模型,这一模型是由梅森(Mason,1939)和贝恩(Bain,1954)提出的,他们认为组织所处的市场结构影响了组织行为进而决定了组织的绩效结果。此外,在 SCP 模型研究基础上,波特和米勒（Porter，Miller，1985）提出进一步细致描述与分析产业环境的"五力竞争模型"，描绘了一个具有吸引力的产业环境的样子，并强调了组织可以通过战略规划来改变自身所处的产业环境，而不是被动地应对产业环境（张鹤达，2008）。这种主张战略主动性是波特和米勒（Porter，Miller，1985）"五力部分模型"的核心观点。不管是梅森（Mason，1939）和贝恩（Bain，1954）的 SCP 模型还是波特和米勒（Porter，Miller，1985）提出的"五力竞争模型"，都将企业竞争优势的来源界定为外部环境，忽视了企业自身的资源对竞争优势的重要影响。因此，可以将上述模型称为竞争优势的环境模型。

创新是企业保持竞争优势并促进经济持续增长的重要动力。资源基础理论与创新协同效应理论认为企业的创新活动离不开自身战略与组织资源的支持。关于创新的相关研究，学者们更多研究关于企业创新能力和创新绩效。模糊前端整个环节都处于较模糊的状态中，这种状态对于研发人员来说具有非常大的挑战性，同时模糊前端又能够为整个过程带来无穷的动力，能够产生新的创意，为新产品开发带来新的发展方向。

与产业组织学派的观点不同，企业资源学派认为尽管不同的产业环境会给组织带来不同的机会与威胁，显著影响组织的战略决策，进而作用于企业的竞争力，但这一观点仍无法解释同一产业环境下，为什么组织的绩效和竞争优势存在差异？基于这一问题的思考，以巴尼和维尔纳费尔特（Barney，Wernerfelt）为代表的学者提出，组织资源也是企业战略制定与实施的基础，且资源具有高度的可流动性，因此稀缺的、高度异质化、有价值的且不可模仿的资源能够为企业创造卓越的竞争优势，由此，资源基础理论（RBV）被提了出来，并成为战略管理的核心理论之一。具体来说，基于波特（Porter）的"五力竞争模型"，维尔纳费尔特（Wernerfelt）在 1984 年提出了一个企业资源定位工具，即从资源角度分析组织实现高绩效的状况。研究发现，讨价还价能力、替代资源的威胁、先行优势/资源定位障碍、有吸引力的资源（包括资本、顾客忠诚、生产经验、技术等）、并购等五个方面具备卓越资源可以保障组织获益，最终形成资源—产品矩阵。这一研究成果有效解释了为什么拥有不同资源的企业的战略选择存在显著差异，为资源基础理论的提出奠定了基础。维尔纳费尔特（Wernerfelt，1995）进一步在其后续研究中明确提出了更好、更深地理解企业的各种软硬资源，才能更好地解释企业的不同战略选择。到了 1991 年，巴尼（Berney）在 *Journal of Management* 上发表的"Firm Resources and Sustained Competitive Advantage"论文中，首次提出了资源基础理论的概念，并明确表达了资源是组织持续竞争优势的主要来源这一观点。巴尼（Barney,1991）认为资源基础理论的成立存在以下两个基本假设：①行业中组织间资源是存在差异的；②这些差异性的资源能够长时间为组织带来绩效，且不可自由跨越组织边界。并进一步识别了能够创造持续竞争优势的资源特性，主要为价值性、稀缺性、不可模仿性、不可替代性。只有当资源具备以上四个特性时，这些资源才能为组织带来持续的竞争优势。此外，巴尼（Barney,1991）进一步分析了资源的不可模仿性的来源，研究指出，历史依赖、因果模糊性及社会复杂性导致了资源的不可模仿性。

传统的战略研究认为，企业应该以实现其内部特征（优势和劣势）与外部环境（机会和威胁）之间的战略匹配为目标。然而，对企业竞争环境和竞争力的研究主要集中在竞争环境和竞争力上；巴尼（Barney,1991）指出，主要基于环境和行业说明的战略模型对企业的同质性做出了不现实的假设。企业竞争战略的参数在很大程度上取决于其积累的资源。因此，企业必须关注其资源，而不是竞争环境。资源基础理论视角的贡献在于平衡了生态战略模型与企业竞争力作为内部资源和关系的假设。

杜兰德等（Durand,et al.,2017）为基于资源的战略方法制定了一个分析框架。这个框架包括五个步骤：资源分析、能力评估、竞争优势分析、战略选择和资源差距识别。该框架的概念是以 IBM、施乐、哈雷戴维森和 3M 等美国企业为例进行解释的。在这个框架中，资源和能力起着核心作用，因为它们决定了企业的长期战略方向，是企业利润的主要来源。资源被定义为生产过程中的投入，如资本货物和个别员工的技能。能力被定义为一组资源执行特定任务或活动的能力。可持续性、透明度、可转移性和可重复性被认为是分析一个企业竞争优势的关键因素。为了取得成功，企业必须制定战略，利用其独特的特点。

尽管一些理论家认为，资源基础理论视角是一种新的企业理论，但它仍然是战略研究中不断发展的范式的一部分。这一范式的有用性和丰富性必须在不同的战略领域得到证明。资源理论对创新发展的重要性的想法,可能与张伯伦等学者认识到关键资源的关键作用有关。此后,格兰特认为,资源可以提供竞争优势,这种资源是创新发展的不竭动力,可以帮助创新主体在不断变化的环境中改善知识的获取和学习,并可以加强创新基础。在探索创新和资源之间的关系时,莫里森表明,它们之间存在着互动关系:资源可以促进创新,而创新又可以鼓励创新者主动获取独特的资源和能力。在创业政策和战略领域,人们对基于资源的创业方法进行了进一步的研究,特别是对企业的资源和能力对其业绩的影响进行了研究。

以资源为基础和以知识为基础的企业理论表明,合作的组织模式影响着企业中使用的知识,企业在发展过程中应注重企业内部组织与市场机制相当的两种情况。在这两种情况下,使用的信息是不同的,合作的效率也是不同的。因此,与机会主义的交易成本理论相比,资源基础理论对企业为什么存在的问题提供了互补性答案。综上所述,资源基础理论弥补了产业组织学派的观点,逐渐关注到组织在资源方面的努力对自身绩效的重要影响。其核心思想是将企业视为资源的集合体,即认为诸如人力、物力、信息知识、技能、管理程序、商标等大量的有形与无形资源组成的企业[维尔纳费尔特(Wernerfelt),1995],且这些资源在价值性、异质性、稀缺性和模仿性四个方面的表现决定了企业的绩效差异,而不仅仅是产业环境带来的影响[巴尼(Barney),1991]。同时需要说明的是,虽然资源基础观有效回答了企业绩效存在差异的原因,但仍存在一些不足,比如,重视内部资源的重要性,忽视了外部行业环境对组织绩效的影响;仅强调了拥有这些关键资源的重要性,对于这些关键资源如何发挥作用未见说明;组织所处的环境是动态变化的,在多变的环境中特定的关键资源已不足以支持企业获取竞争优势,如何在动态环境中获取竞争优势问题尚未解决[艾森哈特和马丁(Eisenhardt,Martin),2000]。根据基于资源的观点,企业发展独特能力的能力会增强其适应不断变化的竞争环境的能力,并改善其生存前景。

资源基础理论包括以下三个方面的主要内容。

第一,企业竞争优势的来源:特定的异质资源。

根据资源理论,资源有多种用途,其中最重要的是经济资源。分配特定资源的决定是一项商业决策,一旦做出就不能逆转。因此,在任何时候,企业都有一个资源存量,这是基于以前的资源分配决策的结果,这个资源存量决定并影响着企业未来的决策,也就是说,资源分配过程降低了企业的灵活性。一家拥有1亿美元资本的企业几乎可以在任何行业经营,但如果它将1亿美元分配给化工设备和化学品,它很可能只在化工行业的某个特定领域经营。然而,企业仍然对开发资源感兴趣,因为它们提高了企业的专业化程度,可以提高资源的生产率和价值。一般来说,商业决策的特点是:①不确定性,即决策者不能完全确定社会、经济、产业和技术等外部环境,也不能准确评估竞争对手的竞争行为和消费者的偏好;②复杂性,即影响企业外部环境的不同因素之间的相互作用,以及竞争者之间基于对外部环境的不同看法的相互作用;③组织内部冲突,即在做出每一个决定时都有高度的自由裁量权,结果可能是不同的。因此,企业可用的资源可能会随着时间的推移而发生重大变化,因为企业的经验是复杂的,涉及难以量化的小决策,当企业走入歧途时,它可能会发现自己处于越来越难纠正的境地。根据资源理论,企业的资源差异是企业盈利能力不同的重要原因,拥有更好资源的企业可能具有经济优势。作为竞争优势的来源,资源必须满足五个条件:①它必须是有价值的;②它必须是稀缺的;③它不能被完全模仿;④它不能被其他资源所替代;⑤它必须以低于成本的价格提供给企业。作为竞争优势的来源,它必须满足以下三个条件:①它必须是有价值的;②它必须是独特的;③它必须是自我创造的。

第二,持续竞争的优势是无限的资源。

一个企业的竞争优势是基于其能够带来经济效益的特定资源。受经济利益驱动,但无法产生经济利润的企业,被迫模仿更成功的企业的行为,导致利润平移和扩散。因此,竞争优势和经济租金的存在,意味着其他企业可以复制主导企业的特定资源。资源理论家们广泛考虑了这个问题,他们至少发现了三个可以抑制企业间模仿的主要因素。

(1)因果关系不明确。即使是专业的研究人员也很难找到生产力和创业之间的联系,而陷入困境的企业也不知道该找什么,不找什么。此外,监测不良企业的成本很高,对不良企业的监测越彻底、越细致,成本就越高。

（2）依赖性。一个企业具备某些能力资源和优势，这些资源或优势的价值在之前或过程中都没有被发现，也没有人试图利用这些资源和优势。但是随着情况的变化和形势的明朗化，该资源或资产的价值变得更加清晰，该资源或资产变得不可用或以较低的价格提供给其他企业，而拥有该资源或资产的企业则获得固定资金来源。

（3）时间和投资成本。如果企业的模仿行为需要很长的时间来实现预期目标，那么优势资源很可能在这段时间内因环境变化而失去价值，模仿行为仍然需要企业花费大量的资本，而资本成本的大小是不确定的。

第三，私人资本的调动和管理。

资源基础理论关注的是企业的长期发展，即培养和获得能够为企业提供竞争优势的特定资源。随着资源理论的不断发展，企业在决策中仍然面临许多不确定性和复杂性。企业可以通过以下方式开始发展自己的独特优势：

（1）组织学习。基于资源的理论家几乎都把企业的具体资源称为其知识和能力，并把学习作为获得知识和能力的关键途径。由于组织知识和能力不仅是员工个体知识和能力的总和，而且是员工知识和能力的有机结合，因此，组织学习不仅可以提高员工个体的知识和能力，而且可以促进员工个体的知识和能力转化为组织的知识和能力，使知识和能力相结合，取得更大的协同效应。

（2）知识管理。知识只有在特定角色的人的管理下才有意义，而一个组织的知识最终只能体现在员工的行动中。企业需要不断地从外部世界获取知识，并将其融入企业的运营中，需要不断地处理和组织员工产生的知识，需要将特定的知识传递给特定角色的人。一个企业的知识管理的有效性和速度会影响其竞争优势。因此，知识管理的微观功能有助于企业获得特定的资源，提高其竞争优势。

（3）外部网络。对于较弱的企业来说，自行开发所有必要的知识和技能是昂贵和低效的，而较强的企业发现通过战略联盟和知识联盟获得知识和技能要容易得多。通过一起工作和学习，来自不同企业的员工可以提高他们的创造力，为知识和技能的发展做出贡献。

三、知识管理理论

（一）知识的内涵

为了清晰起见，在深入探讨知识管理领域之前，首先讨论一下围绕知识本身概念的学术文献被认为是有益的。"信息不是知识。知识就是经验。其他一切都是信息"是阿尔伯特爱因斯坦关于信息和知识的包罗万象的陈述。然而，Nonaka 和 Peltokorpi（2006）对知识管理领域 20 篇顶级文章的回顾表明，学者们对数据和信息的含义有着很大程度的相似看法，而对知识的看法却大相径庭。在定义知识方面似乎没有共同立场，许多问题仍未解决。就管理科学理论和知识而言，存在两个主要的分歧。第一个理论阵营通过将知识视为一个实体来描绘一种更具认识论的观点。这种知识的功能观往往得到植根于经济理论的出版物的支持，这些出版物通常将知识视为嵌入组织监管的对象。因此，这种观点集中于信息和知识之间的功能差异。

除了这一立场之外，首席专家 Nonaka（1994）简单地指出，与信息不同，知识是关于信念、承诺、观点、意图和行动。他将知识直接与公司价值观和员工的承诺联系起来。Davenport 和 Prusak（1998）通过将 Nonaka 定义为背景（背景信息）和专家意见（专家见解）内的经验、价值观和信息的混合物，模糊了 Nonaka 知识和信息之间的明确界限。他们强调，所有这些都为评估和积累新经验和信息提供了基础。拥有知识可以节省研究所需的时间。因此，如果问题的替代解决方案已知，就不会浪费宝贵的时间来搜索信息。在同一阵营下，布鲁金（Brooking，1996）通过将知识定义为采取行动所依据的信息来推进学术洞察力。因此，她将数据定义为给定的数据，将信息定义为上下文中的数据。Zeleny（2005）通过将知识管理的最终目标表达为信息（＝描述）到知识（＝行动）的转变，展示了前面提到的定义的相互联系。

在过去的二十年中，人们创建了许多其他分类法，试图阐明什么是知识。一些学者遵循 Ryle（1949）对"知识"和"知识如何"的区分（Kogut 和 Zander，1996）。其他人以及在 Nonaka 和竹内（1995）的影响下，开创性的著作《知识创造公司》是基于波兰尼对隐性知识和显性（或可表达）知识之间的区分。Nonaka

（1994）认为显性知识和隐性知识并不是相互独立的，而是互补的。因此，知识可以从一种形式转换为另一种形式。从那时起，前面提到的分类法被合并起来，隐性知识与专有技术联系起来，显性知识与专有技术联系起来。总之，知识的认识论观点侧重于对员工活动进行编纂，并利用技术来生成公司特定的规则和程序。

知识架构由三个基本核心的组合组成。即这些是（i）人力核心，（ii）内容核心（知识中心）和（iii）技术核心。知识编纂的目标是在正确的时间将正确的信息"发布"给正确的人。Binney（2001）研究了公司可以用来整理知识的工具。其中包括知识图、决策表、决策树、基于案例的技术、数据挖掘、客户关系管理、全面质量管理、商业智能、基准测试和门户。

与上述将知识视为实体的观点相反，第二个理论将知识视为组织资产。这里的重点是个人知识和组织知识之间的区别。Tsoukas 和 Vladimirou（2001）恰当地表达了组织知识是在公司环境中组织的知识。他们的定义如下：组织知识是组织成员在开展工作的过程中，特别是在具体的背景下，通过制定一系列概括（命题陈述）来区分的能力，其应用取决于历史演变的集体理解。

他们认为，尽管命题知识（编码程序）在组织知识中占较大比例，但启发式知识更难管理，因为它包含"软"信息，需要通过社会化而不仅仅是数字化来获取。更简单地说，启发式知识是在员工工作时产生的，当鼓励员工随机应变并利用其感知技能和先前的个人经验时，启发式知识就会得到丰富。根据这一观点，解释理论家认为，知识的整体性使得严格的分类法难以建立。

Tsoukas（1996）认为，不确定性总是存在，需要人类进行判断，从而打破了公司的明确规则。根据 Tsoukas 的观点，其他学者认为知识具有社会建构的性质。只有当员工通过公司文化激励员工分享经验和使用集体知识时，知识才会变得有组织。根据这一观点，为了提高公司的生产力，需要在战略层面上处理与文化相关的知识。从某种意义上说，早期分析的两种知识方法与 Choi 和 Lee（2003）的方法分组相匹配，即系统方法和以人为本的方法。系统方法符合学者将知识视为实体的观点，而以人为本的方法则符合学者将知识视为组织资产的观点。

除了知识定义上的这些概念差异之外，知识来源上也存在类似的差异，所有这些差异至今仍未得到解决。本文的作者同意将"知识"一词称为一种情境性的、非常流动的概念,并与 Zeleny(2005)的观点一致,将其称为"有目的的行动协调",或与 Sveiby(2001a)的观点一致,将其称为"行为"。在这个棱镜下,知识代表组织资本。知识管理的主要目标是知识的"收集"和创造,以及如何在战略层面而不是在功能、操作层面将其付诸实践。

(二)知识管理的发展阶段

"知识管理"一词的第一个实例出现在 1975 年 Goerl、Henry 和 McCaffery 的文章中。McAdam 和 McCreedy 在 1987 年 Max Boisot 的著作《信息与组织:作为人类学家的管理者》中找到了最早的知识类别模型之一。Boisot 将一个组织内的知识分为已编纂的或未编纂的,以及已扩散的或未扩散的。Boisot 使用"编纂"一词来指可以轻易传播的知识,如财务数据,而"未编纂"一词指的是不能轻易传播的知识,如经验。"扩散的"是很容易分享的知识,而"未扩散的"是很难分享的知识。

这通常被称为知识管理发展的第一阶段。第一代知识管理工具被描述为"信息门户,一个由支持后台和前台集成所需的信息的明确表示主导的时期"("市场前景、业务需求和业务知识的技术趋势研究管理—知识管理在欧洲制造研究")。Nonaka(1994)对知识管理领域做出了里程碑式的贡献,他将外显知识和隐性知识区分开来,扩展了 Boisot 的理论。1993 年,管理大师彼得德鲁克提出了知识工作者和知识密集型企业的概念。根据 Serenko 和 Bontis(2004)对围绕知识管理领域的文献研究生产力的回顾,大多数文学活动最初起源于美国和英国。

1995 年标志着第二代知识管理发展的开始,Nonaka 和竹内的开创性著作《知识创造公司》出版。在他们的工作中,知识具有动态的性质,因为它在组织内不断地在四个过程之间移动:社会化、外化、组合和内化。在第二阶段,经合组织(1996)发表了著名的研究报告《知识经济》,其中指出,体现在人(作为"人力资本")和技术中的知识始终是经济发展的核心。但直到最近几年,它的相对重要性才得到承认,而这种重要性正在增长。经合组织经济体比以往任何时候都更加依赖知识的生产、分配和使用。

此时,学者开始使用智力资本(IC)和非财务业绩衡量等概念,以增加公司股价的价值。事实上,在管理层董事会历史上,领先公司首次在年度报告中使用IC股票的衡量标准。"第二代更多地关注知识流程以及旨在将组织转变为知识型社区的协作和创新空间。评估、衡量和基准制定成为第二代的特点"("商业知识管理的市场前景、商业需求和技术趋势研究——欧洲制造的知识管理研究")。许多学者批评了第二阶段的过度工程化和机械化的知识管理方法,Snowden(2002)就是其中之一,认为这是泰勒主义和科学主义的延伸。

20世纪90年代末,互联网作为一种商业工具问世(Roberts,2003),给商业活动带来了一场革命。人际交往活动模式的变化,意味着一个崭新的、备受推崇的网络社会已经到来。在这个阶段,重要的是新知识的产生和共享,而不是对组织已经拥有的知识进行识别、衡量和储存。人们更加关注以人为本的知识管理工具和方法的开发。现在,知识的创造和转让是在一个网络而不是一个独立组织的背景下进行的。网络可以由经纪人、供应商、中间商、客户、战略联盟等组成,并在鼓励工作外部化和使用组织间信息系统的原则下运行。汽车制造、零售、电子和保险等几乎所有行业都有这样的例子。与知识网络的连接和管理知识网络的能力已成为上述商业逻辑的主要驱动力(Seufert等,1999)。

领先的知识管理学者,如Sveiby(2005),Spender和Marr(2005),Tsoukas和Vladimirou(2001)以及Snowden(2002),仅举几例,确定了第三代知识管理的需求,这更接近工作的民主化和个性化,更侧重于启发式或被称为隐性知识。在这个阶段,知识管理被视为一个社会过程。在一些账户中,即使在社会范式下,知识管理也有泰勒主义的"色彩",特别是当它试图被划分为阶段时("欧洲制造的知识管理研究")。这种做法被视为扼杀了创新和创造力,而创新和创造力是我们以速度为导向和多变的经济中竞争力的主要决定因素。人们只需要想起2001年9月11日。这个日子赋予了企业界面临不确定性和脆弱性的挑战,不仅是对他们自己资产的威胁,还有对他们的供应商、客户——他们整个环境的威胁。

通过对知识管理发展的历史考察,作者认为,知识管理最为一门新兴学科,伴随着网络知识经济的发展兴起于20世纪80年代,从组织的无形资产中获取和创造价值的过程就是知识管理。也就是,知识管理是对知识的管理,是指一个组织进行的为了满足当下和未来发展需要的,以知识为核心的,对知识的获取、储存、学习、消化、应用、改进和创造的管理过程。

（三）知识管理理论的主要内容

1. 知识基础理论

知识基础理论是企业资源基础理论在知识经济时代中的发展、逻辑延伸和综合应用。Wernerfelt(1984)认为,从资源角度出发可以帮助企业在战略选择与决策方面取得突破。基于企业资源异质性与不完全流动性的假定,资源基础观将一系列有价值、稀缺、不完全复制、无法取代的资源禀赋与内在能力作为企业获取持续竞争优势的重要源泉,因而,企业的战略应该追求对现有资源的利用与新资源的利用达到一种均衡,能否获取竞争优势,依赖于生成的资源组合与配置的稀缺性与不可复制性,从而实现企业的价值最大化。在此基础上,根据知识的专属性、嵌入性、异质性和难以模仿性等特点,Grant(1996)提出知识基础理论,将知识(尤其是隐性知识)看作企业的核心,并在组织学习、技术管理、管理认知等领域进行了深入的探讨。创造、获取、储存和部署知识是一个企业的基本活动和主要作用,随着技术进步和产品生命周期的不断缩短,企业的高绩效依赖于企业的异质资源与能力,而这一优势来自企业充分获取、转移和有效整合专业知识。总之,根据知识基础理论,知识被认为是最重要的战略资源。正如 Teece(2000)所阐明的,"有效组织的信息不是知识"。因此,知识基础理论的理论家们在谈到"知识"时,主要考察的是员工头脑中的知识(隐性知识),而不是编码在信息系统中的知识(显性知识)。应用该理论存在固有的困难,因为隐性知识无法轻易捕获和存储以供将来使用。它是独特的,难以模仿或购买,因为它是特定于环境的、基于经验的,并且是公司程序和惯例的一部分。

随着理论的发展,理论界和实践界基于知识基础观讨论了如何实施有效的知识管理及其对企业成长所产生的影响。知识是一种复杂的、难以理解的东西,人们经常不能对普通的知识或某一种特殊的知识进行全面的理解,这是由于其体现了现实生活中很难把握的复杂性。而知识管理活动通过教授人们一般知识(如作为数据的显性知识如何发生和汇总)或关于特定的知识(如关于用户产品偏好的具体明确数据)解决了这一问题。知识管理的概念已经被广泛用于明确描述工具、过程、系统、结构和文化的开发,以改进对决策至关重要的知识的创造、分享和使用。知识管理的目标是在考虑组织的具体边界条件的同时,实施一种对组织知识(包括现存知识和潜在知识)管理的整体方法,而知识管理活动的基本类别已经达成了潜在的共识,包括知识共享、创造、使用、存储和识别这五个核心活动。其中,知识创新是知识管理理论中较为核心的部分,Nonaka(1994)基于知识转换过程构建了知识创新螺旋模型,包括了社会化、外显化、组合化和内隐化,认为组织知识是通过隐性知识和显性知识之间的持续对话而创造出来的,并且虽然新知识是由个人开发和创造的,将个人知识提供给他人也是知识创造的核心活动,但组织在放大和发展个人知识,并将其具体化为组织知识网络的一部分方面同样发挥着关键作用,即个人知识会转化为对企业有价值的组织知识。学术界和实践界不断运用理论研究和实证分析方法探索知识管理体系并持续提供新的相关进展。由于知识被看作是最关键的战略资源且嵌入在组织成员、企业的社会网络和关系、组织系统、结构和文化中,涉及企业理论的多个方面,包括企业内部的知识协调、组织结构、管理角色、创新理论等,因此,基于知识的知识资本(包括人力资本、社会资本和组织资本)研究正成为知识管理理论的一个前沿领域(Kengatharan,2019;姜春等,2023)。此外,新技术正在持续变化,如大数据分析生成新的大数据相关知识,这些知识应该与其他关键的组织内外部知识和非知识资源一起被充分挖掘和整合利用(Ferraris等,2019)。

经过不断的发展,知识基础观成为知识基础理论。早期的知识基础观强调知识基础的稀缺性以及难以模仿性。随后,越来越多的学者开始关注知识整合、知识传播与知识共享。企业只有充分利用知识,才能发挥知识的重要作用。所以,在以后的研究中,知识整合、知识分享、知识传播、知识识别、知识存储将会成为学者关注的重点。

2. 知识创造理论

知识创造过程不能仅仅被描述为一个规范的因果模型,因为人类的价值观和理想是主观的,真理的概念取决于价值观、理想和背景。与传统的知识观不同,知识创造理论并不认为知识是绝对的、绝对正确的。知识创造可以被理解为一个持续的过程,通过这个过程,人们通过获取新的背景、新的世界观和新的知

识来克服信息和过去的学习所施加的个人界限和约束。基于 Ilya Prigogine
(1980)提出的物理宇宙超越思想,知识创造是一个从"存在到成为"的旅程。有
趣的是,就知识而不是信息而言,有限理性概念对行为的约束是"宽松的"。通
过与他人互动和分享隐性和显性知识,个人增强了定义情况或问题的能力,并应
用他或她的知识来采取行动并具体解决问题。

　　国外学者 Nonaka(1994)第一次在其研究中提出知识创造理论,经过多年的
发展与完善,其在知识管理领域属于相对比较成熟的理论,已经成为一套比较完
整的基础理论体系。知识创造理论基于组织内部知识动态变化的视角,揭示出
隐性知识与显性知识之间相互作用及转化的原理和路径机制。其中,显性知识
亦成为可编码的知识,能够通过文字、数据等特定的模式进行系统性的语言描述
出来的知识;隐性知识是高度化的个人知识,很难用规范化的模式进行编码,受
行为本身以及个体所处的环境的约束,如个体的思维模式、信仰观点和心智模式
等。Nonaka 在其研究中所提出的知识创造模型 SECI。社会化旨在在个人之间
共享隐性知识,外部化的目的是将隐性知识阐明为显性概念,组合化旨在组合显
性知识的不同实体,内部化的目的是将显性知识体现为隐性知识。在知识转换
中,个人的主观知识被验证、与他人的知识联系和综合。根据个人价值观和经验
创建的特定和暂时的知识由组织的其他成员共享和证明。Nonaka 等(1994)收
集了 105 名日本中层管理者的数据,利用验证性因素分析对组织知识创造理论
的转换进行了首次实证检验。该研究建议将组织知识创造视为一种结构,包括
通过外部化、内部化、社会化和组合化进行知识转换。

　　2000 年,学者野中(Nonaka)在其提出的知识创造模型 SECI 的基础上又进
一步提出了知识转化"Ba"的概念。在知识创造型企业中,知识是通过与环境的
动态互动而创造的。一个人可以通过对话来追求看似矛盾的事物的本质,并接
受他人的观点。对话也是了解他人与自己不同的观点,并接受和综合这些观点
的一种非常有效的方式。对话创造意义。例如,在丰田,经理们通过"问五次为
什么"的做法,鼓励在日常运营中各个层面进行对话。当你一次又一次被问到
你想出的理由的基础时,问你的思想或行动背后的根本原因就变得不可避免了。
知识创造型企业的领导是基于分布式领导的概念,而不是基于被认为是刚性和

固定控制机制的领导。由于知识是通过动态互动创造的,在知识创造型企业中,领导需要组织所有成员的积极承诺,而不仅仅是少数精英成员。

（四）基于知识管理理论的新产品开发不同阶段过程的分析

在新产品开发的概念开发阶段,主要是获得新产品的构思,并确定新产品的方案。新产品构思是在对消费者、员工、经销商、竞争者以及科研外部机构进行调查之后,根据用户的要求和市场的发展需求,所生成的一种创意。通过对消费者及经销商的调研,了解到他们对已有产品的不满、抱怨、意见等,从而为新产品的研发提供一个大概的指导;大部分是熟练员工的隐性知识,如经验技巧;而科研外部机构则可以为新产品的研发提供必要的技术原理和知识,并能解决重大的技术难题。从知识的视角,新产品开发团队首先会将企业已有的知识库进行知识集成,构建一个完整的架构,并按需从已有的知识库中提取所需要的知识,此外,还可以通过组织内员工间的知识流与知识分享,来生成新的产品创意。在这种情况下,集成的知识和产生的新产品创意将会沉淀,存储在企业的知识库中,随着时间的推移,这些知识将会逐渐被企业所吸收,为未来新产品研发奠定了基础。在新产品开发中,由于外部知识的存在,可以有效地补充企业内部的知识不足与限制,所以新产品研发团队的人员需要从不同的组织和渠道获得更多的知识。此外,新产品开发团队的成员必须具备多种专业背景,确保可以从多个角度去考虑问题,从而确保对企业新产品开发所需要的各种不同的更加全面的认识。而获得这种外部知识和新产品开发想法,与消费者、市场环境、竞争对手,以及外部咨询部等有着密切的关系。所以,要想提升新产品研发的成功率,确保新产品符合顾客的需要与市场需求,加速新产品的上市,就必须在这个时期对新产品开发的知识进行有效的管理。

在新产品开发的技术开发阶段,要将已有的新产品构想转化为一种逐步可行的新产品开发方案,并按照设计计划书开展新产品的研发和技术攻关。首先进行的是产品设计和过程设计部分。产品设计部分就是指如何运用各个不同方面的专业知识把新产品创意转变为能够满足消费者需求的策划文案。而如何开发形成一套新产品制造流程来完成设计策划到真实产品的过程就是过程设计部分的活动任务。这一部分的知识管理是在明确企业产品战略目标的前提下,通过相关设计工具的帮助,对新产品设计知识的获取、整合、学习、应用、改进和创新的过程进行有效的监督管理,并最终使得企业的新产品创新能力和市场响应能力得到增强。在此过程中,企业的现有知识库是基础,通过知识的获取、整合、再创造等活动,形成新产品的具体策划设计方案,而这一方案知识又将存储于企业知识库,为以后的新产品开发提供原始知识。其次就是新产品的生产试制活动。它能够为市场提供一个质量可靠、优质的新产品。新产品的技术开发是新产品创意到新产品实物试制的过程,这其中有着内部制造知识和外部制造知识的应用和整合。这一过程中的知识管理,既能提高高新产品开发的效率与成功率,又能使新产品的品质与功能得到最大限度的保障。

新产品开发的市场开发是测试和改进新产品的模型,并将新产品投放市场。在进行新产品的测试与改进时,公司需要对竞争对手及市场进行充分的了解,对公司的技术能力、各种资源以及产品的定位进行辨识和评判,同时收集用户的试验与使用情况。在搜集到的市场信息、消费者试用反馈信息和竞争对手的信息的基础上,新产品研发团队还将自己的知识库、员工的技能、经验等隐性知识,循序渐进地对新产品的不足之处进行剖析,并在知识交换与分享的基础上,给出应对之策,从而对新产品进行优化,以满足顾客的需要与市场的期待。测试和改进是一个动态的过程,它是一个从外部获取、吸收、整合到应用的过程。只有较好的知识管理水平才能保证新产品的改进合格率和消费者的满意度。

新产品上市归根结底就是市场营销和推广活动。随着知识管理的兴起,企业进入了知识经济的时代。将市场营销活动中的知识管理称为知识营销。它是基于对知识的获取、整合、交流和共享,通过对显性知识和隐性知识、外部知识与内部知识的转换与创新,从而使企业的价值与客户的让渡价值最大化。新产品商业化的过程是知识生产的过程,它包括对新知识的获取、新旧知识的整合、企业内部的知识共享和新知识的创造产生。具体来说,企业通过对消费者、目标市场、外部经济环境和竞争者的调查得到所需的客户知识、市场知识和竞争者知识,之后结合企业现有知识对这些知识进行整合,并在企业内部进行知识交流共享,达到知识沉淀和创造的目标。在新产品商业化过程中,知识管理能够使新产品更好地被消费者了解和接受,提升新产品的销售覆盖面,增加新产品销售额,提升企业绩效。

四、动态能力理论

动态能力理论是对资源基础理论的进化,其缘起是实践中越来越多的组织表明,尽管当前资源能够支持组织获取竞争优势,但持续竞争优势才是企业追求的重要目标,因而能够维持持续竞争优势的组织能力至关重要。可以说,动态能力理论在吸取资源基础理论核心思想的基础上,有效回答了企业持续竞争优势的来源是什么的问题[蒂斯等(Teece et al.),1997],为企业如何获取竞争优势提供实践指导。

资源基础理论是一种相对静态的企业战略方法,它关注的是企业能力对其长期生存和战略的影响。这种长期观点在有关企业动态能力文献中得到了进一步的探讨,它研究了企业适应和利用不断变化的环境的能力。而动态能力理论试图解释企业如何在变化的环境中获得并保持竞争优势。基于资源理论、过渡成本理论和商业发展理论的动态能力理论认为,企业通过建立内部常规或商业流程的标准操作程序来获得竞争优势。常规是成功的互动模式,为特定的任务提供解决方案,被历史紧密地束缚着,不容易被改变或发展。它们是企业特有的,以群体行为为特征,并具有强烈的依赖性。这些程序被定义为任务执行、问题解决和知识获取;它们没有明确的定义,也不需要被编纂,它们与企业的持续实践和组织学习有关。动态能力的一个重要方面是企业识别不断变化的市场条件、抓住机会并加以利用的能力。企业识别需求和机会并做出必要调整的能力是动态能力的本质,并创造了重要的价值[阿米特和休梅克(Amit,Schoemaker),1993;朗格瓦和罗伯逊(Langlois,Robertson),1993]。这种能力的一部分取决于企业寻求和获得有关其环境信息的能力。这种对知识的定位和整合,部分取决于企业寻找和处理信息的能力。企业不仅需要通过自己和第三方的研究发现新的路径,还需要认识到这些路径的相关性;以往的经验为管理层找到可行的替代方案创造了条件[蒂斯等(Teece, et al.),1997],企业不仅面临着与不同技术相关的不同成本,还面临着不同的技术偏好[尼尔森和温特(Nelson,Winter),1982]。

　　动态能力理论强调战略管理在调整、整合和改造内部和外部组织能力、资源和技能以适应不断变化的环境中的关键作用[蒂斯等(Teece,et al.,1997)]。其战略层面受到现有轨迹、当前位置和组织流程或常规的制约。现有的轨迹代表了企业的战略选择和选项。在某种程度上,企业因其过去和现在的地位而被迫从无限多的可用技术和市场中进行选择。一个企业的战略层面受到其现有轨迹、当前位置和组织流程或常规的制约。现有的轨迹代表了一个企业的战略选择和选项。企业在一定程度上受制于它们过去和现在的地位,无法从无限的可用技术和市场中进行选择。企业通常只能在接近它们目前使用的领域或方法中成功地学习[蒂斯(Teece),1988]。在一个已知领域获得额外知识的边际成本通常比在一个不相关的领域进行创新的成本低得多[科恩和利文索尔(Cohen,Levinthal),1990]。因此,企业倾向于在它们熟悉的领域进行创新。企业不是一个无限可塑的实体,而是一个能够进行有限变化的组织,涉及巨大的成本。一个企业过去和现在的活动对其技术轨迹有很大影响,因为相关领域的发现更容易被企业发现和利用[多西(Dosi),1982]。企业目前的研究领域和与外部创新的联系决定了它可以开发和利用哪些技术进步。此外,管理层识别这些机会并做出选择的能力将决定企业适应和利用不断变化的技术的能力。企业必须能够在新机会出现或环境发生变化时,比竞争对手更快地配置其组织和资源。一个企业的成长路径是相对狭窄的,它的成长方向受它的立场和它以前的成长路径限制。可能的活动的数量决定了企业可利用的机会的数量。在这些机会中,企业在所选路线上取得成功的能力同样重要。企业的基本特征和常规决定了其识别机会和进行必要变革的能力,并直接决定了其动态能力的程度。赛耶特和马奇(Cyert,March,2015)支持并证实了企业内部刚性,并强调随着时间的推移,组织很难改变和重组。对企业运作至关重要的标准操作程序是不能立即改变的。这些做法是由企业的历史实践经验形成的,并取决于其过去的成长和未来的方向。即使一个企业的信息管理实践设定了一套有吸引力的替代目标和期望,企业也可能无法改变过去为实现企业目标而制定的标准实践。

　　动态能力是指使企业能够对不断变化的市场条件做出反应并从中受益的能力。一个企业的组织过程或程序可以部分地理解为它在整合内部过程和外部关系方面的有效性。这些程序收集和处理与创新和问题解决有关的信息。企业与供应商的关系和从外部获取信息是常见的。在动态能力方面,企业的学习是一个组织过程。虽然个人技能和知识可以成为一个组织的重要资产,但学习过程具有社会和集体的性质。有效的学习需要协调的活动来获取和分享知识,而现有的活动决定了一个组织可以如何处理和处理什么。此外,通过学习获得的组织知识被储存在新的组织实践和逻辑中。组织学习利用现有的实践来寻找、定位和整合相关信息。正如赛耶特和马奇(Cyert,March,2015)以及尼尔森和温特(Nelson,Winter,1982)所解释的,组织中的学习在很大程度上是由这些过程决定的,因此在很大程度上是相互依赖的。尽管现有的惯例在很大程度上决定了企业的学习,但企业可能很难利用这些惯例所提供的机会来进行具体的战略调整。企业可能希望将它们的高绩效合同利用到企业的其他领域。

最早关注组织能力的学者是彭罗斯(Penrose),他于 1959 年在其研究中指出,组织能力表现为组织对其资源的有效配置与应用,其高低水平决定了组织发展与成长的方向与程度。随后到了 20 世纪 80 年代,逐渐出现了两个研究企业能力的学术流派,一个是上述提到的资源基础理论,强调资源是决定组织竞争优势的重要来源;另一个就是核心能力理论,是由普拉哈拉德和哈默尔(Prahalad,Hamel,1990)在其著作 *The Core Competence of Corporation* 中提出的,核心观点是企业是各种能力的集成系统,短期内决定企业竞争力的是产品的质量和性能,而长期内决定企业竞争力的则是企业的核心能力,而核心能力是指组织学习,特别是协调各种生产技能、整合多种技术的能力。由于核心能力能够为组织带来卓越的绩效与竞争优势,伦纳德-巴顿(Leonard-Barton,1992)进一步从战略视角利用核心能力对企业进行了分类,并指出核心能力就是那些具有区分性的,且是可以产生竞争优势的知识集合,强调产生与创造价值。然而,组织并非孤立存在,外部环境对于组织绩效与竞争力具有显著影响作用,仅仅关注内部核心能力的企业不能有效应对外部环境多样变化带来的威胁,也不能很好地把握各种机遇,因此很可能导致核心能力不能更高效地发挥应有的价值。因而,越来越多的管理者意识到,如何在规避核心能力的刚性和惰性时,更好地或者最大限度地发挥核心能力的价值。蒂斯等(Teece,et al.,1997)就提出了动态能力的概念,即企业识取、集成、利用组织内外部资源以应对外部动态环境的能力,它与一般组织能力不同,强调更好地应对和处理外部环境的动态性。具体而言,动态能力体现了企业在不断变化的环境中塑造竞争力的综合能力。为了更深入地理解动态能力的概念,蒂斯(Teece,1988)和皮萨诺(Pisano,1997)分别对动态和能力给出了解释。首先动态反映了环境的动态变化,强调组织战略需要不断响应环境变化,从而更好地掌握市场需求与竞争态势;能力则反映了组织的主动性或能动性,不能只被动地应对,而应主动面对环境变化,争取通过合理的资源配置、流程设计、知识创造等能力来做出最好的战略响应。

自动态能力概念提出后,众多学者围绕动态能力展开研究。艾森哈特和马丁(Eisenhardt,Martin,2000)研究指出,动态能力是可以被仔细分析后识别发现的,且不同企业的动态能力会因行业、市场状况而表现出差异性。当在中等程度变动下,变化的轨迹是可以被预测的,行业与市场结构也相对稳定,因此动态能力很可能就是对当前掌握知识、技术等资源的高效配置,从而保证持续获得竞争优势。而在变化剧烈的环境下,变化的轨迹与时间是不可预测的,且变化的程度也不清楚,因而动态能力就必须表现在更敏捷地反应并创造与动态环境更匹配的各种资源与产品。巴尼(Barney,2001)继承了艾森哈特和马丁(Eisenhardt,Martin,2000)的观点,同样强调了动态能力来源于组织的敏捷性,只有快速响应、灵活应用资源的能力才能持续创造出大量所需的竞争优势,因此当动态能力存在且足够强时,才能保证组织的竞争优势持续存在。巴尼(Barney,2001)认为学习能力和适应能力是最重要的企业动态能力。王和艾哈迈德(Wang,Ahmed,2007)指出,适应能力、吸收能力和创新能力是动态能力的重要构成,且这三种能力是每个企业都需要的,也都同时具备的,只是能力水平与程度的差异导致了组织竞争优势方面的差异,想要获得更好的竞争优势,就需要在上述三个能力方面加大投入进行构建与开发。一个企业识别替代方案的能力也与它的过去密切相关,赛耶特和马奇(Cyert,March,2015)曾多次表明,企业的搜索模式和行为有很大的偏差,所以过去和现在的行为肯定会影响到信息的收集和替代机会的识别。动态能力理论强调,随着市场和技术的变化,僵化的组织将始终面临挑战。企业需要意识到这些变化,识别创新的机会、适应机会并成功地调整到新的环境。一个企业的内部政策或程序将有助于决定其认识和实施这种变化的能力。组织动态能力的一个关键因素是企业家识别和利用机会的能力。在有关动态能力的文献中,赛耶特和马奇(Cyert,March,2015)强调了标准操作程序对企业独特性的重要影响,并强调了其在企业识别和适应环境变化的能力中的重要性。尽管他们认为所有的企业都遵守选择的基本原则(避免不确定性,遵循规则,保持简单),但他们认为每个企业都有独特的标准操作程序。

动态能力是一种关于快速变化环境中竞争优势的理论,这一解释与竞争优势理论相协调,表明它是如何对基于市场地位、企业资源和熊彼特创造性破坏的解释进行说明和补充的。当部分可预见的技术变革即将改变市场竞争时,动态能力具有最大的解释力;而当动态能力没有被低估或稀缺时,当变革不可预见时,当变革容易预见时,当新能力的效应较小时,在反复技术转变的行业中,以及在奖励短时间内的非凡表现而非长期持续的市场中,动态能力的解释力较小。在这个快速变化的商业环境中,创新是任何企业实现可持续竞争优势的关键要求。企业可以利用创新来进行产品和流程的改进,这些改进可能是突破性的和持续的。正是因为有了创新,一些企业比其他企业成长得更快,在严酷和高度竞争的商业环境中生存,并最终成为市场领导者。持续的技术改进和开发一个创新的商业模式可以颠覆任何市场领导者。基于动态能力理论,企业快速识别并掌握外部环境的变化和商机,建立一种弹性能力重构企业内外部资源获取独特的竞争优势,对外部稀缺和不可模仿的异质性技术的学习、融合和升华,识别技术的动态性和前沿性,产生更高质量的突破性创新。从多样化和互补性的资源中创造新的价值,保证旧产品在不被利润侵蚀影响的条件下创造出新的技术,实现新产品、突破性新技术带来的创新成果,精准识别和评估所产生的高价值和稀缺的技术创意资源。

商业的创新意味着在商业活动中提出一些新的东西,可能是流程、产品或想法。创新是长期商业战略的一部分,它不仅会提高一个特定企业的生存概率,而且会帮助它蓬勃发展并获得更好的利润。创新战略在实现相对于其他企业的可持续竞争优势方面起着关键作用。创新管理的重点是引入一个新的和创造性的过程、产品、营销或文化,这有助于一个组织利用外部和内部的机会。创新活动在改善任何组织的增长、业绩和竞争定位方面发挥着重要的催化剂作用。

组织要获得持续的利润和成功，就要努力进行持续的创新活动。根据这一观点，创新鼓励新的业务来取代旧的业务。当代研究者仍然认为，不持续创新的企业是把自己放在巨大风险的砧板上。少数学者认为，由于企业间竞争的加剧和产品生命周期的急剧缩短，现在组织传播创新的能力可能比过去在实现持续绩效方面更加重要。仅仅因为这个原因，在当代激烈的竞争环境中，观察到创新正成为所有组织不可或缺的目标并不奇怪。目前的产品/服务很容易受到不同的消费者要求和看法、新技术，以及国内和全球竞争加剧的影响。为了在竞争日益激烈的市场中茁壮成长，各组织不仅需要优化它们的决策能力，还需要提出创新战略，作为可持续性的最现实的解决方案。持久的成功不会来自对手的斗争，而是通过创新创造蓝海，这将使竞争变得无关紧要。企业的经济增长速度关键取决于其是否能够建立能力，以产生并利用创新和新市场的"机会之窗"，以及随着时间的推移，它们是否能够提高动态能力，进入高附加值活动。

基于动态能力的一个方面发展了合同/交易成本知情治理的观点，另一个方面发展了技术转让和能力的观点。动态能力加上良好的战略被认为是维持企业卓越业绩的必要条件，尤其是在快速发展的全球环境中。创业型管理和变革型领导被纳入企业动态能力理论的诠释中。该框架被用来解释战略和动态能力如何共同决定企业在外部环境中的可持续竞争优势。通过借鉴组织能力、企业战略和创业精神方面的学术成果，来填补企业和竞争优势理论的空白和不足。第一个目标是通过确保管理学者［如巴特利特（Bartlett）、戈沙尔（Ghoshal）和多斯（Doz）］为国际商业领域带来更大的凝聚力，这些学者已经开始摒弃内部化理论而选择其他方法。第二个目标是与战略管理领域进行更大的整合，战略管理领域也声称对全球企业的 SCA 有话要说。第三个目标是回应一些学者的挑战，使国际商业文献与创业理论有更好的联系。马克和卡森（Mark，Casson，1984）呼吁"利用企业家的经济理论建立国家优势的动态理论"。

企业动态能力强调的是一个企业（组织）文化和企业内部协调的便利性，而不是市场协调。除了缓解潜在的问题外，动态能力的整合为学习和通过跨国技术和技术转让分享知识和专长开辟了途径，一定程度上减轻了对知识产权的关注,因为技术转让是向全资企业单位而非第三方进行的,从而激发外部知识获取的动力。促进机会识别、人员交流、学习、整合和协助技术转让对企业至关重要,并不能全部限制在节约交易成本的范畴内。

尽管动态能力理论的提出为企业获取持续竞争优势提供了思路与理论指导,但也遭到一些学者的质疑。有学者认为动态能力是客观存在的,且由组织的各种资源决定,因而动态能力不能开发与构建,动态能力的价值性有待进一步探讨。蒂斯和皮萨诺(Teece,Pisano,1997)为了解决这一质疑,他们从能力本质出发进一步阐述了动态能力,能力并不是与生俱来的,它是根植于组织实践中,从组织不断适应多变环境、不断获取并集成资源中逐渐构建成的,因而动态能力是可以通过学习与努力开发实现的。

第二节　新产品开发概念及相关研究

评价一个企业能否有能力实现新产品开发,跨越创新刚性的技术差异化能力能够突破企业原有技术轨道和技术范式。而新产品开发作为企业提升技术差异化能力的直接目的,具备不同特征和开发过程的产品对企业技术差异化能力提出了不同的要求。因此,本节着重阐述新产品的分类及开发的过程。

一、新产品的界定及分类

(一)新产品界定

新产品是指那些根据新的工程原理和新的设计概念开发和制造的产品,或者是那些在某些方面,如设计、材料或技术上比原来的产品有明显改进的产品,从而大大增强了其性能或扩展了其功能。从营销的角度来看,新产品是指所有以前从未生产过的产品。特别是,任何改变或创新一般产品概念的任何方面,并为消费者提供新的利益和满意度的产品都可以被视为新产品。从狭义上讲,新产品是指从来没有在市场上出现的产品;而从广义上讲,新产品存在三个层面的含义:采用新技术和新材料及新工艺的产品、企业从来没有生产制造过的产品、市场上第一次出现的产品(吕帅,2010)。因此,可从技术、生产和市场三个角度对新产品进行界定。

从技术方面来看,在产品的原理、结构、功能和形式上发生了改变的产品即为新产品。技术视角下的新产品既包括采用新技术原理、新设计构思研制的全新产品,也包括在结构、材质、工艺等某一方面比原来产品有明显改进,从而显著提高了产品性能或扩大了使用功能的产品,甚至还包括对产品外观和式样进行更新的产品。

从生产方面来看,第一次生产的产品即为新产品。生产视角下的新产品既包括采用新技术的产品,也包括企业对国内外市场上已有产品进行模仿生产的产品。

从市场方面来看,第一次出现在市场上的产品即为新产品。市场视角下的新产品既包括采用新技术的产品,也包括从原有市场进入新市场的产品,只要能给消费者带来某种新的感受和价值的相对新的或绝对新的产品即可称为新产品。

（二）新产品分类

根据产品对企业的新颖程度和对市场的新颖程度,可以将新产品分为全新产品、改进型新产品、模仿型新产品、系列型新产品、降低成本型新产品和重新定位型新产品[博茨等（Booz et al.）,1982；库兹马尔斯基（Kuczmarski）,1992]。新产品的类型与描述如表1-1所示。商业意义上的新产品是非常广泛的,不仅包括特定领域的重大科技进步所产生的新产品,还包括与之相关的新产品。除了因某一领域的重大科技进步而产生的新产品外,从制造和营销的角度来看,如果新产品具有不同的功能和设计,与原来的产品不同,或者只是与原来的市场相比进入一个新的市场,也可以被认为是新产品；从消费者的角度来看,是指能够进入市场,为消费者提供新的利益或效用,并且被消费者接受的产品。根据产品研发过程的不同,新产品可以分为全新产品、模仿型新产品、改进型新产品、形成系列型新产品、降低成本型新产品和重新定位型新产品。全新产品是指采用新概念、新技术和新材料,具有新结构和新功能的产品。这种新产品是世界上第一个可以创造一个全新市场的产品。改进型新产品是指在原有老产品的基础上进行改进,使产品在结构、功能、质量、色彩、款式、包装等方面有新的特点和创新,改

进后的新产品结构更合理,功能更齐全,质量更高,更能满足消费者不断变化的
需求。模仿型新产品是企业为满足需要而开发的产品。形成系列型新产品开发
是指在原有产品类别中开发新的品种、颜色和规格,以与企业原有产品形成系
列,扩大产品的目标市场。降低成本型新产品是指以较低的价格为新产品提供
相同的性能,主要是指企业在生产过程中应用新技术和改进,以较低的成本提供
相同性能的新产品,主要是指采用新技术、改进生产工艺或提高生产效率,降低
原产品的成本,但保持新产品的原有功能。重新定位型新产品是指将企业的老
产品重新定位到新市场,被称为新产品上市。

表 1-1　新产品的类型与描述

新产品类型	描述
全新产品	运用新原理、新技术或新材料,具有新结构和新功能的产品
改进型新产品	在原有产品的基础上进行的改进,使产品在结构、功能、品质、花色款式及包装上具有新特点和新的突破。改进后的新产品,其结构更加合理、功能更加齐全、品质更加优质,能更多地满足消费者不断变化的需要
模仿型新产品	企业对国内外市场上已有的产品进行模仿生产的被称为该企业的新产品
形成系列型新产品	在原有的产品大类中开发出新的品种、花色、规格等,从而与企业原有产品形成系列,扩大产品的目标市场
降低成本型新产品	以较低的成本提供同样性能的新产品,主要是指企业利用新科技,改进生产工艺或提高生产效率,削减原产品的成本,但保持原有功能不变的新产品
重新定位型新产品	企业的老产品进入新的市场而被称为该市场的新产品

二、新产品开发的过程

新产品开发是指企业通过运用自身与外界的资源与能力,对能够满足市场
需要和实现企业竞争目标的产品创意进行构思和筛选开始,到产品的设计、试
销、生产,直到正式投入市场的全过程。新产品的持续开发和市场引进是决定企
业持续业绩的重要因素[布伦德尔等(Blundell, et al.),1999;布罗克霍夫(Brock-
hoff),1999;卡彭等(Capon, et al.),1990;钱尼和德温尼(Chaney, Devinney),

1992；乌尔班和霍瑟（Urban，Hauser），1993]。尽管新产品为企业开辟了新的机会，但这些新产品存在的潜在巨大风险也不应该被忽视。因此，经验性的研究指出，新产品的失败率很高，特别是在消费市场[布罗克霍夫（Brockhoff），1999；克劳夫德（Crawford），1987；乌尔班和霍瑟（Urban，Hauser），1993]。在实证研究的基础上确定影响新产品成功的因素是新产品开发中研究的目标。管理人员可以利用新产品开发研究的结果，以改善各自企业的新产品开发活动。由于其直接的实际意义以及对研究人员的内在吸引力，新产品开发研究在过去30年中保持了高度的普及性，经验性的新产品开发研究在今天的科学界仍然受到广泛关注。

　　除了新产品开发的内部组织因素，某些外部关系也能对新产品的成功产生相当大的影响。在后来的项目层面的工作中，新产品开发过程的内容被细分为更详细的阶段。研究表明，特别是新产品开发过程早期阶段的项目准备工作（"初步筛选""初步市场评估和技术评估"）对新产品的成功具有决定性作用。此外，在实际开发之前对预定的新产品开发项目进行商业评估也是必要的。这可从以前的论文中确定的成功因素得到确认。值得注意的是，库珀和克莱因斯密特（Cooper，Kleinschmidt，1998）的"阶段门模型"中的阶段定位。新产品开发过程应明确以市场需求为导向，主要以市场研究活动和竞争观察的形式进行，以及存在一个高质量的新产品开发过程。新产品开发过程的市场导向和明确的客户融入产品开发之间的区别变得模糊不清。

　　一般来说，存在一个正式全面的新产品开发过程，在整个过程中具有专业性的特点，特别是评估和选择新想法[科斯特波爱尔（Kotzbauer），1992]、开发[帕里和桑（Parry，Song），1994]和市场引进[如施马伦和威德曼（Schmalen，Wiedemann），1999]对新产品的成功有积极的影响[布伦塔尼（Brentani），1989；格里芬（Griffin），1997；桑和帕里（Song，Parry），1996]。在新产品开发过程中，以下活动或内容对新产品的成功具有特殊的重要性：（1）进入开发阶段前的规划质量。项目的必要准备工作尤其包括对想法的第一次广泛评估、执行技术和市场导向的可行性研究以及对 NPD 项目的商业评估。（2）产品概念、目标市场和客户。通过使用新产品而不是竞争产品获得目标市场；NPD 过程对市场需求的定位[阿图阿海内-吉马（Atuahene-Gima），1995；桑德等（Souder，et al.），1997]。这指的是市场研究的质量,指的是对顾客需求的理解和评估,例如米什拉等(Mishra,et al.,1996);帕里和桑(Parry,Song,1994)。(3)对市场潜力的准确预测[巴尔本廷等(Balbontin,et al.),1999;梅迪克和齐尔格(Maidique,Zirger),1985],对竞争的精准洞察[卡兰通和贝内代托(Calantone,Benedetto),1988;米什拉等(Mishra,et al.),1996]。理想情况下,这些信息应该在整个新产品过程中依据所处的市场环境得到调整[罗斯威尔(Rothwell),1974];(4)区分市场导向和顾客融入新产品开发。衡量客户导向的准则,正如库珀和克莱因斯密特(Cooper,Kleinschmidt,1998)提出的原则,为了明确新产品开发过程客户是否与市场的需求相一致。新产品开发的重要性主要体现在:(1)新产品开发是企业生存和发展的重要保证;(2)新产品开发是满足人口增长的物质文化需求的最佳途径;(3)新产品开发是提高企业竞争力的重要手段;(4)新产品开发是提高企业经济生存的重要手段。新产品开发方式主要包括以下三种方式:自主研发、科技合作和技术转让。

新产品开发过程的第一个阶段是寻找产品创意,即对新产品进行设想或创意的过程。一个好的新产品创意是新产品开发成功的关键,缺乏好的新产品构思已成为许多行业新产品开发的瓶颈。企业通常可从企业内部和企业外部寻找新产品构思的来源。企业内部人员包括研究开发人员、市场营销人员、高层管理者及其他部门人员。这些人员与产品的直接接触程度各不相同,但他们总的共同点是熟悉企业业务的某一或某几个方面。企业可寻找的外部构思来源有顾客、中间商、竞争对手、企业外的研究和发明人员、咨询企业、营销调研企业等。

新产品开发过程的第二个阶段是创意筛选,即采用适当的评价系统及科学的评价方法对各种创意进行分析比较,从中把最有希望的创意挑选出来的一个过滤过程。在这个过程中,力争做到除去亏损最大和必定亏损的新产品创意,选出潜在盈利大的新产品创意。构思筛选的主要方法是建立一系列评价模型。确定合理的评价因素和给每个因素确定适当的权重是评价模型是否科学的关键。

新产品开发过程的第三个阶段是新产品概念的发展和测试,新产品创意是企业希望提供给市场的一些可能新产品的设想,新产品设想只是为新产品开发指明了方向,必须把新产品创意转化为产品概念才能真正指导新产品的开发。

产品概念是企业从消费者的角度对产品构思进行的详尽描述,即将新产品构思具体化,描述出产品的性能、具体用途、形状、优点、外形、价格、名称、提供给消费者的利益等,让消费者能一目了然地识别出新产品的特征。因为消费者不是购买新产品构思,而是购买新产品概念。新产品概念形成的过程亦即把粗略的产品创意转化为详细的产品概念,并通过产品概念测试筛选出可以进一步商业化的产品概念。

进一步制订营销战略计划,对已经形成的新产品概念制订营销战略计划是新产品开发过程的第四个阶段。该计划将在以后的开发阶段中不断完善。营销战略计划包括三个部分:第一部分是描述目标市场的规模、结构和消费者行为,新产品在目标市场上的定位,市场占有率及前几年的销售额和利润目标等;第二部分是对新产品的价格策略、分销策略和第一年的营销预算进行规划;第三部分则描述预期的长期销售量和利润目标以及不同时期的营销组合。

新产品开发过程的第五个阶段是进行商业分析,主要内容是对新产品概念进行财务方面的分析,即估计销售量、成本和利润,判断它是否满足企业开放新产品的目标。

新产品开发过程的第六个阶段是进行产品实体开发。新产品实体开发主要解决产品构思能否转化为在技术上和商业上可行的产品这一问题。它是通过对新产品实体的设计、试制、测试和鉴定来完成的。

新产品开发过程的第七个阶段是进行新产品试销,新产品试销的目的是通过将新产品投放到有代表性的小范围目标市场进行测试,帮助企业真正了解该新产品的市场前景。市场试销是对新产品的全面检验,可为新产品是否全面上市提供全面、系统的决策依据,也为新产品的改进和市场营销策略的完善提供启示。在完成以上步骤之后,进行新产品开发的商品化。

新品开发的前期分析阶段包括以下两个部分四个环节。

第一,需求分析部分。

消费者初步洞察环节:通过一些渠道手段(如企业内部、外部渠道、代表性消费者座谈会)来快速收集、整理与新品开发概念相关的信息,形成对新品开发最初的概念方向。

环境分析环节:通过对总体环境及市场环境的分析,判断目标消费群对新品概念的需求度,以及当前产品供应方的满意度。

第二,优劣势分析部分。

竞争分析环节:确定目标竞争对手,并分析其在未来可能的概念产品上的竞争能力。

资源及能力盘整环节:围绕新品概念方向,对企业内部各项资源及能力的分析盘整,并判断和各主要目标竞争对手间的优劣势。

通过以上的分析,我们可以对最初的几个产品概念进行判断和筛选,将不具可行性的概念排除在外后,对剩下的产品概念可通过较大规模样本量市场调研进行进一步的判断。

库珀和克莱因斯密特(Cooper, Kleinschmidt, 1993)又提出了一个新产品开发的门径管理系统(stage-gate system),用以描述新产品开发活动与决策过程,该系统起始于产品构思,结束于产品推广后评价,包括五个阶段和五个决策,如图1-1所示。

突破性技术的产生是企业在快速变化、高度不确定性的市场中保持竞争优势和长远发展的重要响应机制和创新战略选择。在新产品开发过程中,企业投入了大量的资源在产品开发、产品测试和市场推广阶段,却忽视了新产品开发早期阶段的重要性。在企业管理实践中,稳步快速发展的组织往往在新产品开发模糊前端阶段产生了更多突破性技术和产品。库珀和克莱因斯密特[Cooper, Kleinschmidt(1986,1987,1993);Cooper(1988)]通过对新产品开发项目的分析发现,构思筛选、初步技术评估、初步市场评估、市场研究、商业和财务分析等新产品开发前期活动对新产品开发项目的结果存在关键的影响。虽然企业在新产品开发前期活动中付出的努力并不能保证新产品开发的成功,却为新产品开发成功铺平了道路,能最大限度地帮助企业避免因"市场疲软""竞争激烈""销售和促销力度不足"等造成新产品在市场上的失败。

三、新产品开发的关键成功因素

1. 高管参与。高管可以在各种情况下以各种方式支持与前端活动合作的

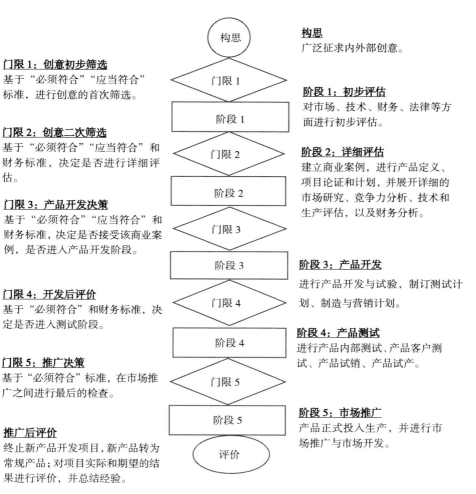

门限 1：创意初步筛选
基于"必须符合""应当符合"
标准，进行创意的首次筛选。

门限 2：创意二次筛选
基于"必须符合""应当符合"和
财务标准，决定是否进行详细评
估。

门限 3：产品开发决策
基于"必须符合""应当符合"和
财务标准，决定是否接受该商业案
例，是否进入产品开发阶段。

门限 4：开发后评价
基于"必须符合"和财务标准，决
定是否进入测试阶段。

门限 5：推广决策
基于"必须符合"标准，在市场推
广之间进行最后的检查。

推广后评价
终止新产品开发项目，新产品转为
常规产品；对项目实际和期望的结
果进行评价，并总结经验。

构思
广泛征求内外部创意。

阶段 1：初步评估
对市场、技术、财务、法律等方
面进行初步评估。

阶段 2：详细评估
建立商业案例，进行产品定义、
项目论证和计划，并展开详细的
市场研究、竞争力分析、技术和
生产评估，以及财务分析。

阶段 3：产品开发
进行产品开发与试验，制订测试计
划、制造与营销计划。

阶段 4：产品测试
进行产品内部测试、产品客户测
试、产品试销、产品试产。

阶段 5：市场推广
产品正式投入生产，并进行市
场推广与市场开发。

图 1-1　新产品开发"阶段—门限"过程模型

经理和团队。首先,当变革遇到阻力时,这种支持至关重要。其次,如果高管在
NPD 前端直接参与,新产品创意背后的动力会更强。第三,高管在前端活动中
的支持促进了更大的创新。第四,高管可以提供资源,阐明项目目标,并创建愿
景声明。第五,高级管理层可以协调跨越职能边界的个人活动。

2. 客户参与。在新产品开发前端的价值是有争议的:一方面,一些学者认为
客户很少向公司提供丰富或多样化的信息(Granovetter,1982;Krackhardt,1992);
Alam(2006)警告不要要求顾客提出产品问题的解决方案,他认为企业从询问顾客

所寻求的利益中学到更多；另一方面，其他学者支持客户参与产品开发的积极影响，例如 Bacon 等（1994）声称，在开发项目中不包括客户输入的 NPD 团队很少能生产出成功的产品，也有学者提出企业应该在产品开发开始前探索客户的期望和需求（Verworn 等，2008）。这种资料是有用的，因为它在开发阶段的早期阐明了项目目标。此外，客户可能会在 NPD 的前端提供开发人员尚未考虑的产品创意。

3. 客户之外的外部合作。外部参与者（例如供应商）可以在 NPD 前端提供帮助（Harvey 等，2015）。Murmann（1994）发现，与前端有能力的供应商合作可能会减少技术的不确定性。有效的供应商合作也被发现可以缩短上市时间、降低开发成本并提高产品质量。Khurana 和 Rosenthal（1997）表明，一些公司对 NPD 前端的价值链采取了广泛的视角。例如，这些公司在前端解决供应商的要求，以获得概念开发的有用输入。

4. 新产品开发与战略之间的一致性。从更具战略性的角度来看，学者已将公司的 NPD 与其总体业务战略的一致性视为关键的前端成功因素（Trimi 和 Berbegal-Mirabent，2012）。一些学者建议公司在前端项目中利用其核心能力，以确保其业务战略始终处于焦点位置。Costa 等（2013）发现，不充分的战略规划会对 NPD 的前端产生负面影响。Khurana 和 Rosenthal（1998）发现成功的公司将业务战略、产品战略和特定于产品的决策联系起来。NPD 和战略之间的良好一致性也凸显了公司参与产品组合规划的必要性。一个例子是，在规划满足客户愿望和期望的产品属性的最佳组合时需要进行战略性思考。

5. 足够程度的正规化。一些学者提出，减少前端不确定性的有序且可预测的管理有利于 NPD。其他学者得出的结论是，如果前端活动被分解为模块或子阶段，就像处于 NPD 的后期阶段一样，成功的可能性就更大（Van Der Duin 等，2014）。Khurana 和 Rosenthal（1998）声称，管理层应该围绕 NPD 进行明确的沟通，明确分配决策职责，并具体确定绩效衡量标准。Markham（2013）证实了这些观点。然而，正规化与成功之间的关系并不一定是线性的。相反，文献表明这种关系呈倒 U 型：形式化太少和太多似乎都会损害前端活动的成功机会。特别是，过多的形式化可能会导致僵化，从而抑制创造力（Gassmann 等，2006），进而可能带来负面影响，特别是在激进创新的情况下（Florén 和 Frishammar，2012）。

此外,最近的研究表明,在促进心理安全的氛围中,前端的低形式化程度可能是前端成功的途径(Nienaber 等,2015)。

6. 职能和部门之间的合作。跨职能合作被认为是前端成功的关键(Bocken 等,2014)。一种解释可能是跨职能合作有利于任务分析并减少前端的不确定性。第二种解释可能是,想法选择通常是在与公司不同职能领域的代表举行的会议上进行的。在此类会议中,跨职能合作有助于筛选想法。第三种解释可能是,跨职能合作对于保持想法的活力和活跃和创造新知识是必要的。

许多学者对跨职能合作的类型进行了研究。Kohn(2006)认为,研发和营销关系是新产品开发前端最有可能出现的相互依赖合作关系。这两个领域负责产品定义和产品概念,然后由公司的其他职能和部门共享。制造和工艺设计领域也应在新产品开发的前端进行合作,以确保生产拟议产品的可行性。

7. 创造性组织文化。创造力显然在 NPD 的前端至关重要,因为好的创意会在创新友好的文化中出现,从而促进前端所需的沟通和发展。创造性文化鼓励公司员工利用他们的创新才能来产生和完善源源不断的创意。创意文化还通过促进前端的一致性、效率和生产力来强化公司的市场导向。

8. 项目管理能力。项目经理对管理项目的各个阶段负有最终责任——其中之一是前端阶段,包括其子阶段。优秀的项目经理会请求支持、游说资源并管理技术问题和设计问题。Khurana 和 Rosenthal(1997)发现成功公司的项目经理参与了所有这些任务。就前端任务而言,项目经理还定义目标、确定工作优先级并提供领导。项目经理影响产品定义、促进团队合作、促进战略协调、建立联合团队使命感并定义项目目标。

尽管学者尚未广泛研究前端成功项目管理的特征,但现有研究表明,前端活动在顺序、重叠程度和相对持续时间方面可能存在很大差异。这意味着前端项目经理必须具备多种不同的能力。

第三节　模糊前端概念及相关研究

模糊前端处于新产品开发过程的起点,在这一阶段,企业通过市场定位和竞争优势分析,并通过反复尝试和评估市场条件以及商业和经济的可行性,为产品快速进入市场提供了机会。通过阐述模糊前端的具体过程与关键成功要素,填补了企业孵化产品创意的空白。

一、模糊前端的概念、过程与特征

(一)模糊前端的概念

当今世界,在日益激烈的市场竞争中,创新成为企业赖以生存的基础,而源源不断的创意是企业获得长期竞争优势的重要保证。科学技术日益成为生产力增长的动力,自主创新是经济和社会发展的重要基础。一个企业要想长期生存和发展,必须建立在创新的基础上,而创新来自好的创意,创意是企业家创新的燃料。创意不仅可以使企业通过一系列的行动改变现状,还可以为企业创造新的机会。要提高企业的自主创新能力,首先要引入创新的概念,让创新成为企业文化的重要组成部分,并不断扩大创新的来源。模糊前端处于创新过程的起点,从构思到采用、开发或完成的过程。模糊前端是可以进行重大改进的阶段,为快速进入市场提供了具有成本效益的机会。新产品开发初期的企业模糊前端创新效率是指企业在新产品开发初期——模糊前端阶段,通过企业市场定位、技术和竞争地位分析来产生大量新产品概念,并通过反复尝试和评估市场条件以及商业和经济的可行性分析,最终确定产生成功产品创新概念的结果和成效。当企业知识基础得到一定的提升,可以在研发创新中不断吸收新知识,产生更多的创新成果,促进企业突破性创新持续发展。因此,企业只有通过对外部技术创意自主研发,进行纵向深度探索,才能不断产生新的知识创造。一方面,企业原有的知识阻碍了企业自主研发创新灵活性,易产生技术创新路径依赖和技术创意"核心刚性",企业难以转向新的技术创新路径,伴随着潜在学习机会的缺乏,学习机会和潜力相对有限,导致技术重叠成为建立"认知范围经济"的障碍,增加了突破性创新的成本,削弱技术突破的动力;另一方面,内部原有的技术常常伴随着过度的技术信息冗余,外部冗余信息导致企业在对外部技术创意资源进行选择时很难精准地识别和筛选真正所需创意资源,由于其无法客观合理地评价外部技术创意资源的新颖性、复杂程度和契合程度,从而在源头上导致企业模糊前端呈现出模糊性的特征。

　　企业需要关注如何刺激创意的产生,思考如何改进创新过程。企业将专注于在创新过程的早期,即模糊前端时期产生大量的想法,从而使好的想法能够传播,并为企业创造新产品的成功做出重大贡献。根据模糊前端的定义,企业在这个阶段的主要任务是产生大量的想法。许多研究者认为,在创意生成阶段,使用市场预测来确定创意的成熟度。人们还认识到,传统的市场研究方法和先进的分析技术已不足以产生对创新有重大影响的想法,企业需要更多地利用市场预测和其他相关技术来填补这一阶段产生良好想法的空白。

　　本书根据模糊阶段的特点和决策者的关键作用,对新产品开发的这个预生产阶段进行了更详细的定义。模糊前端是新产品开发能否取得成功的关键,新产品开发项目的成功率与投入在模糊前端的时间和资源成正比。同时,模糊前端又是新产品开发过程中的薄弱环节,模糊性、不确定性、动态性、复杂性等特征既影响企业对模糊前端的管理,也影响企业的时间和资金投入。因此,模糊前端逐渐成为学者们研究的焦点。

　　关于模糊前端的研究始于 20 世纪 80 年代,库珀和克莱因斯密特(Cooper, Kleinschmidt,1987)指出先期活动(up-front activities)或前期开发活动(predevel-opment activities)是指新产品开发之前的活动,是新产品开发成功的关键。在之后的研究中,模糊前端亦被学者们称为新产品开发项目早期阶段(early phases of new product development project)和创新前端(front end of innovation)。

　　学者们主要从创意管理、市场营销和新产品管理等方面探讨企业模糊前端创新的内涵。基于创意管理视角的研究认为,企业模糊前端创新是在产品开发模糊前端阶段获取有价值的创新机会,从用户关联要素和环境关联要素两方面发现产品创新机会;基于市场营销视角的研究指出,企业模糊前端创新是新产品开发项目进入开发、商业化阶段前对满足用户需求的高价值和发展潜力产品创意的获取;基于新产品规划管理视角的研究持这样的观点:技术联结市场确保产品创意高效输出,实现了从模糊前端创意到新产品规划这一动态过程。企业模糊前端创新(模糊前端)绩效测量研究主要侧重于效率和有效性。金姆和威尔蒙(Kim,Wilemon,2002)认为企业与外部利益相关者之间的关系建立能有效降低模糊前端的模糊性,提高模糊前端绩效。曹勇等(2020)认为团队异质性通过激发团队成员的创造力可以有效管理模糊前端阶段的不确定性,激发更多创意来提升 NPD 绩效。布伦塔尼和里德(Brentani,Reid,2012)从模糊前端流程、企业文化、战略目标和管理者个人特质四个方面出发探讨影响模糊前端创新的要素。陈劲和高钰(2005)认为有效降低前端模糊性水平和改善前端活动可以促进新产品模糊前端绩效。曹勇等(2017)认为模糊前端阶段有效的专利管理会促进企业专利商业化进程,进而影响企业新产品开发的创新绩效,提出了企业有效专利管理的制度创新和机制创新建议。曹勇等(2020)认为企业通过管理团队异质性不断提升 NPD 绩效。施韦策和加布里埃尔(Schweitzer,Gabriel,2012)认为企业与外部创新主体的合作质量和消费者需求会影响创新的有效性。

企业模糊前端在新产品开发中作为突破性技术创意的产生渠道,通过模糊前端时期新产品概念的目标实现程度及完成效率来体现。综合考虑创新生态系统产生技术创意的特性,借鉴金姆和威尔蒙(Kim,Wilemon,2002)的研究,从效率和有效性两个方面探讨企业在模糊前端时期产品概念实施的有效性。

(二)模糊前端的过程与活动

关于模糊前端的过程与活动,学者们存在不同观点。基于过程的观点认为模糊前端是新产品开发过程的早期阶段,可以具体分解为多个存在先后顺序的活动。基于活动的观点认为模糊前端各项活动存在重复性、重叠性,因此这些活动之间不存在明确的先后顺序,任何企图用一个顺序过程来描述所有的模糊前端情况都是不合适且值得怀疑的。

随着经济高质量的发展,企业间的竞争日趋激烈,加强新产品开发的创新已成为大多数企业获得竞争优势的战略选择。新产品开发在很大程度上依赖于创新的速度和早期阶段创新的价值。模糊前端阶段是企业新产品开发的关键阶段,需要正确识别创新机会,选择最有前途的产品创意。企业在新产品开发早期阶段的创新能力不明确,主要是由于企业的两个方面,一个是内部的独立研发,另一个是外部的两个创意来源。模糊前端作为新产品开发过程的第一阶段,包括从创意产生到执行审查等一系列过程。模糊性或不确定性是模糊前端的一个典型特征。这种不确定性主要来自技术、市场、分配的资源、企业的适应性和能力，以及企业的局限性。金姆和威尔蒙（Kim，Wilemon，2002）提出了五个活动来减少模糊前端的模糊程度，其中包括扩宽创意来源渠道，发展合作伙伴、支持者和联盟的关系，通过购买合作伙伴或支持者和联盟商企业的技术或获得许可实现企业创新并获取市场利润。切斯伯勒（Chesbrough，2007）认为在开发新产品和新技术时，越来越多的企业可以而且应该同时使用外部和内部的想法以及外部和内部的市场路径。尽管一家企业进行了专利获取（即新技术研究和开发，以及专利许可证）和专利保护，但该企业是否能从市场上获得利润取决于其专利的商业化。创意收集的方法包括领先用户法、一对一访谈及焦点小组会议等，这些方法常因创意来源有限、执行效率低、成本高而导致新产品开发周期过长，无法快速响应市场需求。企业模糊前端创新动力获取创新收益的途径一方面来自因竞争优势产生的创意，另一方面包括创新成果的有效管理和专利商业化带来的收益，如知识产权保护和知识产权有效运用。

企业通过将内外部知识进行共享、融合、应用和创造实现知识的运用过程，导致创新市场的活跃度和地区创新企业的竞争活力及创新动力存在不同程度的差异，从而影响新产品开发企业模糊前端创新绩效。企业之间为了获得创新机会，应对激烈的市场竞争，必然会加大知识的运用，会倾向于实现知识的许可、转让、出口、技术交易等活动。如果企业成功地对外部广泛的知识搜索进行内部整合，对现有知识进行深度提取，可以更新和扩大企业的知识库，为后续的知识整合方法和手段提供越来越有效的知识资源，促进企业的知识整合能力，有助于不同部门间知识共享和流动，在对现有知识基础进行整合的基础上，找到企业适应新环境产品、工艺和创新的方向。

1. 模糊前端的过程模型

基于过程的观点强调模糊前端各项活动的先后顺序，学者们基于创意的形成和选择过程，提出两阶段模型、三阶段模型和四阶段模型。模糊前端的过程模型可总结如表 1-2 所示。

表 1-2　模糊前端的过程模型

过程模型	过程描述	代表学者
两阶段模型	包括阶段 0 和阶段 1 两个阶段。阶段 0 是指产品概念的最初形成阶段,阶段 1 是指项目的详细评估阶段	格里芬(Griffin, 1997)
	包括产品平台构建、创意的产生和发展两部分工作内容,其中产品平台构建是指产品战略计划形成、机会分析、机会识别、概念定义与明确,创意的产生与发展是指通过综合企业内外部资源激发大量的创意,再根据企业的条件对创意进行分析与筛选	何剑锋(2009)
三阶段模型	包括创意形成与筛选、初步技术与市场评估、概念形成与评估等三个阶段	库珀(Cooper, 1988)
	包括阶段 0 前期、阶段 0、阶段 1 三个阶段,其中阶段 0 前期主要指初步机会识别、市场和技术分析,阶段 0 指产品概念的定义,阶段 1 指产品定义和项目机会	库拉纳和罗森塔尔(Khurana, Rosenthal, 1997)
	包括市场和技术机会识别、产品和商业创意形成、产品概念和初步的商业计划选择三个阶段	桑德梅尔等(Sandmeier, et al., 2004)
	包括创意跨界识别、创意把关甄别、项目规划三个阶段	里德和布伦塔尼(Reid, Brentani, 2004)
	包括创意收集、创意筛选和项目评估三个阶段	罗素和蒂皮特(Russell, Tippett, 2008)
	包括市场分析、产品/服务分析、技术分析三个阶段	盛济川和曹杰(2012)
	包括战略(机会识别与机会分析)、构思(创意形成与创意筛选)、验证(概念和技术验证、概念选择)三个阶段	勒科西耶等(Lecossier, et al., 2019)
四阶段模型	包括创意战略规划、创意产生与采纳、创意筛选与概念开发、初步计划四个阶段	博德里奇(Boeddrich, 2004)
	包括开辟创新源、产生产品构思、构思筛选和评价、形成产品概念四个阶段	尹成龙和孔凡让(2005)
	包括机会识别、评估用户痛点、发现非主流用户需求和创意产生四个阶段	王晨筱等(2018)
	包括创新机会识别、创意产生、创意评估和筛选、方案产生与定义四个阶段	李云等(2018)

　　两阶段模型将模糊阶段划分为创意形成和项目选择两个子阶段。例如,格里芬(Griffin,1997)的两阶段模型包括阶段 0 和阶段 1,其中阶段 0 是指概念的

形成,始于产品创意第一次出现时;阶段 1 是指项目的评估,始于战略和目标市场得到认可且项目被准许进入详细说明时。何剑锋(2009)将模糊前端的工作划分为两类:产品平台构建、创意的产生和发展。其中产品平台构建是指产品战略计划形成、机会分析、机会识别、概念定义与明确,创意的产生与发展是指通过综合企业内外部资源激发大量的创意,再根据企业的条件对创意进行分析与筛选。

在两阶段模型之外,学者们把两阶段中某一阶段的某一活动单独提取出来,作为另一个阶段。例如,库珀(Cooper,1988)把产品定义与创意形成区分开来,将模糊前端划分为创意形成与筛选、初步技术与市场评估、概念形成与评估三个阶段,如图 1-2 所示。库拉纳和罗森塔尔(Khurana,Rosenthal,1997)的三阶段模型包括阶段 0 前期、阶段 0、阶段 1 三个阶段,其中阶段 0 前期主要指初步机会识别、市场和技术分析,阶段 0 指产品概念的定义,阶段 1 指产品定义和项目机会。桑德梅尔等(Sandmeier,et al.,2004)则将机会识别从创意形成阶段中提取出来,作为模糊前端的起始阶段,他们的三阶段模型具体包括市场和技术机会识别、产品和商业创意形成、产品概念和初步的商业计划选择,其中市场和技术机会识别阶段的主要活动包括未来需求分析、创新要求分析、企业潜能识别、锁定领域识别和分析;产品和商业创意形成阶段的主要活动包括创意的技术和商业分析、创意收集产生和巩固、创意的阐释;产品概念和初步的商业计划选择阶段的主要活动包括产品基础和关键功能定义、产品的技术和商业要求推导、产品技术准则与商业计划论证。里德和布伦塔尼(Reid,Brentani,2004)基于企业在模糊前端的决策过程,将模糊前端划分为:创意跨界识别、创意把关甄别、项目规划三个阶段。罗素和蒂皮特(Russell,Tippett,2008)认为模糊前端包括创意收集、创意筛选和项目评估三个阶段。盛济川和曹杰(2012)的三阶段模型认为新产品开发的模糊前端始于创意,结束于技术路线图,模糊前端包括市场分析、产品/服务分析、技术分析三个阶段。勒科西耶等(Lecossier,et al.,2019)认为模糊前端是一个包括三阶段共六个步骤的过程,具体为战略(机会识别与机会分析)、构思(创意形成与创意筛选)、验证(概念和技术验证、概念选择)三个阶段。

四阶段模型对三阶段模型做了更进一步的细化。例如,博德里奇(Boeddrich,2004)认为模糊前端始于企业的创意战略规划,经过创意的产生与

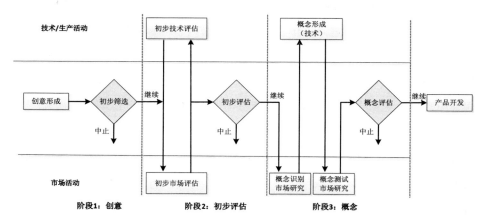

图 1-2　库珀的三阶段过程模型

采纳阶段、创意筛选与概念开发阶段,结束于初步的产品开发计划。尹成龙和孔凡让(2005)认为模糊前端是目标设计阶段,应开辟多创新源,利用一系列寻求构思的方法,产生产品构思,并根据经济成本准则、技术准则、时间准则等对多个产品构思进行筛选和评价,在此基础上形成产品概念。王晨筱等(2018)基于企业家的远见和企业能力评估,认为模糊前端包括机会识别、评估用户痛点、发现非主流用户需求和创意产生四个阶段。李云等(2018)从知识的角度提出颠覆式创新过程模型,指出颠覆式创新的模糊前端始于创新机会识别,经过创意产生、创意评估和筛选,最终结束于商业方案产生与定义。

除了上述的顺序过程,模糊前端还可以是并行过程。莱纳森(Reinertsen,1994)认为在不同的情境下,模糊前端过程会存在差异,当延期成本较高时应选择并行过程,当延期成本较低时可选择顺序过程。

2. 模糊前端的活动模型

基于活动的观点强调模糊前端各项活动的重复性和重叠性,不同学者提出的活动模型包括不同的活动。近年关于推动企业创新的复杂机制的研究已经取得了一些成果。现有的研究集中在企业的内部和外部环境上。内部因素包括企业的新产品开发战略、适当的技术支持、企业文化、内部资源和研发团队的影响;外部因素包括客户和竞争对手等因素。一些研究者将新产品开发的模糊阶段分为机会识别阶段、产品定义阶段和项目实施规划阶段;技术创新能力包括产生想法、进行研发的能力,以便知识共享和模糊示范要素之间的协同作用促进项目实施和企业内部创新产品开发方法。同时,社会网络理论表明,外部网络有助于战略联盟的技术多样化,这是企业在颠覆性技术创新的不确定边界上寻求获得新视角的重要资源。基于现有的研究,有学者认为在模糊前端中,高效的创意管理和众包对于在新产品开发的背景下实现模糊前端和后端无缝对接至关重要。

科恩等(Koen, et al., 2001)认为模糊前端是指新产品开发之前的那些非正式的、非结构化的概念开发活动,他们将新产品开发模糊前端的主要活动概括为机会识别、机会分析、创意产生、创意筛选、概念和技术开发五项内容,构建了新产品概念开发模型,如图1-3所示。其中,模型的引擎主要包括了组织内部的领导、文化等要素,是新产品概念开发五项活动的驱动力量。新产品概念开发的五项活动之间的循环箭头说明新产品概念开发的五项活动是循环反复的过程;影响因素包括了组织能力、经营战略、外部环境、科技支持等。

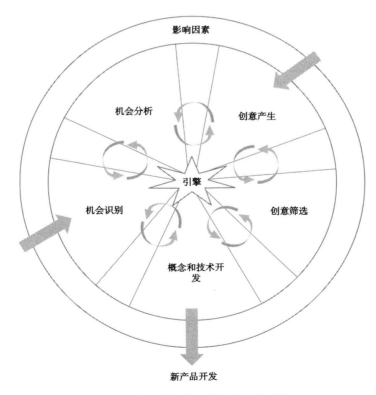

图1-3　科恩等的新产品概念开发模型

诺贝利乌斯和特吕格(Nobelius,Trygg,2002)在总结库珀(Cooper,1988)、莱纳森(Reinertsen,1994)、库拉纳和罗森塔尔(Khurana,Rosenthal,1997)研究结果的基础上,建立了一个综合的输入—输出模型来描述模糊前端的输入、输出与具体活动,如图1-4所示。该模糊前端输入—输出模型中,战略规划与机会识别是输入,项目计划与概念说明是输出,具体活动包括任务陈述、概念形成、概念筛选、概念定义、商业分析和项目计划等。

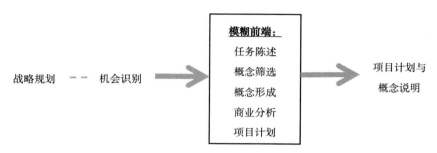

图1-4 诺贝利乌斯和特吕格的模糊前端输入—输出模型

根据外部环境和经营状况的变化,制定和实施新的产品开发战略,并根据实施过程中的评估和反馈结果,调整和改进新战略的过程。战略制定是一个创造性的过程,没有战略目标,企业就没有方向,没有实用的、科学的决策依据,战略决策就是错误的。同时,缺乏科学深入的分析,对市场环境和竞争的盲目认识和分析,企业资源的过度配置,部门之间的信息不对称,内部工作难以协调,使得整个企业的发展散乱。战略规划使企业更具有可持续发展性、综合性和未来性。战略规划突出了机会,同时在早期阶段传播了有关新产品开发的信息,导致了任务愿景、更清晰的概念、想法定义、想法验证、更好地理解和可行性、想法验证、可行性分析、商业分析和最终项目计划。第一波结束后,对这一阶段制订的项目计划进行分析和完善,为进一步实施提供理论基础。综上所述,不论模糊前端的各项活动是遵循顺序过程还是并行过程,或者反复重叠过程,我们都可以将模糊前端的主要活动归纳为四类:机会识别、创意形成、概念定义、项目计划。

3. 模糊前端特征

关于模糊前端的特征,不同学者有着不同的理解。代军(2016)指出模糊前端作为新产品开发的初始阶段,具有不确定性、模糊性、复杂性和易变性等特征。查玛基奥蒂萨等(Chamakiotis,et al.,2020)认为模糊前端具有高度非结构化和复杂性的特点。可见,模糊性、不确定性是大多数学者都提到的模糊前端的主要特征。

"模糊性"是指创新团队成员对新产品开发的前端环境、前端方式、前端目标及其之间因果关系等方面理解上存在着差异。张和多尔(Zhang,Doll,2001)认为模糊前端的模糊性包括顾客模糊性、技术模糊性和竞争模糊性三大主要内容。布鲁恩和萨特雷(Brun,Saetre,2008)认为模糊前端的"模糊性"可以被理解为不确定性、含义不明确和歧义性,并且"含义不明确"是造成"模糊性"的最重要原因。布鲁恩等(Brun,et al.,2009)将模糊性定义为由于同一件事物存在两种或两种以上的解释而导致的模糊不清,他们基于"主题"和"来源"两个方面,对新产品开发项目的模糊性进行了分类(见表1-3),其中模糊性的主题指项目成员感到模棱两可的地方,包括产品、市场、过程和组织资源,而模糊性的来源指导致人们感到模糊不清的原因,包括多样性、新颖性、有效性和可靠性。奥布莱恩(O'Brien,2020)指出,模糊性是由于模糊前端的非正式性、非结构化、非线性

表 1-3　布鲁恩等的新产品开发项目模糊性分类

		模糊性的主题			
		产品	市场	过程	组织资源
模糊性的来源	多样性	对产品相关问题的多种解释而产生的模糊性	对市场相关问题的多种解释而产生的模糊性	对与工作过程相关问题的多种解释而产生的模糊性	对组织资源相关问题的多种解释而产生的模糊性
	新颖性	对产品相关问题的解释发生变化时产生的模糊性	对市场相关问题的解释发生变化时产生的模糊性	对与工作过程相关问题的解释发生变化时产生的模糊性	对组织资源相关问题的解释发生变化时产生的模糊性
	有效性	产品相关信息缺乏代表性产生的模糊性	市场相关信息缺乏代表性产生的模糊性	工作过程相关信息缺乏代表性产生的模糊性	组织资源相关信息缺乏代表性产生的模糊性
	可靠性	产品相关信息的不一致产生的模糊性	市场相关信息的不一致产生的模糊性	工作过程相关信息的不一致产生的模糊性	组织资源相关信息的不一致产生的模糊性

和流程化等特征所造成的。

"不确定性"是指创新者为完成特定任务所需信息、知识与已有信息、知识之间的差异。威尔闻等(Verworn, et al., 2008)、威尔闻(Verworn, 2009)、裴旭东等(2019)认为模糊前端阶段的不确定性主要源于技术和市场两个方面,市场不确定性是指客户行为、需求偏好与潜在客户群的不确定性和不可预测性;技术不确定性是指新产品开发项目所需技术规范、相匹配的技术资源,以及预期后续研发过程中可能出现的潜在技术问题。在技术不确定性和市场不确定性之外,模糊前端还存在组织管理不确定性、资源不确定性、竞争环境不确定性、需求的不确定性等[莫埃纳尔特(Moenaert, et al.), 1995;尹成龙和孔凡让(2005);曹勇等(2015,2016)]。

模糊前端不确定性的程度,是一个动态的过程。不确定性随着新产品开发计划的进展而减少,即随着时间的推移而减少[金姆和威尔蒙(Kim, Wilemon), 2017],可以通过减少开发新产品过程中的商业和技术不确定性,创新者可以减少围绕新产品的不确定性。在模糊前端阶段,不确定性是一个渐进的过程。随着时间的推移,不确定性呈现出相反的形式,即它逐渐从最初的不确定性阶段转到前端阶段,然后逐渐进入讨论产品开发和设计理念的准备阶段,即在产品的实际开发和商业化之前;不确定性在模糊前端的早期阶段减少,然后在新产品开发的计划阶段随着机会的确定和想法的提出而减少。一旦不确定性或模糊性降低到一定程度,公司的新产品开发就会从不确定的前端阶段进入实际开发阶段。因此,新产品开发中不确定性水平的演变将决定开发产品创意和产品计划的时间长度。需要注意的是,在新产品开发过程中不可能完全消除不确定性,决策者不能等到完全没有不确定性。由于创新者的有限理性或客观约束,在模糊前端阶段无法识别和解决不确定因素。

模糊前端的不确定性也反映在新技术产业化的技术和市场前景的不确定性上。这种不确定性是由新技术产业化引起的。克服这两个不确定性的能力成为从发明到创新的决定性因素。成功的技术创新会给创新者带来可预见的利益。然而,一方面,技术创新的类型取决于外部和内部因素,创新的结果可能有所不同:第一,创新成功,实现了预期的目标;第二,技术创新没有实现预期的结果,只是使投资更接近效益;第三,创新不成功,没有实现预期的目标,甚至无法与最初的投资持平。另一方面,与技术创新相关的风险确实是复杂和动态的,也就是说,它们可以由技术创新体系的外部或内部因素的变化引起,如经济、社会、技术、政治和市场因素的变化,以及研发、市场研究和市场营销的管理不善。然而,创新风险是可以预见的,并在一定程度上得到管理,这就取决于企业新产品开发初期的模糊前端。

复杂性是指由于创新参与者在经验积累、知识储备、价值取向和问题解决方式上存在差异,从而导致了彼此之间存在交流障碍,以及缺乏信任和无法相互理解等困难情况。新产品开发模糊前端的复杂性程度主要来源于新产品开发的组成要素、功能、技术含量、规模及其之间的关联关系等方面。此外,新产品开发的不确定性与复杂性之间并没有直接的关系,有可能新产品的不确定性很高,但是复杂性却很低。复杂性产生于信息资源系统各个部分的复杂互动,当各个部分的数量超出企业的处理能力时,复杂性就成为模糊前端理性决策的挑战。因此,复杂程度与产品项目规模有关,规模大的项目包含了更多的技术关系、组件和功能关系。尽管企业会在产品项目初始阶段收集用户、技术、市场等各部分资源,但复杂性更可能发生于项目计划、产品概念开发的过程中。例如,当一个项目的某个方面的决策影响到其他方面时,它们各自的变化就会导致整个系统的变化。

模糊性、不确定性和复杂性共同构成了模糊前端的来源维度,同时也应明确模糊前端的主题维度,即不同类型的模糊前端。Zhang 和 Doll(2001)提出了用户模糊性、技术模糊性和竞争模糊性三种类型,Brun 等(2009)提出了产品、市场、流程和组织资源四个主题的前端模糊性。曹勇等(2016)认为前端模糊性的四个主题维度是市场、技术、资源和组织。而华为公司在实践过程中提炼出了"五看三定"模型("五看"包括看行业/趋势、看市场/用户、看竞争、看自己、看机会,"三定"包括定控制点、定位目标、定策略),认为前端模糊性的主题维度应包含行业趋势、用户需求、产品和组织资源四个方面:行业趋势影响产品创新的利润区域,用户需求影响产品创新的市场交易方式,产品影响产品创新的成本和面临的竞争程度,组织资源影响产品创新的实现可行性;并最终通过 SPAN 图确定市场机会。因此,综合来说,用户需求、已有/潜在竞争性产品、资源现状(包括技术)和行业趋势这四个主题维度会影响模糊前端,产品创新团队必须对此进行实时感知和监控,必要时对产品定义和规范进行调整。

二、模糊前端绩效与关键成功因素

(一)模糊前端绩效

新产品开发模糊前端阶段涵盖了创意生成、探索、评估直至决定开发或终止该新产品开发项目的过程。当整个新产品开发项目进入开发、商业化阶段时,预示着模糊前端阶段结束。模糊前端绩效是对模糊前端过程的结果和模糊前端活动是否取得成功的表征和有效度量,其对于企业能否顺利实施后续开发和商业化具有关键意义。现有测量指标主要分为五类:基于特征的视角、基于过程的视角、基于组织的视角、基于结果的视角和综合的视角,如表 1-4 所示。

表 1-4 模糊前端绩效的测量指标

视角	测量指标	代表学者
基于特征的视角	包括市场不确定性的降低程度、技术不确定性的降低程度和初始规划的强度	威尔闻等(Verworn, et al., 2008)、曹勇等(2009a,2009b)
	包括市场不确定性降低、技术不确定性降低、初始规划、组织不确定性降低和资源不确定性的降低	曹勇等(2015)
基于过程的视角	包括模糊前端的持续时间、花费成本及错误率	莱纳森(Reinertsen, 1994)
	包括具体性和可持续性两个角度,其中具体性指对技术、顾客需求、供应商、生产设备和资金使用情况等信息的了解程度;可持续性是指模糊前端过程产生的创意在整个开发过程中能否保持不变	萨洛莫和门塞尔(Salomo,Mensel,2001)

续表

视角	测量指标	代表学者
基于组织的视角	包括开启新产品开发机遇的程度、开启新市场的程度、市场增长程度和技术专业知识增加程度	波斯克拉和马丁索（Poskela，Martinsuo，2009）、马丁索和波斯克拉（Martinsuo，Poskela，2011）
	基于创意生成能力的视角评价模糊前端绩效，指出模糊前端的创意生成能力包括：外部创意知识获取率、内部创意知识挖掘程度、创意知识整合与创造、技术创意提炼效率、技术创意的评估和筛选、突破性技术定义准确率六个方面	罗洪云和张庆普（2016）
	包括跨学科理念、知识共享和项目规划	曹勇等（2018）
基于结果的视角	完善、可靠的产品定义	克莱恩施密特等（Kleinschmidt，et al.，2005）
	清晰、明确的产品概念和开发目标	裴旭东等（2019）
基于综合的视角	识别出好的机会并清晰定义产品、建立有效的内外部关系、缩短该过程持续的时间	金姆和威利蒙（Kim，Wilemon，2002）
	不确定性的降低程度、产品和产品开发目标的清晰程度	胡海青和张颖颖（2018）

1. 基于特征的视角

该视角从模糊前端的特征出发，通过对不确定性的降低程度对模糊前端绩效进行衡量。例如，威尔闻等（Verworn，et al.，2008）、曹勇等（2009）采用市场不确定性的降低程度、技术不确定性的降低程度和初始规划的强度三个指标测度模糊前端绩效。曹勇等（2015）认为除了上述三个指标，模糊前端的不确定性还包括资源不确定性和组织不确定性，因此模糊前端的绩效应包括市场不确定性降低、技术不确定性降低、初始规划、组织不确定性降低和资源不确定性的降低五部分内容。

2. 基于过程的视角

该视角认为应该从模糊前端过程有效性的角度来测度模糊前端绩效。莱纳森（Reinertsen，1994）通过对模糊前端所持续时间、花费成本及错误率来衡量整个模糊前端过程的绩效。萨洛莫和门塞尔（Salomo，Mensel，2001）从模糊前端过程中各项活动的完成情况来测量其绩效，包括具体性和可持续性两个角度，其中具体性指对技术、顾客需求、供应商、生产设备和资金使用情况等信息的了解程度；可持续性是指模糊前端过程产生的创意在整个开发过程中能否保持不变。

3. 基于组织的视角

该视角强调模糊前端在企业发展中的战略作用，认为企业在模糊前端的组织学习和知识整合等能帮助企业获取专业知识、增强企业的创新能力。波斯克拉和马丁索（Poskela，Martinsuo，2009）、马丁索和波斯克拉（Martinsuo，Poskela，2011）用战略更新来衡量模糊前端绩效，具体指标包括开启新产品开发机遇的程度、开启新市场的程度、市场增长程度和技术专业知识增加程度。罗洪云和张庆普（2016）基于创意生成能力的视角评价模糊前端绩效，指出模糊前端的创意生成能力包括：外部创意知识获取率、内部创意知识挖掘程度、创意知识整合与创造、技术创意提炼效率、技术创意的评估和筛选、突破性技术定义准确率六个方面。曹勇等（2018）则从跨学科理念、知识共享和项目规划三个方面衡量企业模糊前端的绩效。

4. 基于结果的视角

该视角认为模糊前端的目标是生成清晰、明确的产品概念和初步的项目计划，以模糊前端结束时的"交付物"为核心对模糊前端绩效进行评价。克莱恩施密特等（Kleinschmidt，et al.，2005）认为模糊前端活动是为了获得更加完善、可靠的产品定义，因此完善、可靠的产品定义是衡量模糊前端结果的重要标准。裴旭东等（2019）将模糊前端阶段生成清晰、明确的产品概念和开发目标作为模糊前端绩效衡量标准。

5. 基于综合的视角

也有学者在上述四个视角的基础上，提出一个综合的视角来测度模糊前端绩效。例如，金姆和威利蒙（Kim，Wilemon，2002）认为模糊前端的结果是识别出好的机会并清晰定义产品、建立有效的内外部关系、缩短该过程持续的时间。胡海青和张颖颖（2018）综合模糊前端特征和结果视角，认为降低不确定性和提升"交付物"质量是模糊前端的主要目标，并从不确定性的降低程度以及产品和产品开发目标的清晰程度等方面测量模糊前端绩效。

（二）模糊前端绩效的关键成功要素

模糊前端的关键成功要素，主要来自三个方面：企业内部、企业外部和企业内外部相结合,如表 1-5 所示。

表 1-5 模糊前端的关键成功要素

来源	关键成功要素	代表学者
企业内部因素	领导关系及文化氛围是模糊前端的核心驱动力量,组织能力、经营战略、竞争因素以及技术成熟度等要素对模糊前端也存在重要作用	科恩等（Koen, et al., 2001）
	组织的战略导向、有影响力的管理者和并行工程	张和多尔（Zhang, Doll, 2001）
	前端模糊性、前端活动和组织因素	陈劲和高金玉（2005）
	新产品开发团队成员的部门异质性、认知模式异质性和性别异质性	郭婧和苏秦（2014）
	研发员工与市场员工之间的互动对降低产品不确定性有重要作用,在这一关系中,研发员工的前瞻性顾客导向存在正向调节作用,响应性顾客导向存在负向调节作用	史怀哲等（Schweitzer, et al., 2018）
	虚拟团队的"临时性"	查马基奥蒂斯等（Chamakiotis, et al., 2020）
企业外部因素	分销渠道、顾客、竞争者等	科恩等（Koen, et al., 2001）
	顾客参与、供应商参与	张和多尔（Zhang, Doll, 2001）
	企业与供应商、顾客之间的知识共享	桑德梅尔和贾马里（Sandmeier, Jamali, 2004）
	与其他企业或机构的合作质量、顾客需求	史怀哲和加布里埃尔（Schweitzer, Gabriel, 2012）
企业内外部相结合	任命一个专业的经理或者团队、提供组织支持和承诺、理解模糊性的来源、建立信息系统、与支持者及合作伙伴建立关系	金姆和威利蒙（Kim, Wilemon, 2002）
	客户自身拥有的知识,客户与研发团队交互过程中产生的知识	张庆华和张庆普（2013）
	跨职能整合、外部知识获取	帕特利和利乌卡斯（Pateli, Lioukas, 2019）
	众包战略,企业的组织、资源、市场和技术不确定性的降低	曹勇等（2017）
	众包模式,企业市场、技术不确定性的降低	裴旭东等（2019）
	跨界创新:跨界搜索和跨界合作	邵云飞等（2018）
	资源搜索:内部资源搜索和网络资源搜索	胡海青和张颖颖（2018）

1. 企业内部要素

从企业内部的组织管理视角来看,影响模糊前端能否取得成功的内部要素主要包括组织文化、领导支持、信息技术,以及模糊前端的过程管理与团队管理等在模糊前端过程中的作用。科恩等(Koen,et al.,2001)通过对企业模糊前端活动的研究,发现领导关系及文化氛围是模糊前端的核心驱动力量,组织能力、经营战略、竞争因素及技术成熟度等要素对模糊前端也存在重要作用。张和多尔(Zhang,Doll,2001)认为企业内部的要素,如组织的战略导向、有影响力的管理者和并行工程等,对新产品开发模糊前端是否能够达到预定目标具有重要影响。陈劲和高金玉(2005)认为模糊前端的组织因素对前端活动和前端模糊性降低以及前端绩效都具有重要的影响作用,其中组织因素包括文化、团队和信息三方面内容,前端活动包括开发战略、新思想、团队活动、顾客参与、供应商参与和可行性分析六方面内容,前端模糊性包括顾客、技术和竞争中三方面内容。郭婧和苏秦(2014)的研究结果表明,新产品开发小组团队成员的部门异质性、认知模式异质性和性别异质性等对模糊前端中的个人创造力具有正向影响。史怀哲等(Schweitzer,et al.,2018)发现研发员工与市场员工之间的互动对降低产品不确定性有重要作用,在这一关系中,研发员工的前瞻性顾客导向存在正向调节作用,响应性顾客导向存在负向调节作用。查马基奥蒂斯等(Chamakiotis,et al.,2020)研究了虚拟团队的"临时性"对模糊前端阶段的协调活动的影响,发现生命周期短的虚拟团队中,紧密的协调措施包括经常性的沟通和时限能够降低模糊前端的不确定性,在生命周期长的虚拟团队中,松散的协调策略包括宽裕的时间和灵活性能够激励成员从事互补性和差异性任务。企业内部对资源和创新信息的吸收能力是企业识别外部新知识,将其消化并内化于自身的能力。企业具有的不同程度的技术消化能力,利用该项技术以生产新知识,企业在整合不同能力的过程中,产生了特殊的集体创新竞争优势,从而具备生产创意的机会。如果没有良好的技术消化与知识吸收能力,企业运用知识产权研发创新的活动就难以实现。在此过程中,可以利用良好的技术消化和知识吸收能力加强知识产权运用对企业新产品开发前期模糊前端创新绩效水平。企业具有广泛的外部知识源,技术消化与吸收能力体现在将外部知识内化于企业在产品开发初期不确定性和模糊性的消除中,企业的知识基础得以稳固和增强,提高企业模糊前端创新的核心竞争力。

2. 企业外部要素

从企业所处外部环境来看,模糊前端的外部关键要素主要包括分销渠道、顾客、竞争者、供应商等[科恩等(Koen, et al.),2001;张和多尔(Zhang,Doll),2001]。现有的研究发现,企业与供应商、顾客、其他企业或机构之间的知识共享与合作质量是模糊前端绩效的重要影响因素[桑德梅尔和贾马里(Sandmeier,Jamali),2004;金姆和威利蒙(Kim,Wilemon),2002;史怀哲和加布里埃尔(Schveitzer,Gabriel),2012]。与外部科研机构和大学的合作,能够整合外部技术创新资源,识别和评估知识共享所带来的宝贵和稀缺的技术和创造性资源。两个联盟伙伴的互补性和同质性技术成为创新和创意资源的驱动力和来源,促进了新产品的开发,甚至允许伙伴双方对另一伙伴所在的生产链部分进行一定的控制,促进了企业内部技术资源的汇集和内部化,并从多样化和互补性的来源创造新的价值,从而使旧产品在不被利润侵蚀影响的条件下创造出新的技术,促进企业突破性技术创意的产生,能够实现突破性新技术带来的创新成果。

3. 企业内外部要素的共同作用

随着开放式创新理论的不断发展,学者们意识到对模糊前端绩效起作用的是企业内部要素和外部要素相结合。金姆和威利蒙(Kim,Wilemon,2002)认为模糊前端的目标是识别好的机会并清晰定义产品、建立有效的内外部关系、缩短前期阶段持续,为了达到这些目的,企业需要任命一个专业的经理或者团队、提供组织支持和承诺、理解模糊性的来源、建立信息系统、与支持者及合作伙伴建立关系等。张庆华和张庆普(2013)认为模糊前端的创意过程需要大量知识支持,其中客户拥有的知识,客户与研发团队交互过程中产生的知识构成了客户创意知识,是模糊前端创意知识的重要组成部分。帕特利和利乌卡斯(Pateli,Lioukas,2019)研究了跨职能整合在外部知识获取和转移过程中的作用,发现在产品开发前阶段,不同的分工能够帮助企业形成更多细化的产品描述和更好地从开放的创新资源中吸收知识。

也有学者从战略的角度探讨了企业的众包战略在模糊前端创意获取过程中

所起的作用。例如,曹勇等(2017)指出众包战略在获取创意的过程中通过促进跨学科知识融合、推进组织内外部知识共享、降低模糊前端技术与市场不确定性以及降低研发成本等方面,对模糊前端创新活动产生重要作用。但是他们同时也指出,众包战略由于其开放性容易导致企业研发信息过度公开、互动成本加大以及知识产权面临较高风险等问题。裴旭东等(2019)认为众包模式作为一种重要的创意获取方式,企业的众包能力(包括任务管理能力、协同能力、集体智能、激励能力)对降低市场不确定性、技术不确定性和提高新产品模糊前端绩效存在显著影响作用。

还有学者从资源搜索的角度研究了企业内外部资源搜索在模糊前端的作用。例如,邵云飞等(2018)指出跨界创新在模糊前端起到重要作用,跨界搜索有助于创意搜集和筛选,识别创新机会,跨界合作有助于提升过程的效率和成功率。阿罗拉和塞卡尼奥利(Arora,Ceccagnoli,2007)证实,区域知识产权保护越有效,知识产权运用的效率就越高,更有效的专利保护也能提高企业的创新收入,更强的区域知识产权保护可以提高企业进行研发和产生新知识的积极性。胡海青和张颖颖(2018)研究资源搜索对模糊前端绩效的影响,结果表明,对于渐进式创新项目开发模糊前端来讲,内部资源搜索和网络资源搜索都存在积极作用;对于突破式创新项目开发模糊前端来讲,内部资源搜索有倒 U 形影响,网络资源搜索有正向影响。格兰特(Grant,2017)认为知识产权运用的有效实现是促进企业内外部知识整合的前提。新产品模糊前端创意需要持续循环筛选找到最佳的产品创意和想法,知识产权保护促进企业加快自主创新能力和创意生成。

三、模糊前端对新产品开发绩效的影响

模糊前端是企业创意产生和筛选的重要阶段,对新产品开发时间、成本甚至成功都有重要影响,是企业改善整体创新能力的最佳时期。正如张和多尔(Zhang,Doll,2001)所指出的那样,"大多数项目最终都不会失败;他们在开始时就失败了"。

1988 年,库珀(Cooper)提出了"新产品开发活动正式实施之前的前期活动是新产品开发能否取得成功的关键"的观点,并通过实证分析证实了企业在模

糊前端投入的时间与新产品开发的成功率成正比。在此之后,学者们也支持这一观点,即模糊前端对项目的实施起着重要的决定作用,提升模糊前端活动的有效性对企业的影响可能远高于提升正式新产品开发活动带来的影响[金姆和威利蒙(Kim,Wilemon),2002]。

那么,模糊前端如何影响新产品开发绩效。张和多尔(Zhang,Doll,2001)基于不确定性理论,建立了以前端模糊性、基础因素为自变量,团队观念为中间变量,产品开发成功为因变量的关系模型,探讨模糊前端的顾客模糊性、技术模糊性和竞争模糊性等因素如何通过企业的新产品开发组织过程与团队意识对新产品开发成功进行影响。Reid 和 Brentani(2004)开发了一个关于不连续创新的模糊前端信息流和决策过程的理论模型。他们的模型侧重于模糊前端,并未将其与后期阶段或 NPD 成功联系起来。虽然 Zhang 和 Doll(2001)、Reid 和 Brentani(2004)以及的模型是理论模型,但 Langerak 等(2004)用结构方程模型测试了他们提出的模型。他们使用来自荷兰 126 家公司的数据来调查市场导向、预开发活动的熟练程度、新产品绩效和组织绩效之间的结构关系。他们关注以市场为导向的企业,并发现部分支持市场导向的重要性和前期开发活动的熟练程度。陈劲和高金玉(2005)研究了模糊前端对复杂产品系统创新的作用机理,他们将组织因素、前端活动、前端模糊性作为自变量,将模糊前端绩效作为中间变量,将新产品开发绩效作为因变量,研究结果发现前端模糊性的降低和前端活动的改善能够通过提升模糊前端绩效间接影响复杂产品系统的创新绩效,且提升组织自身能力是降低前端模糊性、解决前端活动的首要问题。韦恩等(Verworn, et al.,2008)基于信息处理理论,建立了模糊前端对新产品开发绩效的影响模型,研究结果发现市场不确定性和技术不确定性在模糊前端的降低程度以及开发前的初始计划对新产品开发成功存在积极显著的作用。韦恩(Verworn,2009)在随后的研究中又增加了项目执行这一中间变量和项目新颖性这一情境变量,探讨不同的项目新颖性背景下模糊前端的市场不确定性降低、技术不确定性降低、初始计划强度对新产品开发成功的直接作用和间接作用。曹勇等(2016)构建了模糊前端阶段不确定性、知识共享与新产品开发绩效模型,实证研究发现在模糊前端阶段市场、资源、组织和技术的不确定性降低对新产品开发绩效具有不同程度的正向影响,而知识共享对降低模糊前端不确定性和新产品开发绩效均具有积极作用。曹勇等(2016a)从战略匹配的视角探讨了模糊前端活动对新产品开发绩效的影响,发现战略匹配在模糊前端活动的四个方面与新产品开发绩效之间起到部分中介作用。奥布莱恩(O'Brien,2020)研究了模糊前端的创意搜寻战略对企业创新绩效的影响,发现产业价值链的创意搜索战略强度对产品创新和市场创新有重要影响,知识经济创意搜索战略强度对创新绩效有重要作用。

我们检索了 Web of Science 数据库,回顾了现有关于新产品开发项目 FFE 的实证研究,相关研究列于附录。不包括概念和案例研究。值得注意的是,有许多实证的 FFE 研究,主要涵盖 FFE 的三个方面(推动因素、活动和绩效结果)。一些研究调查了 FFE 的多个绩效结果,如客户价值、上市时间、竞争潜力、新产品有效性和效率(Verworn, et al.,2008)。然而,据我们所知,之前还没有研究区分 FFE 对单个新产品开发绩效维度的影响,特别是新产品质量和成本。一些研究同时调查了新产品开发后期的 FFE 和界面管理。例如,Swink 和 Song(2007)在整个新产品开发过程中关注营销与制造的整合,并发现每个新产品开发阶段的整合程度提高分别与更大的产品竞争优势相关。Hempelmann 和 Engelen (2015)研究了研发、营销和财务之间的整合,发现研发—财务接口在项目的早期阶段是最关键的,而营销—财务接口在项目的后期是最重要的。他们的研究结果表明,跨功能界面的重要性取决于新产品开发阶段。然而,这些研究都没有考察 FFE 和后期 NPD 阶段对绩效的共同影响。

此外,对新产品开发阶段的互动关系研究较少。Jespersen(2012)采用信息依赖的视角来研究新产品开发阶段之间的相互依赖关系,发现后期新产品开发活动的选择取决于前一阶段所进行的活动。Eling 等(2013)关注了新产品开发周期时间在 FFE、开发和推出阶段的相互作用,并发现只有在所有阶段都持续加速时,产品性能才会提高。然而,这些研究并未关注新产品开发不同阶段的界面管理。

综上,现有文献中确定了一些关键的模糊前端活动,包括机会识别和分析,想法产生,早期市场研究,技术可行性评估,概念开发和评价,业务分析和项目规划。在本研究中,模糊前端实施被定义为关键模糊前端活动的实施。通过模糊前端实施,信息被处理以协调活动并解释外部环境。新产品开发团队开始识别市场需求,了解竞争环境,评估可用的资源和技术。在模糊前端阶段结束时,将产生明确的产品概念,明确的开发要求和与公司战略相一致的商业计划。卓越的产品概念有助于提高产品质量,因为产品概念确定了产品的功能和特征,这些功能和特征是产品质量的关键维度。通过实施模糊前端活动,如机会识别和早期市场研究,可以准确识别客户偏好。因此,这些产品可以很好地服务于客户,提高客户对产品质量的感知。事实上,"尽管产品概念比最终产品更抽象,并且可能在项目期间进行修改,但它为估计产品优势,最终产品成功和竞争潜力提供了合理的参考点"。新产品开发具有固有的复杂性,因为许多子系统、组件、功能和实体是相互关联的,一个方面的决策可以影响其他方面。正式的新产品开发过程始于原型设计的明确规范。因此,模糊前端的实施可以大大降低子系统、模块和利益相关者之间这些交互关系的复杂性和不可控性。这样,新产品出现质量缺陷的概率就大大降低了。

第四节　技术差异化能力概念及相关研究

如前面部分所示,技术差异化能力是企业模糊前端创意成果成功转化的关键,作为企业新产品开发过程中的核心优势,对企业的创新发展意义重大。本节解释了企业技术差异化能力的构成和影响因素,为研究如何提升企业技术差异化能力提供理论基础。

一、技术差异化能力的概念与构成

(一)技术差异化能力的概念

在技术创新的研究文献中,技术差异化能力被用来描述技术知识的形成过程[尼托(Nieto),2004]。通用的差异化战略旨在创造一种消费者认为独特的产品,从而使公司能够获得高于产品开发过程中产生的额外成本累积的溢价。差异化战略通常必须得到对研究、产品或服务设计以及营销的大量投资的支持。米勒(Miller,1986,1988)修改了波特对差异化战略的概念,认为它掩盖了差异化可以采取的广泛多样性。他提出了差异化的两种核心形式：旨在在产品供应方面建立显著差异的技术差异化和与通过营销创建卓越品牌形象相关的营销差异化。企业对前者的追求主要通过对产品、流程和技术的研发投资来实现。

因为公司的战略选择是对环境的深入了解的产物和反应（Porter，1991），所以其技术差异化的战略态势应被视为一种特定类型的投资，因为结果既不是确定的也不是立竿见影的；也就是说，这种战略导向涉及"不可减少的事前不确定性"（Lippman，Rumelt，1982），并且可能只有在多年之后才会产生任何回报或转化为利润。在某些情况下，追求纯粹差异化战略的公司甚至比没有明确战略的公司利润更低（Spanos，et al.，2004）。

实际上，企业新的技术知识是通过不断的学习形成的，而这些学习过程只有转化为组织惯例才能够长期地服务于组织的发展。在这一基础上，技术差异化能力被定义为组织的专长知识，这些专长知识能够使得组织通过一系列惯例和程序调动各种科学和技术资源，推动新产品和新生产工艺开发与设计[雷亚尔等（Real，et al.），2006a]。在此后的研究中，学者们沿用或者进一步发展了该定义。

也有学者认为技术差异化能力是一种动态能力，如国内学者裴旭东等（2015a，2018）在雷亚尔等（Real，et al.，2006a）和加利亚－莫莱斯等（García-Morales，et al.，2014）的基础上，将技术差异化能力定义为组织通过制定和执行一系列惯例和程序以整合和重构内外部技术资源，旨在形成差异化、多样化的技术知识，从而推出差异化产品或服务，以快速响应顾客需求的能力。

通过以上的定义可知，技术差异化能力有如下特征：第一，确保企业技术创新活动的成功是技术差异化能力的基本功能；第二，技术差异化能力是企业的关键性战略资产，是企业建立竞争优势的重要源泉；第三，技术差异化能力是一种动态能力，与组织学习行为密不可分。

（二）技术差异化能力的构成

技术差异化能力作为组织利用差异化、多样化的技术知识，推出差异化产品或服务，以快速响应顾客需求的能力，包括多方面的内容。

雷亚尔等（Real，et al.，2006a，2006b）认为技术差异化能力应该包括产品技术差异化的能力,保持商业技术前沿的能力,技术创新管理的专门知识,培育创新文化的技能,对技术创新领域组织优势的管理意识,研发活动中人力和财务资源的投入度,知识和内部能力管理的有效性等。

在雷亚尔等(Real, et al., 2006a, 2006b)的基础上,马丁-罗哈斯等(Martín-Rojas, et al., 2011a, 2011b)、博利瓦尔-拉莫斯等(Bolívar-Ramos, et al., 2012)、加利亚-莫莱斯等(García-Morales, et al., 2014)、马丁-罗哈斯等(Martín-Rojas, et al., 2017)、裴旭东等(2015a, 2018, 2019)认为技术差异化能力包括:获得有关最新科技发展动态和未来趋势信息的能力;创造先进工艺流程的能力;吸收新技术和有用创新的能力;吸引和留住高素质技术人才的能力;主导、形成或吸收业务的基本或关键技术的能力;建立面向内部的技术开发计划或面向研发中心、供应商和顾客的技术吸收计划的有效性。

二、技术差异化能力的影响因素

现有研究主要从企业内部、企业外部和企业内外部共同作用等三个视角对技术差异化能力的影响因素进行了探讨,如表1-6所示。

表1-6 模糊前端绩效的影响因素

来源	主要因素	代表学者
企业内部	组织学习,信息技术	雷亚尔等(Real, et al., 2006a)
	创业导向、学习导向和信息技术	雷亚尔等(Real, et al., 2006b)
	高层管理者的支持	马丁-罗哈斯等(Martín-Rojas, et al., 2011a)
	管理者的支持,组织剩余、技术技巧、技术基础设施	马丁-罗哈斯等(Martín-Rojas, et al., 2011b)、博利瓦尔-拉莫斯等(Bolívar-Ramos, et al., 2012)、加利亚-莫莱斯等(García-Morales, et al., 2014)
	知识宽度和知识深度,知识场活性	魏华飞和杜磊(2019)
企业外部	跨界搜寻	裴旭东等(2015a)
	界内资源识取和跨界资源识取	裴旭东等(2018)

续表

来源	主要因素	代表学者
企业内外部相结合	技术诀窍、技术互补性	裴旭东等（2015b）

（一）企业内部因素

资源基础理论和动态能力理论认为，企业是各种有形和无形资源的集合体，这些资源可以转变为独特的能力，这些独特的能力能帮助企业获得持久竞争优势。技术差异化能力作为组织理解、使用和利用相关先进技术的能力，来源于组织长期以来积累而成的一组无形的、有价值的资源，受到企业历史和经验的影响，具有明显的路径依赖。因此，企业在过去形成的学习能力对当前的技术创新能力存在深远影响。

雷亚尔等（Real，et al.，2006a）基于知识基础理论和组织学习理论，研究组织学习如何影响技术差异化能力的形成过程。研究结果表明，组织学习对技术差异化能力的形成具有积极的作用，相比之下，信息技术对技术差异化能力的影响更为明显，且存在部分中介效应。在雷亚尔等（Real，et al.，2006b）的文章中，他们进一步分析了创业导向、学习导向和信息技术如何通过组织学习影响企业技术差异化能力的开发。研究结果表明，组织学习行为会显著正向影响技术差异化能力，学习导向、信息技术和创业导向对组织学习存在显著的正向影响，且创业导向和信息技术对技术差异化能力存在部分中介效应。

对企业来讲，新技术的应用并不是一件容易的事，马丁－罗哈斯等（Martín-Rojas，et al.，2011a）的研究发现技术差异化能力的提高依赖于高层管理者的支持。之后，在马丁－罗哈斯等（Martín-Rojas，et al.，2011b）、博利瓦尔－拉莫斯等（Bolívar-Ramos，et al.，2012）、加利亚－莫莱斯等（García-Morales，et al.，2014）的研究中，更是发现了除高层管理者的支持以外，组织剩余、技术技巧、技术基础设施等对技术差异化能力的形成具有重要作用。

国内学者魏华飞和杜磊（2019）认为技术差异化能力本质上是技术知识的产生和形成，包括对新的前沿的技术知识的识别获取、更新和引进技术知识、管理和利用知识,以产生先进的技术流程和催生复杂的有竞争力的产品,是企业技术知识创造系统的一部分。因此,多领域、多样化的知识储备有利于企业积极探索新知识,合并当前市场上的新技术来促进技术差异化能力的产生、实施及延伸。与此同时,深厚的、长期的知识积累能为企业新颖技术的形成提供相应的技术准备,促进知识消化吸收和技术融合,加速技术差异化能力的构建。他们将企业视为一个知识系统,从组织的知识宽度和知识深度两种知识存量的差异的角度出发,分别研究在不同的知识位势下企业如何形成技术差异化能力。研究结果表明,知识宽度和知识深度对企业技术差异化能力具有显著的正向影响,知识场活性正向调节知识宽度、知识深度与技术差异化能力之间的关系。

(二)企业外部因素

在竞争日益激烈和顾客需求快速变化的环境下,仅仅依靠企业内部技术知识难以满足产品持续、突变性创新的需求,越来越多企业借助超越组织现有边界和技术知识基础的跨界搜寻模式,积极从外部组织获取创新所需的技术知识,以弥补内部技术知识的不足[张和李(Zhang,Li),2010]。裴旭东等(2015a)认为跨界搜寻不仅能帮助企业获取新技术知识,还可以通过对它们进行重新诠释、吸收、整合及重构从而形成技术差异化能力。他们以中国制造企业为研究对象,结合搜寻理论和组织学习理论,研究了跨界搜寻通过企业内部和企业间学习从而影响其技术差异化能力的微观机理。结果表明,跨界搜寻对企业技术知识获取有显著的正向影响;技术知识获取对企业内部技术知识传播有显著的正向影响;技术复杂性负向调节技术知识获取和技术知识传播之间的关系;内部技术知识传播对企业技术差异化能力有显著的正向影响。

按照技术差异化能力对所需技术资源类型的差异,资源识取行为可以分为界内资源识取和跨界资源识取。界内资源识取行为强调基于已有技术边界、侧重于识取较为成熟的技术资源,其目标是优化现有生产流程、改进当前产品的生产工艺。界内资源识取行为对产业技术发展轨迹的影响不大,但能够促进企业技术利用能力的根本提升。跨界资源识取行为则强调超越已有技术边界、侧重于识取较为新颖的技术资源,对产业技术发展轨迹有重大的影响,能够促进企业技术探索能力的根本提升。裴旭东等(2018)以陕西省西安市经济技术开发区

165 家高科技企业为研究对象,实证分析了资源识取行为、创新导向和内部吸收能力影响技术差异化能力的影响机理。研究结果表明,界内资源识取和跨界资源识取均对技术差异化能力有显著的正向影响;利用性创新导向正向调节界内资源识取和技术差异化能力之间的关系,但对跨界资源识取和技术差异化能力间关系的调节效应不明显;探索性创新导向正向调节跨界资源识取和技术差异化能力之间的关系,但对界内资源识取和技术差异化能力间关系的调节效应不明显;吸收能力正向调节界内资源识取、跨界资源识取和技术差异化能力之间的关系。

（三）企业内外部因素共同作用

技术差异化能力的培育是技术知识学习的过程,涉及技术知识的内部创造和外部获取两个子过程,仅依靠企业内部自有技术知识或者外部知识的搜寻提升技术差异化能力的作用是极其有限的。裴旭东等(2015b)以陕西省西安市经济技术开发区 65 家生物制药企业为研究对象,结合吸收理论和组织学习理论,探讨技术诀窍、技术互补性,以及它们的交互作用对技术差异化能力的影响。结果表明,技术互补性与技术差异化能力之间存在显著的正相关关系;技术诀窍与技术差异化能力之间呈倒 U 形关系;吸收能力正向调节技术互补性与技术差异化能力之间的关系;技术互补性和高层支持正向调节技术诀窍与技术差异化能力之间的关系。

三、技术差异化能力对企业绩效的影响

技术差异化能力作为企业的一种核心能力,其高低水平在很大程度上决定着企业产品创新的新颖程度,技术差异化能力能够帮助企业识别创业开发的技术机会并形成组织的竞争优势,对企业的创新发展意义重大,是企业技术创新活动能否获得成功的关键决定因素[雷亚尔等(Real, et al.),2006a]。雷亚尔等(Real, et al.,2006a)的研究发现技术差异化能力对企业绩效具有重要作用。然而他们并没有进一步分析技术差异化能力对企业绩效的影响机制。技术差异化能力的积累能帮助企业创造并完善新产品和新工艺,对企业创业和创新活动存在重要的作用。此后,马丁-罗哈斯等(Martín-Rojas, et al.,2011a,2011b)、加利

亚-莫莱斯等(García-Morales, et al., 2014)研究了技术差异化能力对企业创业的影响,博利瓦尔-拉莫斯等(Bolívar-Ramos, et al., 2012)则探讨了技术差异化能力对企业创新的影响。马丁-罗哈斯等(Martín-Rojas, et al., 2017)认为技术差异化能力能够通过组织创新和积极主动性对企业的自我革新产生影响,并进一步作用于组织的绩效。

技术差异化能力的本质就是知识,是企业进行知识创新活动前提基础。组织的不断学习是的其自身的技术能力不断提高,最终使得企业技术实现从引进外部技术到技术领先的转变。技术差异化能力是组织进行自主创新活动的最基本条件,组织不断的学习并提升自身技术差异化能力,为组织新产品开发绩效的提高提供了知识基础。具体分析来看,企业的技术差异化能力的提高使得企业有充足的人才和设备,并且了解市场等外部信息,能够不断为组织提供外部新的技术和知识,优秀的技术人才能够将这些新的技术和知识消化吸收并转化为新的创意或产品服务等,已达成新产品的快速响应,满足顾客及市场需求,为企业获得新的竞争优势点。与此同时,技术差异化能力能够为组织成员消化、吸收、运用、改进当前技术,进而创造新技术、新知识,增加组织知识存量,提升新产品开发绩效提供很大程度的帮助。除此之外,技术差异化能力能够帮助企业整合组织内外部技术资源,同时保证技术资源的合理配置和运用,为新产品的开发、新技术的创造提供大力的支持。

本章小结

纵观与本书有关的现有文献,学者们在新产品开发、模糊前端、技术差异化能力等方面展开了相关研究,获得了一些有价值的研究结论和理论贡献。然而,目前的研究还存在以下不足:

一方面,新产品开发作为企业创新战略和产品战略的重要组成部分,学者们在对新产品进行界定的基础上,分析了新产品开发模糊前端对新产品开发成功和企业绩效的影响,却很少有学者探讨企业新产品开发模糊前端的创意资源管理活动对技术差异化能力形成的影响作用。

另一方面,技术差异化能力作为企业核心能力的一种表现形式,对企业的创新发展意义重大。现有对技术差异化能力的研究大多基于动态能力理论、资源基础理论和开放式创新理论,探讨企业的内外部因素对技术差异化能力的影响,很少有学者研究企业技术差异化能力的具体内容和表现形式,分析企业技术差异化能力的形成过程。

因此,基于新产品开发模糊前端的创意形成过程,探讨企业技术差异化能力的形成机理能够弥补现有文献的不足,并能为企业的技术差异化能力和新产品开发能力的提升提供理论指导。

第二章 企业技术差异化能力的
构成维度及测度研究

第一节 企业技术差异化能力构成维度的探索

为了研究企业技术差异化能力的构成维度,我们选择扎根理论作为本章的研究方法,主要基于以下两点考虑:一是企业技术差异化能力的研究属于较新的研究领域,已有研究由于研究目的和研究视角的不同,成果间存在一定程度的差异;二是扎根理论的研究方法较为注重以访谈原始资料为基础,通过对访谈原始资料的分析与归纳,帮助研究者挖掘核心构念。选择扎根理论不仅避免在研究中陷入先入为主的误区,还能够从资料中发现和建构新理论。

一、研究方法选择及扎根理论简介

扎根理论最早由格拉塞和斯特劳斯(Glaser,Strauss)于 1967 年提出,是一种被广泛应用到各种不同学科领域的质化研究方法。扎根理论方法比较适用于对现象未知及缺乏先验构念的条件下,通过探索与逐步聚焦的资料收集与分析,找出能够解释该现象的核心构念和理论。该理论主要是对原始资料进行开放性编码、主轴编码和选择性编码等来分析和整理资料中信息间的内在联系。

迈尔斯和休伯曼(Miles,Huberman,1994)认为大部分质性研究都是自然取向的,通过分析和梳理资料,可能会将某些主题和表达抽出,这些主题和表达可能是已有学者已经提出的。个案研究构建理论的程序可以分为几种不同观点[艾森哈特(Eisenhardt),1988],例如格拉塞和斯特劳斯(Glaser,Strauss,1967)以比较的方法来开发扎根理论,殷(Yin,1994)的个案分析研究法、迈尔斯和休伯曼(Miles,Huberman,1994)提出的系列编码程序的方法等。因此,可将个案研究的取向分为验证性、归纳性和扎根理论研究法。殷(Yin,1994)的验证性研究方法强调研究设计的逻辑性,强调通过单一或多种案例的研究设计以实证资料验证构建的新理论。艾森哈特(Eisenhardt,1988)的归纳质性研究方法强调基于归纳性的个案分析,经由开放式与归纳式的探索过程,构建出以个案实证资料验证的理论观点,并与已有的理论进行比较分析,以提出符合逻辑且可以验证的理论命题。质化研究与量化研究方法在许多方面存在差异,其中最根本的差异是:前者强调针对所收集到的资料,以归纳的方式挖掘核心概念和构建相关理论;后者则是基于前人理论基础和研究发现,以演绎的方式来建立概念和理论,再进行大样本验证。质化研究与量化研究的异同点比较见表2-1。①

表 2-1 质化研究与量化研究的比较

质化研究	量化研究
主观且多元,研究者通常参与其中	客观且单一,与研究者独立分开
研究容易出现偏差,易受到价值观影响	研究无偏差,不受价值观影响
理论可以有因果关系或无因果关系,归纳而得	理论大部分存在因果关系,通过演绎而得
研究者进行资料分析,发现其含义	验证研究者建立的研究假设
构念以主题、特性、概念与分类来表示	构念以清楚的题项来表示
为研究者本身设计特别的测量方式	在资料收集前进行系统性与标准化测量
资料来自文件、观察与笔记的文字形式	资料来自能够精确度量的数字
个案与研究对象较少	有许多的个案与研究对象
研究程序是特别的,很少可以复制	研究程序是标准化的,可以复制的假设
以证据和组织资料的程序形成连贯一致的推论,以引出命题	以统计图表的分析过程来讨论结果与假设间的关系

资料来源:根据格拉塞和斯特劳斯(Glaser,Strauss,1967)的文章改编。

扎根理论方法适用于对现象未知及缺乏先验构念的条件下,通过探索与逐步聚焦的资料收集与分析,找出能够解释该现象的核心构念和理论。该理论通

---

① B.G.Glaser,A.L.Strauss,*Discovery of Grounded Theory:Strategies for Qualitative Research*,New York:Routledge,2017.

过对原始资料进行开放性编码、主轴编码和选择性编码等来分析和整理资料中信息间的内在联系。开放性编码是扎根理论研究方法中最为重要的一环,这是对原始访谈资料进行分解和梳理的过程,通过对原始数据进行开放编码、明确概念属性和范畴的分析过程。主轴编码也称为二级编码,是围绕某一范畴的轴线发现和建立主要范畴与次要范畴之间联系的过程。选择性编码也称为三级编码,是从现有的概念范畴中通过全面系统的实际数据分析,选择一个核心范畴,将资料的分析不断地集中到与核心范畴有关的编码上。选择性编码是整合与凝练理论的过程,该过程涉及的方法主要有明确和撰写故事线、运用图、表和备注等,其中明确和撰写故事线是选择性编码中最常用的方法之一。

综合考虑本书的研究情境以及在个案研究中各个研究方法的特点,本书提出使用扎根理论的研究方法来探索企业技术差异化能力的构成维度。图 2-1为扎根理论研究的流程图。

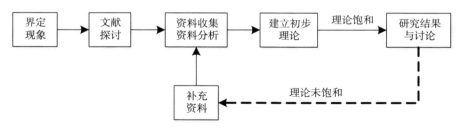

图 2-1　扎根理论研究的流程图

二、理论性取样

理论性取样其实质是有目的性地抽取调研样本,以满足挖掘核心构念和构建理论的需要。根据理论性取样的典型性和一致性的原则,本书选取美的集团股份有限企业、陕西汽车控股集团有限企业、陕西有色金属控股集团有限责任企业、华晨汽车集团控股有限企业、重庆长安汽车股份有限企业、江铃汽车股份有限企业、五菱汽车集团控股有限企业、新疆中泰化学股份有限企业、江苏亨通光电股份有限企业、江苏悦达集团有限企业、通威集团有限企业等 16 家制造企业共 48 名主管研发的副总、研发主管、研发项目经理和产品经理作为研究对象,使用扎根理论的研究方法收集、分析和整理访谈数据,并进行数据的编码,数据收集达到理论饱和就立刻停止,以期探索企业技术差异化能力的构成维度。

三、深度访谈

本书主要采用半结构化深度访谈收集研究所需的第一手数据。深度访谈实施的有效性取决于对所要研究问题和研究背景的充分理解,并在此基础上设计可行的访谈提纲,包括研究主题、提问顺序,以及针对访谈对象可能的回答设置追问式问题。本书的访谈对象是企业的中高层管理人员,包括企业主管研发的副总、研发主管、研发项目经理和产品经理等,他们在企业工作多年,熟悉企业新产品开发流程,对新产品开发模糊前端阶段实践的许多内隐性知识有着较深的认知,采用半结构化深度访谈并结合焦点团队访谈以及追问式访谈设计旨在诱发其将内隐性认知显性化。访谈时间从 2017 年 7 月到 12 月,选取 10 家企业的 30 名左右主管研发的副总、研发主管、研发项目经理和产品经理,共进行 12 次深度访谈,每次约为 2 小时,并在访谈中进行语音录音与书面化重点摘要的工作,访谈后将录音记录进行逐字的撰写工作,以方便后续进行资料的分析和整理,由于多次访谈的进行,可以帮助确认访谈内容的可靠性和前后一致性。

深度访谈主要聚焦于以下几个问题:(1)对企业技术差异化能力是怎么理解的,其内涵和功能是什么?(2)企业的技术差异化能力主要反映在哪些方面?其形成与发展过程是怎样的?(3)在企业技术差异化能力的形成与发展过程中企业如何管理、整合与利用资源?(4)企业技术差异化能力为其带来了哪些好处?(5)企业为开发和提升技术差异化能力是否采取了一些针对性的管理措施和方法。格拉塞和斯特劳斯(Glaser,Strauss,1967)指出采用扎根理论作为研究方法在收集资料时可以结合深度访谈以及焦点团队访谈,以确保访谈内容的可靠性和前后一致性。因此,在第二个阶段将剩余的 6 家企业共 18 名管理人员随机分为 3 组,采用集体讨论的方式分别进行 3 小时左右的焦点团队访谈。通过半结构化深度访谈和焦点团队访谈,共收集和整理了 1.8 万字的文字资料、语音录音和相关文件等素材。严格遵循扎根理论的要求,对这些原始资料进行开放性编码、主轴编码和选择性编码。

四、编码过程

（一）开放性编码

根据理论性取样原则,首先对所得资料进行分析和开放性编码。开放性编码是将原始资料逐步进行范畴化和概念化,为范畴命名并确定范畴的属性和维度。在开发性编码的过程中,研究者应尽量避免预设和个人倾向的影响,力求将所有资料按其原始状态进行编码。同时,在此过程中将原始资料分解成独立部分后,再反复检验与比较其异同,一经发现有意义关联性和概念相似性的条目,就对这些条目进行类聚,所得到的这些更抽象的概念就是范畴。在此过程中,使用"逐行、逐句、逐段编码"的方法,力求让原始资料中包含的初始概念得以涌现。

在开放性编码过程中,共得到 426 条出现频次大于 6 项的原始访谈条目,将这些条目纳入编码库,并最终提炼出 153 个初始概念编码,如表 2-2 所示。

表 2-2　开放性访谈编码库

范畴	原始资料范畴化示例（初始概念）
创意的产生（A1）	善于利用外部多样性技术知识提出新想法（提出新想法）；与外部合作者共同探讨,善于激发创新创意（创意激发）；组织中创新思维产生的关键在于打破原有思维定式（创造性思维）；对于创意的拥护者而言,知道如何获得管理层对创意的支持、承诺和参与是至关重要的（高层支持）
创意向技术的转变（A2）	善于利用多样性知识与技术,具有清晰的市场目标（市场目标明确）；对于新技术而言,最终市场很可能是一个新兴战略过程的结果（战略过程）；在外部环境高度不确定的情形下,企业管理层需要理解新技术如何在市场中应用（科技成果转化）；企业热衷于寻找能够商业化的新技术以解决未被满足的客户需求（商业化）
自由宽松的创新氛围（A3）	鼓励员工"跳出"原有思维框架（员工思想开放）；鼓励员工积极创造（发挥员工创造力）；弱化流程、惯例和规章对创新的束缚（开放性）；企业具有开放宽松、勇于探索的创新文化（创新文化）
创新目标（A4）	企业上下对创新目标具有一致性的想法（目标一致性）；技术创新的过程是价值创造的过程（价值创造）；明确长远的技术创新战略目标及战略规划（长远规划）；企业与外部合作者之间达成共识,确保创新目标的实现（达成共识）

续表

范畴	原始资料范畴化示例（初始概念）
探索和搜寻外部新技术（A5）	通过不同的外部知识源获取不同领域、多样性的技术、知识资源（技术搜寻的广度和多样性）；通过多渠道（客户、供应商、竞争对手、科研机构及政府部门等）搜索外部技术知识，扩展了组织视野，获取异质性知识，促进企业技术创新（搜索宽度）；企业更倾向于搜寻互补性技术资源，确保研究结果的可预测性（互补性技术）；企业倾向于搜寻异质性技术资源，实现突破式创新（异质性技术）
发现新的技术机会（A6）	挖掘现有的和未来潜在的市场需求，探索相应的新技术、新方法、新知识或新模式（探索新技术）；企业善于通过社会关系网络获取信息并不断调整自身知识结构，善于利用创新思维来发现和掌握外部环境中蕴含的创新机会（发现和掌握创新技术）；企业通过对特定领域内海量信息资源的深入挖掘和分析，在掌握已有技术发展趋势及其相互关系的同时，发现新技术动向，挖掘新的技术机会（技术机会）
鉴别技术机会（A7）	识别外部关系与技术价值，发展、维护与利用外部关系以获取信息和资源（技术机会识别）；企业对于市场技术变革机会的有效鉴别能力，取决于自制内部的学习机制（鉴别能力）；企业为了寻找有价值的技术机会需要进行充分的准备性调查研究（准备性调查研究）；识别外部关系与技术价值，发展、维护与利用外部关系以获取信息和资源（资源识别）
响应外部环境（A8）	关注经济和社会发展对信息技术的需求（关注技术需求）；关注科技发展趋势、竞争者研发动态，以及国家技术和产业政策（关注政策）；项目团队富有弹性和创造力，能对环境变化积极做出响应（应对环境变化）
预测技术机会的未来发展（A9）	对技术途径和技术方案做定性判断，选择技术实行手段，分析是否具有发展前途和应用价值（技术未来发展前途）；预估该项技术出现或者达到某种程度的概率，确定技术的先进性水平（技术先进性）；预估该项技术的可继承性和延续性，即采用新技术对现有技术的继承程度，以及拟采用技术在将来被新技术取代时可延续的程度（技术可继承性和可延续性）
将技术机会与市场相结合（A10）	对技术标准的精准理解，从中挖掘产品需求，制定高收益的技术创新思路（技术创新）；专家分析技术的先进性、发展潜力和商业化价值（技术发展潜力分析）；预期产品功能和客户利益，对技术经济收益分析，为优选各种技术方案做准备（技术经济收益分析）；专业人员提供技术展望和走势预测（技术潜力）
灵敏的技术嗅觉（A11）	关注技术信息（搜集能力）；积极预测和应对技术需求变化（分析能力）；敏锐洞察并预测下一个技术发展方向（预测能力）；对技术转变做出积极反应（积极反应）
跟踪掌握前沿领先研究成果（A12）	能够对接触到的外部技术的领先与否有一个预期判断（技术的领先性）；不仅可以接触高效的前沿性技术，还能洞察行业动态（技术评估）；评估技术开发机会的应用前景，精准把握相关技术前沿发展态势，对企业的技术研发方案实施具有重要的决策支持作用（技术商业化）；在技术研发上掌握最新的技术知识和行业动向，避免陷入已有的技术知识库的"路径依赖"或陷入"技术锁定"的困境（技术知识管理）
明确新旧技术间的范围边界（A13）	分析内部技术与外部技术的匹配程度（技术匹配）；清楚以何种策略、方式利用新技术（技术利用）；引进新技术代替旧技术（技术替代）

范畴	原始资料范畴化示例（初始概念）
明确自身已有技术资源基础（A14）	评估技术资源的有效性与创新性,并结合自身资源集成将整合在其企业技术创新过程中（资源整合）;企业能够充分认识和利用自身资源和能力（自身资源和能力认知）;企业经常评估自身的技术水平和其他企业的差距（评估自身资源基础）;企业认识到要通过外部获取技术资源弥补自身不足的重要性（资源弥补）
扫描和检测外部技术资源（A15）	企业能够积极检测市场环境识别技术机会（检测市场环境）;企业经常为了新技术、知识进行环境扫描（环境扫描）;检测和判断该技术是否能够"为我所用"（技术适宜性）;建立详细、标准化和可测量的评价体系,评估与筛选技术（评估系统）,持续观测、分析并评价企业技术集成所需的内外界技术,以掌握技术的发展轨道与用户实际的需求,预估行业在今后的发展趋势（动态检测）
内外部技术跨越（A16）	针对企业自身需求,对外部新的技术解决方案进行总结与管理,确保企业有能力制定高收益的技术解决方案（外部技术感知）;利用外部技术进行内部原有技术体系的分析与设计,并通过对该新技术的分解,增强对新技术的解释力（内部技术响应）;企业保持与外部先进技术的同步发展（内外部技术交流）;分析技术方案以明确技术特征,进而确定技术边界（确定技术边界）
促进技术信息的内外部搜索与传递（A17）	通过建立信息搜集平台获取所需技术和市场信息（信息搜索）;能够归集整理所获取的信息,提高信息处理速度（信息整理）;对外部技术信息解释的准确度越高,能够降低企业获取外部技术资源的成本（信息解释）;利用开发分析工具,从多样化的信息中识别有价值的信息（信息识别）
技术资源配置（A18）	统筹配置知识、技术、人力等资源（资源统筹配置）;识别外部合作者关系的重要性,协调创新资源分配（资源分配）;优化配置创新资源,协同开展技术创新活动（协同效应）;合理配置资源优先次序,协调各业务单元活动（合理配置）;企业对资源技术分配制定了相应程序（分配程序）
协调各种技术资源（A19）	组合和利用获取的外部技术资源进行技术改进和新技术开发（资源组合）;集成内外部技术资源进行创新（资源集成）;能够快速利用和转换外部技术（资源吸收）;协调各种技术资源,为技术开发项目的持续性、稳定性和先进性提供帮助（资源协同）;企业具有较强的系统协调规范流程（协调规范流程）
迅速做出决策和采取行动（A20）	当面对外部不确定环境时,企业能够最大限度地集中决策,使用资源,迅速做出决策并使之付诸实践（集中决策）;全面分析业务在接受新技术后的各类潜在风险,并构建合理有效的试错容错系统,能够纠正错误并迅速对变化做出反应（对变化做出反应）;必须根据变化了的情况和实践所反馈的信息对初始决策做出相应的改变或调整,以使决策更加有效（改变和调整决策）
技术资源共享（A21）	组织内部共享技术开发层面的各种信息（共享技术信息）;控制和集成企业创新管理活动中的各种信息,实现企业内外部信息共享和有效利用（信息集成）;共享研发技术和设备等基础设施（共享资源设备）

范畴	原始资料范畴化示例（初始概念）
促进技术信息的实时交流与沟通（A22）	信任程度越高，信息沟通和知识整合越发顺畅（信任）；建立信息系统实现产品设计与技术开发等信息的实时交流（实时交流）；新产品开发过程中及时听取合作者的建议和意见（沟通）；建立技术信息交流平台，确保信息精准传递（交流的便利性）
制定灵活的技术方案（A23）	企业灵活的产品或服务设计能够促进创新发展，增加潜在的服务类型，满足市场需求（产品设计灵活性）；企业选择灵活的开发策略以应对外部环境变化（策略灵活性）；提高合作组织间协作顺畅度和灵活度，以满足随时调整、变化的需求（灵活应对变化）；增加了企业应对环境变化的技术方案的多样化（选择多样化）；面对突发情况时，企业能够积极调整或打破原有的技术计划，制订新的技术方案（制订新的技术方案）
创新人才管理（A24）	引进先进的人才培养模式（技术人才引进）；优秀研发管理流程移植（组织制度创新）；设计合理晋升和薪酬体系防止技术人员流失（奖酬制度）；员工能充分利用取得的新知识、新技术解决问题，提升项目运行效率（运行效率）
冲突管理（A25）	协调管理机制的建立（协调机制）；协调与外部合作，解决冲突，规范合作，确保合作关系的持续发展（规范合作）；意见不一致时能够妥善处理（冲突解决）；当决策出现分歧时可充分表达意见（充分表达意见）
获取技术诀窍（A26）	技术知识中通常含有一些无法通过信息载体传播的知识（隐性知识）；通过签订授权协议，企业获得有偿使用专利的权利（技术授权）；能够快速了解和挖掘技术诀窍的价值（技术挖掘）；积累有价值的技术惯例、技巧和经验，成为企业独特的竞争优势（技术积累）
获取技术知识或经验（A27）	接受外部合作伙伴高级别的技术知识（技术接受）；利用持续的学习与发现来获取对企业而言新的技术知识，积攒新的技术以及业务经验，以提升企业在技术层面的能力（技术积累）；获取技术知识可以采用自主研发和技术收购两种方式（技术获取方式）；企业技术创新的关键在于获得优质的技术知识或经验（优质的技术知识或经验）；定时进行员工培训，积极召开技术研讨会和邀请专业人员前来作报告，获取外部研发知识和经验（研发经验积累）
提高技术获取效率（A28）	经常从外部获取产品的核心或关键技术（资源组合）；先进分析工具和信息管理平台的应用，推动企业技术获取效率（技术获取效率）；开发了大量数字化工具和应用程序，为企业员工和流程提供了支持，大大提升了企业运营效率（运营效率）；选择合适的创新模式与当前企业资源禀赋相匹配，提高技术开发效率（匹配度）
技术渗透（A29）	技术渗透是一个推广过程，是创新的渗透源，通过中介渠道向潜在采用者的传播交流、再创新过程（技术推广）；企业理解和进入新的技术领域建立新的合作关系（进入新的技术领域）；企业产品功能集成、加强和新功能附加，或新产品创造（产品升级）；技术渗透促进企业的运营技术、组织管理和信息交流上的高技术化（高技术化）

续表

范畴	原始资料范畴化示例（初始概念）
技术交流（A30）	企业或组织需要根据行业和自身的实际情况审时度势地进行筹划和设计,在内部建立高效的沟通交流渠道（沟通交流）;对外部创新成果进行试验、调整并保证消化好创新成果,促进内外部技术知识的交流与融合（技术交流与融合）;推动企业与外部环境之间进行交流、互动以及资源共享（技术交流与共享）;企业内部部门和员工经常交流技术知识和经验（经验交流）
技术传播（A31）	技术创新只有得到广泛传播才能促进利益增长（技术创新广泛传播）;构建良好的组织环境,以推动技术传播的有效性和灵活性（技术传播的有效性和灵活性）;主动促进知识和技术的跨边界流动来充分利用其价值（跨边界流动）;专业和核心的知识的流动能够为企业技术创新、核心技术的获得提供必要的信息（技术流动）
扩展核心技术（A32）	核心技术研发成为企业创新的关键（技术创新惯例化）;在核心技术研发上投入大量资源（大量研发投入）;企业增强核心技术和营销能力,以突破创新瓶颈,实现自主创新（自主创新）;核心技术产品的成功高度依赖相关技术研发生态系统的成功（核心技术研发）;将创造的新知识或核心技术运用到不同的产品中（技术扩散）;企业擅长挖掘、利用已有资源进入新的开发领域（新的开发领域）
研发需求导向（A33）	将新技术快速应用以满足市场需求（技术商业化）;新产品新工艺研发定位（研发定位）;从事的研发活动以新产品或新工艺的研发为主（要素组合创新）;将研发与市场对接,通过开发先进性、整体性的技术来积极响应、满足市场需求（研发市场双驱动）
快速推出新产品（A34）	企业能够快速推出新产品（重视产品创新速度）;我们开发的新产品是行业首例（缩短研发周期）;在新产品上市方面总是"快人一步"（敏捷性）;强调产品和服务的差异化（差异化追求）
专利战略布局（A35）	关注对技术专利及产权的保护,积极鼓舞研发人员申请技术创新的专利（产权战略）;利用技术许可协议的方式促进产品商业化（许可协议）;关键技术申请专利（专利申请）;企业成为该技术领域的行业领先者（领先战略）
引领技术标准（A36）	具备定义行业技术标准的能力（定义标准）;已形成技术壁垒（技术壁垒）;掌握技术标准就意味着掌握市场控制权（技术标准）;参与或主导技术产品标准的制定（标准制定）
改进工艺流程（A37）	不断完善生产工艺,现有产品或服务增加新属性或特性（渐进完善）;调整现有产品开发体系（调整开发体系）;创造完成任务新流程（新流程）;保持技术创新沿着降低成本和升级生产工艺的方向（升级生产工艺）
催生新技术（A38）	创新产品成果数量增加（成果数量）;强调产品的科技含量（高科技）;企业援救技术性能突破（技术性能）;使用旧技术的同类产品很难取代我们的创新产品（难以替代）;研发高端产品（高端产品）;新产品在短时间内难以被同行业其他竞争者模仿（难以模仿）

资料来源:面对面的访谈沟通、对文献的查阅,以及开发式问卷的调查结果。

注:A××是指范畴编码。由于篇幅限制,仅列出部分初始概念编码。

（二）主轴编码

主轴编码是扎根理论编码分析中的第二个步骤，与逐行、逐句、逐段编码的开放性编码相比，主轴编码更有选择性、指向性和概念性。其目的是发现和建立各个概念范畴间的关系，分清哪些属于主要范畴，哪些属于次要范畴。如表 2—3 所示，将 153 个初始概念编码进行筛选、合并、分类，得到 12 个一阶范畴和 38 个对应范畴，其中（1）A1：注重新技术的产生、A2：促进创意向技术的转变、A3：自由宽松的创新氛围这些条目的关联性较强且频繁出现，命名为技术导向；（2）A4：勇于探索和搜寻外部新技术、A5：善于发现新的技术机会、A6：清晰的创新目标、A7：对技术机会进行有效鉴别这四个条目的内涵相似，命名为技术机会识别能力；（3）A8：预测技术机会的未来发展、A9：积极响应外部环境、A10：将技术机会和市场需求相结合这三个条目的内涵相似，命名为技术机会预判能力；（4）A11：灵敏的技术嗅觉、A12：跟踪掌握技术前沿研究成果、A13：明确新旧技术间的范围边界这三个条目的关联性较强且频繁出现，命名为技术洞察能力；（5）A14：明确自身已有技术资源基础、A15：扫描和监测外部技术资源、A16：内外部技术资源跨越和融合的可能性这三个条目的关联性较强且频繁出现，命名为技术认知能力；（6）A17：促进技术信息的内外部沟通和传递、A18：不同技术资源间的有效配置、A19：协调各种技术资源这三个条目的关联性较强且频繁出现，命名为技术信息处理能力；（7）A20：迅速做出决策和采取行动、A21：技术资源共享、A22：促进技术信息的实时交流与沟通这三个条目的关联性较强且频繁出现，命名为快速反应能力；（8）A23：制定灵活的技术方案、A24：创新人才培养与管理、A25：进行有效的冲突管理这三个条目的关联性较强且频繁出现，命名为技术协同能力；（9）A26：获取技术诀窍、A27：获取技术知识或经验、A28：提高技术获取效率这三个条目的关联性较强且频繁出现，命名为技术获取能力；（10）A29：技术渗透、A30：技术交流、A31：技术传播这三个条目的关联性较强且频繁出现，命名为技术扩散能力；（11）A32：扩展核心技术、A33：研发需求导向、A34：快速推出新产品这三个条目的关联性较强且频繁出现，命名为技术开发能力；（12）A35：专利战略布局、A36：引领技术标准、A37：改进工艺流程、A38：催生新技术这四个条目的关联性较强且频繁出现，命名为技术产出能力。

表 2-3　主轴编码分析结果 FK

一阶范畴	对应范畴	范畴内涵
技术导向 （B1）	注重新技术的产生 （A1）	从内外部获取创意以催生新技术
	促进创意向技术的转变 （A2）	将创意从个人层面推进到组织层面以实现技术创新
	自由宽松的创新氛围 （A3）	开放宽松的创新氛围,激励内部新思想的产生,并积极接受外部新事物和新观点
技术机会识别 能力（B2）	勇于探索和搜寻外部新技术（A4）	能够有效对内外部有价值的技术、信息、经验进行甄别
	善于发现新的技术机会 （A5）	认识和评估企业自身技术水平及能力,寻找和获取外部先进技术,发现新的技术机会
	清晰的创新目标（A6）	企业内外部人员具有明确、长远且一致性的创新目标规划
	对技术机会进行有效鉴别（A7）	不断寻找新的技术机会,并能够将它们与企业已有技术进行对比和分析
技术机会预判 能力（B3）	预测技术机会的未来发展（A8）	对外部新技术机会的未来发展有着清醒的认识和理解,对其未来技术发展轨迹做到心中有数
	积极响应外部环境 （A9）	针对外部环境动态性提前做好准备,以应对环境的快速变化
	将技术机会和市场需求相结合（A10）	对外部新技术可能产生新产品的市场需求有着充足的信心
技术洞察能力 （B4）	灵敏的技术嗅觉（A11）	具有敏锐洞察并准确预测下一个技术发展方向的能力
	跟踪掌握技术前沿研究成果（A12）	了解和掌握前沿领先研究成果,洞察行业发展动态
	明确新旧技术间的范围边界（A13）	充分了解技术和已有技术的性能与关键优势,以确保新旧技术的有效结合或新旧替换,明确技术研发目标和实施计划
技术认知能力 （B5）	明确自身已有技术资源基础（A14）	认识和评估企业自身技术水平及能力
	扫描和监测外部技术资源（A15）	能够有效对内外部有价值的技术、信息、经验进行扫描和监测
	内外部技术资源跨越和融合的可能性（A16）	对外部新技术与其他内部原有技术间联结为整体的可能性有清醒的认识

续表

一阶范畴	对应范畴	范畴内涵
技术信息处理能力（B6）	促进技术信息的内外部沟通和传递（A17）	企业能够精准解释外部技术信息,促进内外部信息的交流与融合,提升合作者之间的沟通效率
	不同技术资源间的有效配置（A18）	对多元合作关系管理并进行技术资源配置,制定相应程序合理分配企业资源
	协调各种技术资源（A19）	有效地协调内外部技术资源,让它们可以更好地进行相互交叉和融合
快速反应能力（B7）	迅速做出决策和采取行动（A20）	能够适应外部环境突然的变化,并迅速做出决策和采取相应的应变行动
	技术资源共享（A21）	定期与外部企业相关人员进行沟通和交流,双方共享技术资源信息,并一起解决技术难题
	促进技术信息的实时交流与沟通（A22）	促进内外部信息的交流与融合,提升沟通效率
技术协同能力（B8）	制定灵活的技术方案（A23）	企业面对突发状况时,能够打破原先技术重新调整方案,确保新产品项目开发的顺利实施
	创新人才培养与管理（A24）	引进外部技术人才,加大内部管理和管理人才培养力度
	进行有效的冲突管理（A25）	具有良好的沟通协调机制,支持技术学习过程的顺利进行,及时解决与外部合作方之间的矛盾
技术获取能力（B9）	获取技术诀窍（A26）	在互动过程中能够主动获取外部企业的技术诀窍
	获取技术知识或经验（A27）	企业对有价值的技术经验以及技术知识展开高效搜寻并获得,持续积攒技术资源,提升技术能力
	提高技术获取效率（A28）	企业通过建立研发信息沟通平台,能够提高技术获取效率
技术扩散能力（B10）	技术渗透（A29）	注重技术库之间的相互渗透,提高技术基础的深度和广度,增强企业技术知识库多元化
	技术交流（A30）	持续广泛地进行内外部技术沟通和交流
	技术传播（A31）	塑造良好的环境以促进技术在企业边界进行有效的流动和传播
技术开发能力（B11）	扩展核心技术（A32）	开展产品核心功能和高端产品研发
	研发需求导向（A33）	以需求为导向开展产品研发活动
	快速推出新产品（A34）	缩短研发周期,能够快速推出新产品,抢占先机

续表

一阶范畴	对应范畴	范畴内涵
技术产出能力 （B12）	专利战略布局（A35）	不断增加新申请专利数量,建构专利池
	引领技术标准（A36）	参与或主导技术标准的制定,获取技术收益
	改进工艺流程（A37）	不断改进工艺流程
	催生新技术（A38）	不断实施产品升级和拓展关联领域,增加新产品成果数量

（三）选择性编码

开放性编码重点关注的是对现实存在现象的概念化分析,从而建立范畴及其属性。主轴编码则倾向于系统性的发展范畴,并挖掘范畴与次范畴之间的联系。只有将主要范畴整合形成一个具体理论构架时,研究的发现才能真正上升为理论。接下来我们通过选择性编码对已经开发出的主要范畴进行整合从而形成核心范畴。核心范畴反映了本书的主题,是对所有结果进行综合分析而得到的构念。它与其他范畴之间存在显著的意义关联,属于比较稳定的现象。

选择撰写故事线的方法,即通过描述现象的"故事线"分析和挖掘核心范畴。具体包括以下步骤:

（1）明确资料的故事主线,找出核心范畴;

（2）对主、次要范畴及其属性和维度进行描述;

（3）对核心范畴与主、次要范畴及概念编码间的关系进行详细、系统的分析,发现其内在关联性。

通过对开放式编码抽象出注重新技术的产生、促进创意向技术的转变、自由宽松的创新氛围、勇于探索和搜寻外部新技术、善于发现新的技术机会、清晰的创新目标、对技术机会进行有效鉴别、预测技术机会的未来发展、积极响应外部环境、将技术机会和市场需求相结合、灵敏的技术嗅觉、跟踪掌握技术前沿研究成果、明确新旧技术间的范围边界、明确自身已有技术资源基础、扫描和监测外部技术资源、内外部技术资源跨越和融合的可能性、促进技术信息的内外部沟通和传递、不同技术资源间的有效配置、协调各种技术资源、迅速做出决策和采取行动、技术资源共享、促进技术信息的实时交流与沟通、制订灵活的技术方案、创新人才培养与管理、进行有效的冲突管理、获取技术诀窍、获取技术知识或经验、提高技术获取效率、技术渗透、技术交流、技术传播、扩展核心技术、研发需求导向、快速推出新产品、专利战略布局、引领技术标准、改进工艺流程、催生新技术这38个对应范畴的继续剖析和对技术导向、技术机会识别能力、技术机会预判能力、技术洞察能力、技术认知能力、技术信息处理能力、快速反应能力、技术协同能力、技术获取能力、技术扩散能力、技术开发能力、技术产出能力这12个一级范畴进行详细分析后,发现这12个一级范畴可以进一步归纳为4个主要范畴。具体而言:

(1)技术导向、技术机会识别能力、技术机会预判能力这三个一级范畴关注于企业对其技术未来发展的预判,故命名为技术愿景能力;

(2)技术洞察能力、技术认知能力、技术信息处理能力这三个一级范畴主要涉及企业对内外部技术的感知,故命名为技术感知能力;

(3)快速反应能力、技术协同能力、技术学习能力这三个一级范畴主要涉及企业对内外部技术的捕捉,故命名为技术捕捉能力;

(4)技术扩散能力、技术开发能力、技术产出能力这三个一级范畴主要涉及企业对内外部技术的捕捉,故命名为技术重构能力。在深度思考以及对原始信息进行充分对比的前提下,本书从众多范畴中归纳出技术差异化能力的核心范畴。通过对这一核心范畴的把握,故事线可概括为四个部分,分别是技术愿景能力、技术感知能力、技术捕捉能力和技术重构能力,这四个维度可以测度企业技术差异化能力这一构念。

五、研究结果分析

通过对开放性编码、主轴编码及选择性编码的资料分析,对概念编码、次要范畴、主要范畴及核心范畴之间关系的不断对比,以及与现有文献研究支持的比较,构建了企业技术差异化能力构念的结构维度,如图2-2所示。

最终得到企业技术差异化能力的典型关系结构与二阶范畴(见表2-4),其中代表性语句为积极接受外部新技术和新想法,处理多种多样的想法和创意,并将其中一个融合为一个特定的、合理的技术开发的前进方向和道路,代表技术导

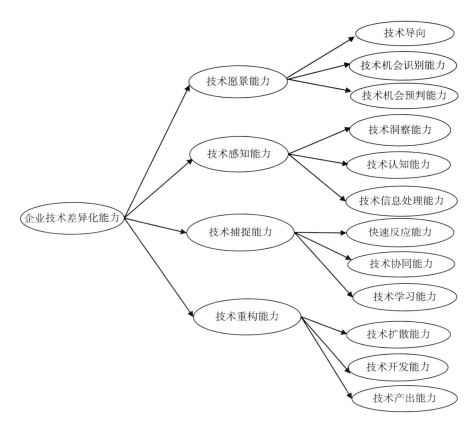

图 2-2　企业技术差异化能力构念的构成维度

向→技术愿景能力间的关系;代表性语句为预期产品功能和客户利益,制定和明确技术创新战略目标及战略规划,并匹配相应的保障制度,代表技术机会识别能力→技术愿景能力间的关系;代表性语句为企业具备对外部商业机会敏锐地捕捉,跟踪掌握前沿性研究成果,将先进技术与市场机会紧密结合,明确其商业化前景,进而推进新技术的培育与开发,因此技术市场洞察力是对技术市场化的清晰、具体的心理模型,代表技术机会预判能力→技术愿景能力间的关系;代表性语句为企业凭借自身资源识取行为能够高效获取外部关键技术资源,选择与企业自身资源禀赋相适配的技术,联结内外部研发网络,促进核心技术研发,代表技术洞察能力→技术感知能力间的关系;代表性语句为企业对有价值的技术或经验进行内外部的交互学习,在相互交流中了解彼此所掌握的技术知识领域,扩展核心技术研发,不断积累知识资本和研发经验,代表技术认知能力→技术感知能力间的关系;代表性语句为企业对外部信息进行有效的获取、分析和解读,抓住机会创造商业价值,代表技术信息处理能力→技术感知能力;代表性语句为基于其自身的技术需求,建立高效合理的技术体系,搜寻并选取适当的外界技术资源,整合重组内外部的技术资源并不断优化已有的技术资源结构,代表快速反应能力→技术捕捉能力词的关系;代表性语句为企业对外部知识、技术和资源的获取并内化,将技术转化为创新产出,以提高创新绩效,代表技术协同能力→技术捕捉能力间的关系;代表性语句为企业通过部署与运用先进技术资源,增强企业整体效率和灵活性,实现协同创新,代表技术获取能力→技术捕捉能力间的关系;代表性语句为企业有效地将创造的新知识或核心技术扩散和渗透到不同的产品中,进入新的产品开发领域,代表技术扩散能力→技术重构能力间的关系;代表性语句为企业快速推出新产品和工艺流程创新是企业技术创新的具体表现,代表技术开发能力→技术重构能力间的关系;代表性语句为企业不断实施产品升级或拓展关联领域,增加创新产品成果的数量,代表技术产出优势→技术重构能力间的关系。这些典型关系结构与二阶范畴较好地反映了企业技术差异化能力构念的四个结构维度,为后续量表的设计与检验奠定了良好的基础。

表 2-4　企业技术差异化能力的典型关系结构与二阶范畴

主要范畴	典型关系结构	访谈对象代表性语句
技术愿景能力（C1）	技术导向→技术愿景能力 B1→C1	积极接受外部新技术和新想法,处理多种多样的想法和创意,并将其中一个融合为一个特定的、合理的技术开发的前进方向和道路
	技术机会识别能力→技术愿景能力 B2→C1	预期产品功能和客户利益,制定和明确技术创新战略目标及战略规划,并匹配相应的保障制度
	技术机会预判能力→技术愿景能力 B3→C1	企业具备对外部商业机会敏锐地捕捉,跟踪掌握前沿性研究成果,将先进技术与市场机会紧密结合,明确其商业化前景,进而推进新技术的培育与开发,因此技术市场洞察力是对技术市场化的清晰、具体的心理模型

续表

主要范畴	典型关系结构	访谈对象代表性语句
技术感知能力（C2）	技术洞察能力→技术感知能力 B4→C2	企业凭借自身资源识取行为能够高效获取外部关键技术资源,选择与企业自身资源禀赋相适配的技术,联结内外部研发网络,促进核心技术研发
	技术认知能力→技术感知能力 B5→C2	企业对有价值的技术或经验进行内外部的交互学习,在相互交流中了解彼此所掌握的技术知识领域,扩展核心技术研发,不断积累知识资本和研发经验
	技术信息处理能力→技术感知能力 B6→C2	企业对外部信息进行有效的获取、分析和解读,抓住机会创造商业价值
技术捕捉能力（C3）	快速反应能力→技术捕捉能力 B7→C3	基于其自身的技术需求,建立高效合理的技术体系,搜寻并选取适当的外界技术资源,整合重组内外部的技术资源并不断优化已有的技术资源结构
	技术协同能力→技术捕捉能力 B8→C3	企业对外部知识、技术和资源的获取并内化,将技术转化为创新产出,以提高创新绩效
	技术获取能力→技术捕捉能力 B9→C3	企业通过部署与运用先进技术资源,增强企业整体效率和灵活性,实现协同创新
技术重构能力（C4）	技术扩散能力→技术重构能力 B10→C4	企业有效地将创造的新知识或核心技术扩散和渗透到不同的产品中,进入新的产品开发领域
	技术开发能力→技术重构能力 B11→C4	企业快速推出新产品和工艺流程创新是企业技术创新的具体表现
	技术产出优势→技术重构能力 B12→C4	企业不断实施产品升级或拓展关联领域,增加创新产品成果的数量

第二节　企业技术差异化能力构念的量表开发

一、企业技术差异化能力问卷设计与预测试

由于问卷涉及题项较多,我们先进行了调研问卷的预测试以便对企业技术差异化能力构念的测量题项进行萃取与降维,以保证在大样本发放后研究结果的有效性。首先,通过大量阅读国内外有关企业技术差异化能力、技术能力、技术创新能力等的相关文献,在借鉴已有成熟量表的基础上,通过对企业访谈材料的整理与分析,提炼出受访谈人员想要表达的核心观念,同时,注重语句的准确性和规范化。在此基础上,设计和编制了企业技术差异化能力的初始问卷,并结合企业实地访谈资料,添加和删减了个别题项,之后将初始问卷交由该领域资深的教授、专家和企业专业人士组成的专家组,对该问卷设计的结构、内容是否真实反映了企业技术差异化能力等提出意见,并对问卷进行相应的修改。最后,邀请在西安石油大学学习的 56 名 MBA 学员先使用英文原文题项进行填写,一个月后又请他们对中文题项进行填写,将前后两份问卷进行详细的对比,提出问卷测量题项的修改意见。结合企业现阶段的实际运作情况,并结合专家组和 MBA 学员的意见,课题组对问卷内容设计与问卷结构进行必要的调整、修订和补充,最后形成测量企业技术差异化能力的原始调查问卷,包含了 73 个测量题项,所有题项均使用 Liket 5 级的量表形式("1"表示"完全不同意","5"表示"完全同意")。

本次向华晨汽车集团控股有限企业、重庆长安汽车股份有限企业、江铃汽车股份有限企业、五菱汽车集团控股有限企业、新疆中泰化学股份有限企业、江苏亨通光电股份有限企业、江苏悦达集团有限企业等装备制造业里的各大中型企业发送 300 份调查问卷,最终收到了 262 份有效的调查问卷,占到总发放问卷的 84%。由于现有研究中学者们对预测试发放问卷数量持有不同意见,在保证问卷质量的前提下,课题组尽可能多地发放预测试调研问卷,发放数量完全满足现有研究的要求。

对问卷量表的预测试大都通过主成分分析方法与极端组测验来展开项目分析。首先,通过使用极端组测验方法得出原始问卷中各个题项的鉴别度,根据计算问卷得出的各个题项决断值,来检验全部测量题项能否体现出受试者观点间的差异。通过极端组检验方法将各题项得分值进行汇总,并按分值高低依次排序,以 27% 为界,取总得分前 27% 为高分组,取总得分后 27% 为低分组。分别使用独立样本 Leven 检验以及 T 检验以评估在高分组和低分组中,各题项是否存在明显的差别。若 Leven 检验中的 F 值显著,即 $p<0.01$,表示高分组和低分组的样本方差是不一样的,依据"不假设方差相等"栏中的 t 值,来判断题项是否拥有较好的区分度;当 F 值不显著($p>0.05$)时,参考"假设方差相等"栏中的 t 值,这表示该题项的区分度不高甚至不具有区分度,应该将此题项删除;在 t 检验时,当 F 值显著,即 $p<0.01$ 时,并且对应的 t 值也显著,才能说明高分组和低分组这两组样本的均值不等,即该题项具有较高的区分度,可以用来作为测量题项,相反则应删除该题项。根据分析的结果,在测量技术差异化能力的原始量表里有 24 个题项未达到要求的显著性,即不能有效区分受访谈人员观点间的差异。其次,利用主成分分析对剩余 49 个题项进行检验。具体做法:将 Kaiser 特征值大于 1 的因子保留,同时利用最大变异正交旋转来获得因子载荷矩阵。在因子分析时应将因子载荷是负的以及不超过 0.5 的题项、跨因子载荷不低于 0.4 的题项,以及共同度低于 0.5 的题项删除。该过程中应通过多次因子分析来检测因子结构有无收敛。经检验分析,删除两个测量题项,最后获得了含有 47 个题项的技术差异化能力量表,如表 2-5 所示,用于大样本问卷调查,进一步明确技术差异化能力构念的内涵和结构。独立样本 Levene 检验和 T 检验结果见表 2-6,考虑篇幅原因,仅在表中列出鉴别度差的题项分析结果。

表 2-5　企业技术差异化能力初始问卷测量量表

	题号	测量题项
企业技术差异化能力	Q1	企业可以快速识别、评估和判断外部技术信息
	Q2	企业积极检测市场环境来识别机会
	Q3	企业经常根据各种途径收集潜在的市场需求
	Q4	企业研发新产品成功率处于同行业领先水平
	Q5	企业建立了判断和评估外部技术资源的标准
	Q6	企业分析自身优势和劣势
	Q7	企业分析行业技术发展情况
	Q8	企业定期收集外部利益相关者(竞争对手、供应商和客户等)的信息
	Q9	企业根据战略需要制定新技术开发目标
	Q10	企业具备较强的技术扫描和跟踪能力
	Q11	企业善于将技术机会和市场需求相结合
	Q12	企业建立了完善的信息交流渠道
	Q13	企业积极探索和搜寻外部新技术
	Q14	企业具备吸引和留住高素质技术人才的能力
	Q15	企业剥离了无用的资源
	Q16	企业满意自身资源禀赋
	Q17	企业在技术开发中能够敏锐发现潜在技术机会
	Q18	企业根据既定目标绑定并利用各类资源
	Q19	企业经过整合内外部技术资源提升了组织整体效率和效能
	Q20	企业内部具有良好的创新氛围
	Q21	企业内部组织和员工间能够积极交流沟通、共享技术信息
	Q22	企业能够有效地鉴别内部和外部有价值的信息、经验或技术诀窍
	Q23	企业具有获得最新科学和技术知识的能力
	Q24	企业能够促进技术信息的内外部沟通、共享和传递
	Q25	企业将创造的新知识或核心技术有效地扩散渗透到创新产品中，实现其价值
	Q26	企业不断提高创新产品的市场竞争力

续表

	题号	测量题项
企业技术差异化能力	Q27	企业积极响应技术变革
	Q28	企业具有吸收新技术和实现技术差异化产品的能力
	Q29	企业具有创造先进工艺流程的能力
	Q30	企业核心技术开发能力处于同行业较高水平
	Q31	企业不断从外部获取关键技术信息、技术诀窍等技术资源的支持
	Q32	企业掌握最先进的技术
	Q33	企业具备吸收新技术和实现技术差异化的能力
	Q34	企业善于对技术资源开发新的用途,催生新技术,增加企业经济效益
	Q35	企业不断增加自主知识产权的获取数量
	Q36	企业快速协调资源以解决研发中遇到的问题
	Q37	企业新开发或新引进的技术能很快应用到生产中并解决实际问题
	Q38	企业能够准确感知技术发展方向并指导企业内部选择新的技术拐点
	Q39	企业注重吸收不同技术领域的知识
	Q40	企业经常在组织内交流和分享所获得的全新知识
	Q41	面对突发情况,企业能够快速做出决策并采取行动
	Q42	企业通过建立信息搜集平台获取所需技术和市场信息
	Q43	企业常对原有技术知识进行创新性突破或改进
	Q44	企业具备获得最新科学和技术知识(技术诀窍、知识和经验)的能力
	Q45	企业重视搜寻提炼项目合作中有创意的信息
	Q46	企业设置有专门人员收集本领域最新研发动向和科学知识
	Q47	企业拥有综合的知识和技术人才储备

表 2-6　独立样本 Levene 检验和 T 检验结果

		方差相等的 Levene 检验		平均数相等的 T 检验						
		F 值	Sig.	T	自由度	Sig.（2-tailed）	平均差异	标准误差异	方差的 95% 置信区间	
									下界	上界
V20	假设方差相等	0.067	0.338	0.715	163.000	0.083	0.421	2.711	-2.278	5.436
	假设方差不相等	—	—	0.715	162.263	0.083	0.421	2.711	-2.280	5.670
V13	假设方差相等	0.175	0.073	0.876	163.000	0.069	0.464	3.257	-0.325	6.502
	假设方差不相等	—	—	0.872	162.014	0.069	0.464	3.260	-0.317	6.418
V34	假设方差相等	0.292	0.101	1.881	163.000	0.112	0.461	0.262	-0.081	0.962
	假设方差不相等	—	—	1.932	162.21	0.112	0.461	0.262	-0.083	0.964
V47	假设方差相等	2.143	0.063	1.822	163.000	0.236	0.493	0.221	-0.073	0.882
	假设方差不相等	—	—	1.995	161.083	0.236	0.493	0.222	-0.075	0.883
V51	假设方差相等	0.013	0.031	1.651	163.000	0.093	0.522	0.271	-0.121	0.861
	假设方差不相等	—	—	1.652	160.391	0.093	0.522	0.272	-0.122	0.872
V3	假设方差相等	0.392	0.551	0.741	163.000	0.069	0.471	0.251	-0.111	1.041
	假设方差不相等	—	—	0.741	162.220	0.069	0.471	0.251	-0.112	1.044
V72	假设方差相等	0.082	0.781	1.135	163.000	0.053	0.266	0.223	-0.195	0.851
	假设方差不相等	—	—	1.115	162.098	0.053	0.266	0.221	-0.194	0.852
V65	假设方差相等	1.951	0.161	1.456	163.000	0.065	0.554	0.292	-0.066	0.934
	假设方差不相等	—	—	1.475	162.182	0.065	0.553	0.292	-0.065	0.931
V12	假设方差相等	0.102	0.751	1.697	163.000	0.074	0.385	0.241	-0.057	0.972
	假设方差不相等	—	—	1.697	162.025	0.074	0.385	0.241	-0.055	0.975
V33	假设方差相等	0.282	0.607	1.868	163.000	0.146	0.407	0.213	-0.018	1.164
	假设方差不相等	—	—	1.854	161.711	0.146	0.407	0.212	-0.013	1.165
V59	假设方差相等	0.041	0.898	1.952	163.000	0.145	0.563	0.281	-0.049	1.077
	假设方差不相等	—	—	1.942	162.036	0.145	0.563	0.282	-0.041	1.083
V4	假设方差相等	0.365	0.0576	1.203	163.000	0.072	0.532	0.222	-0.353	0.782
	假设方差不相等	—	—	1.204	163.000	0.072	0.533	0.221	-0.341	0.773

续表

		方差相等的 Levene 检验		平均数相等的 T 检验						
		F 值	Sig.	T	自由度	Sig.（2-tailed）	平均差异	标准误差异	方差的 95% 置信区间	
									下界	上界
V15	假设方差相等	0.191	0.067	1.443	163.000	0.081	0.482	0.202	-0.381	0.713
	假设方差不相等	—	—	1.441	159.871	0.081	0.481	0.201	-0.381	0.712
V20	假设方差相等	0.323	0.561	1.681	163.000	0.132	0.462	0.233	-0.432	0.682
	假设方差不相等	—	—	1.693	160.572	0.132	0.461	0.233	-0.431	0.683
V69	假设方差相等	0.125	0.782	1.771	163.000	0.211	0.452	0.254	-0.511	0.552
	假设方差不相等	—	—	1.793	162.980	0.211	0.453	0.252	-0.512	0.556
V48	假设方差相等	0.022	0.934	1.904	163.000	0.098	0.403	0.321	-0.238	0.876
	假设方差不相等	—	—	1.921	161.352	0.098	0.405	0.322	-0.235	0.874
V15	假设方差相等	0.151	0.185	1.971	163.000	0.067	0.535	0.211	-0.135	1.054
	假设方差不相等	—	—	1.982	162.432	0.068	0.536	0.215	-0.143	1.065
V41	假设方差相等	3.232	0.081	1.825	163.000	0.052	0.576	0.223	-0.122	0.864
	假设方差不相等	—	—	1.794	162.641	0.052	0.575	0.223	-0.122	0.864
V53	假设方差相等	1.812	0.203	1.152	163.000	0.144	0.515	0.302	-0.062	0.982
	假设方差不相等	—	—	1.151	159.182	0.144	0.513	0.302	-0.064	0.981
V9	假设方差相等	3.202	0.041	1.601	163.000	0.071	0.583	0.282	-0.017	1.031
	假设方差不相等	—	—	1.602	162.245	0.071	0.582	0.283	-0.015	1.036
V1	假设方差相等	1.885	0.024	1.131	163.000	0.229	0.562	0.262	-0.024	1.097
	假设方差不相等	—	—	1.131	160.677	0.229	0.563	0.263	-0.028	1.096
V68	假设方差相等	0.221	0.322	1.566	163.000	0.421	0.503	0.252	-0.394	0.673
	假设方差不相等	—	—	1.566	162.968	0.421	0.503	0.253	-0.397	0.671
V22	假设方差相等	0.101	0.052	1.825	163.000	0.317	0.393	0.272	-0.045	1.061
	假设方差不相等	—	—	1.835	162.085	0.317	0.393	0.273	-0.044	1.072
V46	假设方差相等	0.015	0.011	1.473	163.000	0.063	0.402	0.242	-0.197	0.851
	假设方差不相等	—	—	1.492	158.298	0.063	0.401	0.247	-0.194	0.852

二、技术差异化能力构念的量表开发

(一)研究设计与数据收集

本书以制造企业为研究对象,利用滚雪球抽样方法与随机抽样方法相结合来收集信息及数据。汽车制造、电子产品制造、家电制造、芯片制造等具有高技术特征的制造企业在国内和国际市场中经历着越来越强烈的竞争,持续提升新产品开发和技术能力是它们的必然选择。同时,这些企业对技术差异化能力有着深入的见地和话语权,因此能够充分满足技术差异化能力研究的要求。考虑到本次调研的目的,调查对象应对企业有整体的认识与了解,并参与企业新产品开发项目过程当中,所以抽取企业的研发或管理人员以及主管研发的中高层管理人员和项目经理进行数据收集,以较好地从组织层面反映整个企业技术差异化能力的状况。

数据信息的获取包括两种方式,第一种方式是通过对陕西、重庆、成都、上海、江苏等省市的 120 家装备制造企业发放调查问卷,有选择性地展开实地调研,与受访对象进行深度沟通和交流,主要通过电子邮件发放问卷,共发放问卷 600 份,回收问卷 507 份。第二种方式是向本校 MBA 学员发放调查问卷,通过现场填写和收集的方式发出了 200 份调查问卷,并对相关内容和问题进行面对面沟通和解答,共回收问卷 136 份。两种方式累计发放问卷 800 份,共收回 643 份,经检查剔除无效问卷 70 份,最终得到有效问卷 573 份,有效回收率 71.6%。本书在满足随机均等的前提下,把收回的有效调查问卷划分成了两组,分别被使用在探索性研究分析(N = 286 份)、验证性因子分析(N = 287 份)和检验量表的信度与效度检验中。

样本数据中,企业性质包括国有独资或国有控股企业(22.86%)、民营企业(35.95%)、中外合资或合作企业(26.70%)、外商独资企业(14.49%);行业类型包括汽车制造(21.82%)、电子产品制造(28.79%)、通信设备制造(31.34%)、生物制药(18.15%);企业规模包括企业员工总数在 100 人以下的小企业(19.72%)、101—300 人的中型企业(27.57%)、301—500 人的中型企业(37.70%)、500 人以上的大型企业(15.01%)。样本数据显示出受调查企业与调查人员两方在本书中都有着较高的代表性,即调查问卷可以在较高水平上体现我国制造企业技术差异化能力的实际情况,如表 2-7 所示。

表 2-7　样本特征描述

类别	特征	样本数（家）	百分比（%）	类别	特征	样本数（家）	百分比（%）
行业类型	汽车制造	125	21.82	企业规模	100 人以下	113	19.72
	电子产品制造	165	28.79		101—300 人	158	27.57
	通信设备制造	179	31.34		301—500 人	216	37.70
	生物制药	104	18.15		500 人以上	86	15.01
企业性质	国有独资或国有控股	131	22.86	被试者工作职务	高层管理人员	75	13.09
	外商独资	83	14.49		中层管理人员	193	33.68
	中外合资或合作	153	26.70		技术与研发人员	178	31.07
	民营企业	206	35.95		营销人员	127	22.16

（二）探索性因子分析

1. 一阶探索性因子分析

经过修改和完善的企业技术差异化能力测量量表,通过探索性因子分析后去掉不满足前期预想的题项,同时将主因子提炼出来。测量量表的 KMO 值是 0.885,Bartlett 球形检验显著性概率值为 p 小于 0.001,如表 2-8 所示,这反映出测量题项间具有较高的相关性,因而满足因子分析的条件。在采用探索性因子分析时,样本数据采用最大方差法,共完成了 6 次共同因子正交旋转,删除了量表中 9 个因子负荷低于 0.5 的题项,最后提取了 12 个公共因子。删除因子负荷低于 0.5 的题项后,测量量表的 KMO 值是 0.903,Bartlett 球形检验的显著性概率值为 p 小于 0.001,依然满足因子分析的要求。采取最大方差法与主成分分析法来正交旋转处理样本数据,并获得因子载荷矩阵,将因子载荷超过 0.5 的题项留下。此外,遵循 Kaiser 特征值超过 1 的要求,利用主成分分析法提出 12 个主因子,累计解释了总变异量的 72.931%,如表 2-9 所示,这表明该 12 个主因子在很大程度上能解释变量结构,测量表里的 38 个题项准确地体现在了 12 个因子,各因子的名称及其包含的题项如表 2-10 所示。

表 2-8　问卷数据 KMO 及 Bartlett 球形检验

KMO 取样适切性量数		0.885
Bartlett 球形检验	近似卡方	1654.163
	自由度	975
	显著性	0.000

表 2-9　企业技术差异化能力问卷数据累计变异量表

成分	初始特征值			提取载荷平方和			旋转载荷平方和		
	总计	方差百分比%	累计%	总计	方差百分比%	累计%	总计	方差百分比%	累计%
1	9.864	40.156	20.178	9.864	40.156	20.178	8.072	33.523	19.734
2	7.233	23.423	23.552	7.233	23.423	23.552	7.349	24.373	22.852
3	6.342	14.519	29.276	6.342	14.519	29.276	6.763	20.729	28.304
4	5.823	10.524	33.493	5.823	10.524	33.493	5.925	19.324	31.342
5	4.682	13.811	38.221	4.682	13.811	38.221	4.802	14.260	36.357
6	4.174	10.679	40.628	4.174	10.679	40.628	6.419	18.355	40.029
7	3.891	9.233	46.340	3.891	9.233	46.340	3.967	17.048	44.385
8	3.523	8.028	52.272	3.523	8.028	52.272	3.658	14.651	51.462
9	2.744	7.629	58.716	2.744	7.629	58.716	2.933	13.245	56.273
10	2.036	6.988	66.254	2.036	6.988	66.254	2.228	9.015	65.379
11	1.217	6.413	69.608	1.217	6.413	69.608	1.485	8.284	68.562
12	1.023	5.852	72.931	1.023	5.852	72.931	1.372	7.203	72.931

表 2-10　企业技术差异化能力一阶探索性因子分析

题项	共同度	技术导向	技术机会识别能力	技术机会预判能力	技术洞察能力	技术认知能力	技术信息处理能力	题项	共同度	快速反应能力	技术协同能力	技术获取能力	技术扩散能力	技术开发能力	技术产出能力
V16	0.884	0.887	0.375	0.035	0.397	0.167	0.191	V55	0.844	0.859	0.335	0.313	0.059	0.111	0.324
V30	0.889	0.894	0.248	0.099	0.140	0.372	0.161	V58	0.865	0.871	0.086	0.017	0.168	0.263	0.230
V5	0.903	0.802	0.116	0.158	0.379	0.080	0.213	V19	0.724	0.747	0.336	0.215	0.271	0.103	0.042
V49	0.900	0.811	0.038	0.301	0.011	0.237	0.023	V71	0.735	0.205	0.823	0.375	0.143	0.036	0.050

续表

题项	共同度	因子命名						题项	共同度	因子命名					
		技术导向	技术机会识别能力	技术机会预判能力	技术洞察能力	技术认知能力	技术信息处理能力			快速反应能力	技术协同能力	技术获取能力	技术扩散能力	技术开发能力	技术产出能力
V25	0.899	0.038	0.811	0.126	0.332	0.087	0.326	V50	0.806	0.333	0.835	0.024	0.369	0.065	0.108
V21	0.842	0.050	0.764	0.353	0.283	0.370	0.230	V26	0.627	0.280	0.760	0.325	0.084	0.333	0.378
V10	0.851	0.271	0.772	0.175	0.349	0.277	0.327	V59	0.788	0.170	0.272	0.811	0.358	0.243	0.247
V2	0.896	0.232	0.023	0.845	0.217	0.204	0.366	V32	0.753	0.082	0.050	0.807	0.223	0.244	0.212
V14	0.955	0.324	0.140	0.866	0.152	0.220	0.058	V36	0.652	0.218	0.148	0.795	0.207	0.177	0.303
V8	0.904	0.155	0.026	0.815	0.049	0.047	0.183	V66	0.803	0.260	0.144	0.079	0.838	0.259	0.070
V67	0.645	0.123	0.254	0.155	0.864	0.237	0.247	V35	0.812	0.230	0.117	0.333	0.814	0.242	0.173
V45	0.692	0.325	0.086	0.289	0.707	0.282	0.293	V31	0.621	0.292	0.166	0.254	0.782	0.080	0.163
V40	0.731	0.211	0.036	0.186	0.742	0.337	0.030	V23	0.815	0.320	0.216	0.063	0.123	0.827	0.104
V61	0.706	0.087	0.166	0.372	0.094	0.833	0.260	V29	0.824	0.228	0.070	0.079	0.371	0.831	0.342
V43	0.699	0.369	0.077	0.370	0.231	0.711	0.073	V45	0.659	0.247	0.203	0.023	0.326	0.867	0.029
V37	0.634	0.095	0.375	0.241	0.387	0.747	0.204	V17	0.616	0.382	0.254	0.021	0.121	0.778	0.283
V42	0.870	0.268	0.247	0.083	0.333	0.060	0.870	V42	0.811	0.205	0.347	0.353	0.337	0.083	0.852
V63	0.765	0.027	0.315	0.180	0.362	0.332	0.852	V33	0.617	0.221	0.032	0.162	0.164	0.295	0.885
V38	0.882	0.145	0.228	0.218	0.150	0.335	0.875	V15	0.756	0.303	0.061	0.392	0.053	0.134	0.773
初始特征值		7.411	6.933	5.834	4.808	4.063	3.661	初始特征值		3.610	2.586	2.525	1.516	1.504	1.457
因子方差贡献率(%)		19.632	14.912	12.338	9.251	9.014	8.447	因子方差贡献率(%)		7.209	6.086	5.776	4.714	3.652	3.404
累计贡献率(%)		19.532	34.443	38.832	43.083	47.097	50.575	累计贡献率(%)		53.784	66.870	69.636	72.349	77.001	79.406

因子 1 包括 4 个题项,反映企业对内外部技术资源重要性的认知,以及是否依赖这些技术资源开发新产品,将之称为"技术导向";因子 2 包括 3 个题项,体现企业能否高效地对内外部有价值的技术、信息、经验进行甄别,将之称为"技术机会识别能力";因子 3 包括 3 个题项,体现企业是否能够对外部新技术机会的未来发展有着清醒的认识和理解,对其未来技术发展轨迹做到心中有数,将之称为"技术机会预判能力";因子 4 包括 3 个题项,体现企业是否具有敏锐洞察并准确预测下一个技术发展方向的能力,将之称为"技术洞察能力";因子 5 包括 3 个题项,反映企业能否高效地对内外部有价值的技术、信息、经验进行扫描和监测,将其命名为"技术认知能力";因子 6 包括 3 个题项,反映企业是否能够

精准解释外部技术信息,促进内外部信息的交流与融合,提升合作者之间的沟通效率,将之称为"技术信息处理能力";因子 7 包括 3 个题项,体现企业是否能够适应外部环境突然的变化,并迅速做出决策和采取相应的应变行动,将之称为"快速反应能力";因子 8 包括 3 个题项,体现企业能否拥有较好的交流协作机制支持技术学习过程的顺利进行,及时解决与外部合作方之间的矛盾,将其命名为"技术协同能力";因子 9 包括 3 个题项,体现企业是否能够对有价值的技术知识或经验进行有效获取,不断积累技术资源和研发经验,实现协同创新,将其命名为"技术获取能力";因子 10 包括 3 个题项,体现企业是否注重不同技术库间的相互渗透,提高技术基础的深度和广度,增加企业技术知识库的容量,并提升其多元化,故将之称为"技术扩散能力";因子 11 包括 4 个题项,强调企业是否能够开展产品核心功能和高端产品研发,将之称为"技术开发能力";因子 12 包括 3 个题项,反映是否能够增加创新成果数量,提高创新产品的市场竞争力和经济效益,将之称为"技术产出能力"。

表 2-11   企业技术差异化能力问卷数据 KMO 及 Bartlett 球形检验

KMO 取样适切性量数		0.832
Bartlett 球形检验	近似卡方值	1654.163
	Df	975
	Sig.	0.000

2. 二阶探索性因子分析

企业技术差异化能力量表的一阶探索性因子分析,KMO 值为 0.832,Bartlett 球形检验显著性概率值在 $p < 0.01$ 的水平上具有显著性,如表 2-11 所示,反映出所提取的 12 个主因子或许有着更高阶的公共因子,满足利用二阶探索性因子分析的条件。通过正交法选择共同因子,提取出特征值超过 1 的因子有 4 个,累计解释总变异量的 78.687%,如表 2-12 所示。经过旋转的因子载荷矩阵如表 2-13 所示。4 个二阶因子中较好地分布着 12 个一阶因子,其中二阶因子 1 中包含 3 个一阶因子,分别是技术导向、技术机会识别能力、技术机会预判能力,均表

现为企业基于自身技术资源,对来自外部技术资源识别和预判,并将外来技术与市场机会相联系的能力,故将其命名为"技术愿景能力";二阶因子 2 中包括 3 个一阶因子,分别是技术洞察能力、技术认知能力、技术信息处理能力,均表现为企业对外部关键技术资源的洞察和认知,通过对技术信息的高效搜集、分析和管理,故将其命名为"技术感知能力";二阶因子 3 中包括 3 个一阶因子,分别是快速反应能力、技术协同能力、技术获取能力,均表示企业对市场需求的有效识别,通过内外部协同高效获取外部关键技术资源,故将其命名为"技术捕捉能力";二阶因子 4 中包含 3 个一阶因子,分别是技术扩散能力、技术开发能力、技术产出能力,均表现为企业将新技术渗透和扩散到不同的产品当中,通过对外部技术资源的解释、吸收、重构和利用,并结合自身资源基础,自主创造新知识,以推出差异化产品和服务,提升市场竞争力,故将其命名为"技术重构能力"。

表 2-12　企业技术差异化能力问卷数据累计变异量表

成分	初始特征值			提取载荷平方和			旋转载荷平方和		
	总计	方差百分比%	累计%	总计	方差百分比%	累计%	总计	方差百分比%	累计%
1	5.623	22.324	22.324	5.623	22.324	22.324	3.312	20.211	19.211
2	3.357	17.423	49.747	3.357	17.423	39.747	2.534	15.487	45.689
3	1.864	14.021	63.768	1.864	14.021	53.768	1.883	15.312	61.001
4	1.263	10.522	78.687	1.263	10.522	64.290	1.636	13.289	76.687

表 2-13　企业技术差异化能力二阶探索性因子分析

一阶因子	共同度	因子命名			
		技术愿景能力	技术感知能力	技术捕捉能力	技术重构能力
技术导向	0.913	0.905	0.093	0.090	-0.307
技术机会识别能力	0.926	0.933	0.036	0.134	0.046
技术机会预判能力	0.924	0.956	0.297	0.177	0.063
技术洞察能力	0.812	0.025	0.845	0.022	0.084
技术认知能力	0.801	0.112	0.823	0.276	0.093

续表

一阶因子	共同度	因子命名			
		技术愿景能力	技术感知能力	技术捕捉能力	技术重构能力
技术信息处理能力	0.833	0.282	0.857	0.220	0.091
快速反应能力	0.783	0.085	0.164	0.878	−0.307
技术协同能力	0.767	0.053	0.082	0.862	0.046
技术获取能力	0.741	0.018	0.067	0.849	0.063
技术扩散能力	0.622	0.091	0.096	0.225	0.749
技术开发能力	0.655	0.031	0.056	0.068	0.751
技术产出能力	0.653	0.085	0.154	0.164	0.753
初始特征值		2.655	1.461	1.240	1.217
因子方差贡献率(%)		26.252	17.467	14.333	14.185
累计贡献率(%)		26.252	49.480	64.506	78.667

(三)验证性因子分析与量表信效度检验

验证性因子分析是通过大样本数据验证模型结构是否与实际数据的拟合相一致,通过分析对比各模型与实际数据的拟合度,判断量表结构效度的适合度和真实性。以另一份有效问卷进行验证性因子分析,以检验探索性因子分析得出的企业技术差异化能力四个结构维度的稳定性,进一步分析企业技术差异化能力构量表的信度和效度。

1. 一阶验证性因子分析

本书列示了五个竞争模型,模型1含有一阶探索性因子最终得出的38个题项,所有题项均包含在企业技术差异化能力的一阶单因子模型中,所有观测指标均反映企业技术差异化能力;模型2包含技术导向、技术机会识别能力、技术机会预判能力、技术洞察能力、技术认知能力、技术信息处理能力、快速反应能力、技术协同能力、技术获取能力、技术扩散能力、技术开发能力和技术产出能力这12个因子的一阶十二因子模型;模型3包含技术愿景能力、技术感知能力、技术捕捉能力与技术重构能力这四个潜变量的一阶四因子模型,技术愿景能力包含10个题项,技术感知能力包含9个题项,技术捕捉能力包含9个题项,技术重构能力包含 10 个题项。模型 4 是包含技术导向等 12 个一阶因子的二阶单因子模型;模型 5 是包括 4 个二阶因子与 12 个一阶因子的二阶四因子模型,其中技术愿景能力包括技术导向、技术机会识别能力和技术机会预判能力 3 个一阶因子;技术感知能力包括技术洞察能力、技术认知能力和技术信息处理能力 3 个一阶因子;技术捕捉能力包括快速反应能力、技术协同能力和技术获取能力 3 个一阶因子;技术重构能力包括技术扩散能力、技术开发能力和技术产出能力 3 个一阶因子。

　　验证性因子分析显示,模型 1 中 38 个测量技术差异化能力的因子负荷值都超过了 0.5;模型 2 中的每一个行为题项与其相对应的因素,即技术导向、技术机会识别能力、技术机会预判能力、技术洞察能力、技术认知能力、技术信息处理能力、快速反应能力、技术协同能力、技术获取能力、技术扩散能力、技术开发能力和技术产出能力的因子负荷值都超过了 0.6,这反映了模型的拟合度较好。此外,在 12 个因素中技术导向、技术机会识别能力与技术机会预判能力变量两两之间的相关系数在 0.529—0.583 之间;技术洞察能力、技术认知能力与技术信息处理能力三个变量两两之间的相关系数在 0.512—0.624 之间;快速反应能力、技术协同能力、技术获取能力三个变量两两之间的相关系数都在 0.501—0.603 之间;技术产出能力、技术开发能力与技术扩散能力三个变量两两之间的相关系数都在 0.503—0.551 之间,这表明这些变量都具有一定程度的显著性,技术导向、技术机会识别能力与技术机会预判能力三个因素,技术洞察能力、技术认知能力与技术信息处理能力三个因素,快速反应能力、技术协同能力、技术获取能力三个因素,以及技术开发能力、技术产出能力与技术扩散能力三个因素均存在一个更高阶的共同因素,从而为模型 5 的提出奠定了基础。在模型 3 里,每一个测量题项与其对应的二阶因子载荷量都超过了 0.5,这反映出模型 3 的拟合情况较好;通过对模型 1、模型 2、模型 3 进行验证性因子分析,所得分析结果如表 2-14 所示。比较分析模型 1 与模型 3 的拟合情况,模型 2 各个指标均达到理想水平,其中 RMSEA 的值为 0.024,达到小于 0.05 的理想指标,且 GFI、NFI 和 CFI 三个指标均达到大于 0.9 的理想水平,表明模型 2 与实际数据的拟合程度较优,从而验证了企业技术差异化能力一阶四因子模型。

表 2-14 一阶验证性因子分析拟合指标

模型	χ^2/df	RMSEA	GFI	NFI	CFI	PNFI	PGFI
模型 1	8.471	0.163	0.579	0.612	0.438	0.425	0.421
模型 2	1.573	0.024	0.931	0.931	0.947	0.754	0.728
模型 3	5.280	0.094	0.882	0.684	0.747	0.615	0.609
理想结果	介于 1—3	<0.05	>0.9	>0.9	>0.9	>0.5	>0.5

2. 二阶验证性因子分析

基于已经检验的一阶因子模型,我们进一步验证企业技术差异化能力的二阶因子模型。由于在检验的一阶因子可能存在更高阶的因子,模型 4 是包含技术导向等 12 个一阶因子的二阶单因子模型;在模型 5 中,包含 12 个一阶因子、4 个二阶因子的二阶四因子模型,其中二阶因子——技术愿景能力包括技术导向、技术机会识别能力和技术机会预判能力 3 个一阶因子,技术感知能力包括技术洞察能力、技术认知能力和技术信息处理能力 3 个一阶因子,技术捕捉能力包括快速反应能力、技术协同能力和技术获取能力 3 个一阶因子,技术重构能力包括技术扩散能力、技术开发能力和技术产出能力 3 个一阶因子。

表 2-15 二阶验证性因子分析拟合指标

模型	χ^2/df	RMSEA	GFI	NFI	CFI	PNFI	PGFI
模型 4	2.473	0.066	0.841	0.882	0.907	0.835	0.768
模型 5	1.578	0.024	0.915	0.936	0.924	0.830	0.853
理想结果	介于 1—3	<0.05	>0.9	>0.9	>0.9	>0.5	>0.5

各模型验证性因子分析结果显示,在模型 4 中每一个测量题项和与之对应的一阶因子负荷量都超过了 0.6,并且这 12 个一阶因子具有的二阶因子载荷量分别为 0.516、0.537、0.718、0.629、0.652、0.733、0.762、0.650,反映出模型 4 的拟合情况较好;在模型 5 里,每一个行为条目和与之对应的一阶因子载荷量都超过了 0.6,技术导向、技术机会识别能力和技术机会预判能力在二阶因子技术愿景能力中的因子载荷量分别为 0.641、0.622 和 0.715;技术洞察能力、技术认知能力和技术信息处理能力在二阶因子技术感知能力中的因子载荷量分别为

0.726、0.710 和 0.609；技术协调能力、快速反应能力与技术获取能力在二阶因子技术捕获能力中的因子载荷量分别为 0.781、0.665 和 0.832；技术扩散能力、技术开发能力和技术产出能力在二阶因子技术重构能力中的因子载荷量分别为 0.882、0.764 和 0.755，均说明模型 5 的拟合效果较为理想。结合表 2-14（模型 1—模型 3）和表 2-15（模型 4—模型 5）的内容，二阶因子模型 4 与一阶因子模型 3 相比，模型 4 的 PGFI 与 PNFI 的值都要高于模型 3 的，并且它们之间的差值分别为 0.159 与 0.220，这反映出模型 3 与模型 4 有着显著的差异，相较于模型 3，模型 4 要好一些。二阶因子模型 5 与模型 4 相比，模型 5 的各项指标均达到理想结果，该模型很好地拟合了现实数据，从而使得基于扎根理论所提出的企业技术差异化能力量表的二阶四因子模型得到了较好的验证。

3. 量表的信效度检验

各标准化因子负荷均值均超过了 0.7 的理想值，并且通过了 t 值显著性检验，企业技术差异化能力整体测量量表的 Cronbach's α 值是 0.883。此外，一阶因子的 Cronbach's α 值都在 0.796—0.920 之间，均超过了 0.7 的预判值，说明 12 个一阶因子可以作为 4 个二阶因子的测量指标。二阶因子 Cronbach's α 系数介于 0.777—0.947 之间，均高于 0.7 的预判值，表明量表具有较高的信度。从建构效度来看，所有建立的二阶因子 Cronbach's α 都高于判断值 0.7，这反映出全部的一阶因子均具有较好的内部一致性。

对测量量表的效度检验分别使用建构效度与内容效度。在内容效度的检验中，由于量表开发充分借鉴了国内外研究成果，并与专业人员和企业内部管理和技术研发人员进行了深入访谈，设计初始问卷后，进行了小规模预测试，对问卷进行了合理修改和完善，最终确定了正式调研问卷。量表测量条目的形成过程严格遵循规范严谨方法的分析过程，因此，该问卷对企业技术差异化能力这一构念的反应程度较好，表明该量表具有可靠的内容效度。由表 2-16 可知，企业技术差异化能力一阶因子的各因子平均方差抽取量 AVE 值介于 0.602—0.882 之间，超过经验判断标准 0.5；由表 2-17 可知，二阶因子平均方差抽取量 AVE 值介于 0.564—0.906 之间，超过经验判断标准 0.5，表明量表具有较好的聚合效度。因此，我们认为所开发的企业技术差异化能力的测量量表具备良好的信度及效度。

表 2-16　一阶因子的信度和效度检验

因子	1	2	3	4	5	6	7	8	9	10	11	12
技术导向	(0.722)											
技术机会识别能力	0.227	(0.602)										
技术机会预判能力	0.241	0.152	(0.709)									
技术洞察	0.405	0.415	0.344	(0.644)								
技术认知	0.287	0.251	0.145	0.172	(0.664)							
技术信息处理能力	0.316	0.343	0.262	0.350	0.324	(0.701)						
快速反应能力	0.509	0.520	0.422	0.449	0.253	0.515	(0.684)					
技术协同能力	0.452	0.451	0.374	0.320	0.347	0.369	0.444	(0.651)				
技术获取能力	0.395	0.388	0.271	0.252	0.413	0.179	0.321	0.375	(0.647)			
技术扩散能力	0.245	0.219	0.379	0.334	0.281	0.273	0.256	0.263	0.255	(0.659)		
技术开发能力	0.335	0.338	0.391	0.419	0.409	0.366	0.290	0.187	0.215	0.181	(0.882)	
技术产出能力	0.408	0.309	0.323	0.205	0.219	0.347	0.331	0.290	0.214	0.365	0.403	(0.702)
Cronbach's α 值	0.920	0.913	0.905	0.844	0.850	0.812	0.919	0.912	0.931	0.882	0.808	0.796
建构信度(CR)	0.912	0.826	0.880	0.844	0.855	0.875	0.866	0.848	0.846	0.853	0.895	0.976

注:对角线上值为 AVE 值;对角线下方值为因子间标准化相关系数的平方。

表 2-17　二阶因子的信度和效度检验

因子	1	2	3	4
技术愿景能力	0.906 *			
技术感知能力	0.524	0.709 *		
技术捕捉能力	0.305	0.326	0.745 *	
技术重构能力	0.319	0.402	0.295	0.564 *
Cronbach's α 值	0.947	0.831	0.786	0.777
建构信度(CR)	0.967	0.879	0.898	0.795

注:* 对角线上值为 AVE 值;对角线下方值为因子间标准化相关系数的平方。

综上,我们在进行了探索性因子分析和验证性因子分析后,最终得到包括 4 个结构维度,涵盖 38 个题项的企业技术差异化能力构念的测量量表,如表 2-18 所示。

表 2-18　企业技术差异化能力测量量表

构念	二阶因子	一阶因子	题号	测量题项
企业技术差异化能力	技术愿景能力	技术导向	V16	企业分析行业技术发展情况
			V30	企业内部具有良好的创新氛围
			V5	企业经常根据各种途径收集潜在的市场需求
			V49	企业根据战略需要制定新技术开发目标
		技术机会识别能力	V25	企业具备较强的技术扫描和跟踪能力
			V21	企业分析自身优势和劣势,企业积极检测市场环境来识别机会
			V10	企业在技术开发中能够敏锐发现潜在技术机会
		技术机会预判能力	V2	企业定期收集外部利益相关者(竞争对手、供应商和客户等)的信息
			V14	企业可以快速识别、评估和判断外部技术信息
			V8	企业建立了判断和评估外部技术资源的标准
	技术感知能力	技术洞察能力	V44	企业善于将技术机会和市场需求相结合
			V67	企业能够准确感知技术发展方向并指导企业内部选择新的技术拐点
			V40	企业积极探索和搜寻外部新技术
		技术认知能力	V61	企业具备吸引和留住高素质技术人才的能力
			V43	企业剥离了无用的资源
			V37	企业重视搜寻提炼项目合作中有创意的信息
		技术信息处理能力	V42	企业通过建立信息搜集平台获取所需技术和市场信息
			V63	企业建立了完善的信息交流渠道
			V38	企业内部组织和员工间能够积极交流沟通、共享技术信息
	技术捕捉能力	快速反应能力	V55	面对突发情况,企业能够快速做出决策并采取行动
			V58	企业快速协调资源以解决研发中遇到的问题
			V19	企业能够有效地鉴别内部和外部有价值的信息、经验或技术诀窍
		技术协同能力	V71	企业具有获得最新科学和技术知识的能力
			V50	企业能够促进技术信息的内外部沟通、共享和传递
			V26	企业经常在组织内交流和分享所获得的全新知识
		技术获取能力	V59	企业不断提高创新产品的市场竞争力
			V32	企业积极响应技术变革
			V36	企业具备获得最新科学和技术知识(技术诀窍、知识和经验)的能力
	技术重构能力	技术扩散能力	V66	企业新开发或新引进的技术能很快应用到生产中并解决实际问题
			V35	企业研发新产品成功率处于同行业领先水平
			V31	企业将创造的新知识或核心技术有效地扩散渗透到创新产品中,实现其价值
		技术开发能力	V23	企业掌握最先进的技术
			V29	企业具备吸收新技术和实现技术差异化的能力
			V45	企业善于对技术资源开发新的用途,催生新技术,增加企业经济效益
			V17	企业不断增加自主知识产权的获取数量
		技术产出能力	V11	企业核心技术开发能力处于同行业较高水平
			V7	企业具有吸收新技术和实现技术差异化产品的能力
			V33	企业具有创造先进工艺流程的能力

本章小结

　　本章的主要内容是对企业技术差异化能力构念的结构维度进行探索性研究,开发并检验测量量表的有效性。首先,基于扎根理论的原则和研究方法,利用开放式深度访谈和焦点小组会议收集原始材料,对收集材料进行开放性编码、主轴编码和选择性编码,利用探索性因子分析得到企业技术差异化能力的 12 个一阶维度,分别是技术导向、技术机会识别能力、技术机会预判能力、技术认知能力、技术洞察能力、技术信息处理能力、技术学习能力、技术开发能力、快速反应能力、技术扩散能力、技术协调能力和技术产出能力,并在此基础上进行整理和归纳,利用探索性因子分析最终得到技术感知能力、技术捕捉能力、技术愿景能力与技术重构能力四个维度。其次,通过文献研究,并结合企业访谈和专家建议,编制了包括 47 个题项的企业技术差异化能力的初始问卷。经过实证检验,最终确定了 38 个企业技术差异化能力的测量量表,并验证了该量表的信度和效度。

第三章　新产品开发模糊前端阶段企业技术差异化能力影响因素的探索性分析

按照现有研究规范,对影响因素的探索一般由六个步骤组成:回顾文献和理论分析、专家和企业访谈、明确影响因素的范围、初步形成影响因素的各个测量题项、收集资料、影响因素的命名。因此,参照上述方法确定模糊前端阶段企业技术差异化能力的影响因素具有一定的规范性和准确性。第一步,对已有研究进行深入分析,掌握现有文献对企业技术能力、技术创新能力、技术整合能力等相关变量影响因素的研究结论,作为研究模糊前端阶段企业技术差异化能力影响因素的基础;第二步,选取典型企业,进行深入访谈,对已有研究成果进行补充和验证,同时通过焦点小组会议和专家访谈等方式,进一步明确模糊前端阶段企业技术差异化能力影响因素的范围边界;第三步,基于文献研究和访谈结果,初步形成模糊前端阶段企业技术差异化能力影响因素的各个题项,收集小样本进行预测试,确定正式测量题项;第四步,收集数据,通过探索性因子分析法确定各因子结构的稳定性;第五步,检验所得影响因素的信效度;第六步,根据各因素包含的主要内容,对公共因子进行命名,并讨论研究结果。

第一节　企业技术差异化能力影响因素的理论分析

高效、及时地开发差异化产品和服务以满足客户多样化需求已成为企业保持可持续发展的关键,尤其是对那些动态变化快的市场和高度竞争的行业,企业技术差异化能力就显得更为重要。技术差异化能力作为企业的一种核心动态能力,是指通过制定和执行一系列惯例和程序以整合和重构企业内外部技术资源,从而形成差异化、多样化的技术知识,并推出差异化产品或服务,以快速响应顾客需求的能力。技术差异化能力不仅是企业新产品开发模糊前端阶段获得成功的重要保障,还在很大程度上决定着产品创新的新颖程度(裴旭东等,2015)。因此,在新产品开发模糊前端培育和提升企业技术差异化能力,能够更好地服务于企业技术开发体系和后续新产品开发,帮助企业尽早形成竞争优势。

技术差异化能力是企业在长期生产运作活动中,通过对资源积累、组合与重构形成的一种核心能力,有利于企业识别、筛选和评估有价值的创意创新资源,可以高效为目标客户提供多样性、差异化的产品和服务,快速形成客户黏性和忠诚,从而使企业具有竞争对手难以模仿的独特性竞争力(裴旭东等,2015)。已有研究指出,在开放式创新背景模式下,企业仅仅依靠自有资源很难形成核心能力,必须通过外部资源的识取和整合,重新组合和配置以形成新的资源集和资源簇,从而突破企业内部资源瓶颈,以此构建和提升自身技术能力,建立竞争优势[王等(Wang,et al.),2007;卡纳布奇和奥佩蒂(Carnabuci,Operti),2013]。新产品开发模糊前端阶段是创意资源的聚集地与发源地,在该阶段通过汇聚创新与创意资源为提升技术差异化能力提供得天独厚的条件。一方面,模糊前端作为新产品开发的初始阶段,企业在该阶段能够低成本、高效率地获取大量多样化的创意资源;另一方面,通过获取大量创意资源,很大程度上减少了企业内外部信息不对称性,能更好地做出新产品开发决策。在新产品开发模糊前端阶段,企业不会对外部创意资源设限,外部创意创新资源可以更容易透过组织边界渗入企业内部,促使企业与外部环境之间实现多种类型创意创新资源的全方位共享,形成资源池,为实现资源的有效整合和配置打好根基。因此,企业在这一过程中通过资源识取、积累与整合,推动内外部新旧资源的碰撞、激荡与交融,从而产生更有价值的资源簇,有助于提升企业技术差异化能力。

资源编排理论从过程视角研究了组织如何对资源进行整合、利用到组织能力最初形成以及后期演化,它强调组织对资源的动态管理过程,是保证组织具有可持续性创新能力的关键[西尔蒙和希特(Sirmon,Hitt),2003;西尔蒙等(Sirmon,et al.),2007]。资源编排理论认为,企业资源管理过程包括构建资源组合(即对资源的识别、获取、积累和剥离),整合资源以构建能力(即资源整合方式),

并利用组织内部能力(即动员、协调和部署)创造价值。该理论较为清楚地解释了资源是如何有效转化为能力的过程,并阐明了资源与能力之间的具体关系(许晖和张海军,2016)。而在新产品开发模糊前端阶段,企业技术差异化能力的形成就是从创意资源识取、资源整合到转化成能力(价值创造)的过程,因此,资源编排理论为探究新产品开发模糊前端阶段企业技术差异化能力影响因素提供了很好的理论基础。在新产品开发模糊前端阶段,企业对获取的大量创意创新资源进行编排,将资源进行合理调配、组合、转化和利用。首先,企业根据自身技术发展需求,以自身现有技术知识存量为基础,对外部技术资源进行筛选、评估、获取、积累,关注外部互补性技术资源和外部环境动态变化间的匹配;其次,对资源进行归拢和整合,通过对内外部创意资源进一步整合、转化和利用,促进新旧资源间的融合与碰撞,从而创造出新资源;最后,对资源进行转换利用,通过对创意资源的合理调动和配置,有效识别市场机会,创造新资源价值。因此,在新产品开发模糊前端阶段获取外部丰富的创新和创意资源,应更加注重资源编排过程,这样才能有效地将资源价值组合转变为企业技术差异化能力。综上,以资源编排理论作为新产品开发模糊前端阶段技术差异化能力影响因素研究的理论基础是可行的。

文献研究主要涉及搜集、鉴别、整理文献,并通过对文献的研究形成对事实科学认识的方法。通过梳理已有研究,了解问题的研究进程,总结研究经验,寻找现有研究不足,主要包括五个基本环节,即明确问题—文献收集—文献整理—文献解读—文献分析。第一,明确研究问题,界定研究范围。这有助于限定文献寻找的范围,提高文献搜集和整理的效率。第二,通过网络检索和图书馆检索等方式,快速高效地搜集文献,网络检索通常可以使用中国知网、Web of Science、百度学术和谷歌学术等。第三,按照一定的分类原则,时序性、逻辑性对文献进行整理,使整理后的文献呈现出整体性,保证其能正确反映本书的研究动态。同时,广泛阅读文献以了解本书的基本内容和特点。第四,对整理和归纳的文献进行精读,这个阶段既是理解和借鉴的过程,也是概括和升华的过程。第五,对文献进行分析,具体包括统计分析与理论分析,做到质性和定性相结合,为后续的研究工作做好充分准备。

已有研究对新产品开发模糊前端阶段企业技术差异化能力影响因素的关注

度不高,且相关研究较为分散,尚未形成一个较为系统和全面的框架揭示技术差异化能力的关键影响因素,难以为模糊前端阶段企业技术差异化能力影响因素的探索提供有益的理论指导。但已有学者探究了与技术差异化能力概念相近的企业能力(如技术能力、技术创新能力和动态能力等)的影响因素,并对其做了深入研究。本书通过收集国内外已有相关研究成果中技术能力、技术创新能力和动态能力等的影响因素,经过文献整理和分析,归纳和总结出技术能力、技术创新能力和动态能力影响因素,以此作为探究新产品开发模糊前端阶段企业技术差异化能力影响因素的文献研究基础。

根据资源编排理论,企业通过对资源的构建、整合与灵活利用,实现资源、企业管理行为和能力的有效组合和适配,才能充分发挥资源的潜在价值,形成独特的企业能力。我们从资源构建角度,系统分析技术能力、技术创新能力和动态能力的影响因素。关于技术能力影响因素的研究大多基于知识获取和投入、外部环境等角度。拉尔(Lall,1993)指出企业技术能力的影响因素包含组织内部努力、外部网络关系的促进、外部公共机构所承担的活动三个方面。洪勇和苏敬勤(2009)从宏观层面分析了发展中国家企业技术能力提升因素,实证检验了产业环境因素对技术能力的影响效应,研究结果证实政策支持和产业协同对技术能力提升呈正向影响,市场压力和外部技术转移对技术能力提升呈负向影响。杨婷和李随成(2012)研究指出,企业实施战略采购,可以有效地利用供应商的技术实现其自身技术能力的创新升级。李艳华(2013)探究了知识获取(研发合作、研发外包、先进设备引进、技术许可或购买)对技术能力的正向影响。林筠和郭敏(2016)研究验证了知识流中研发联盟、人才交流、探索性学习、利用性学习对提升企业技术能力的积极影响。李柏洲和周森(2015)研究指出人力资本、结构资本、关系资本、知识产权、组织资本和创新资本都能够显著提升企业技术能力。关于技术创新能力影响因素的研究大多基于外部政策支持、创新过程的复杂性和知识属性等视角。杨兴龙等(2019)认为农产品加工企业技术创新能力的影响因素分为内外两个方面。其中,外部影响因素主要有政府财政补贴、技术创新支持政策、知识产权保护政策和减免税政策,内部影响因素主要有管理层的重视和支持,技术创新的资金投入水平,技术人员的素质、数量和积极性。李柏洲和夏文飞（2019）指出知识属性对技术创新能力具有正向显著影响。有关创新能力影响因素的研究强调企业自身规模、性质和内外部研发等因素。林等（Lin，et al.，2010）研究了客户关系管理对技术创新能力的影响，并指出客户关系管理的五个维度（信息共享、客户参与、构建长期关系、共同解决问题和技术基础）与创新能力的五个维度（产品、流程、管理、营销和服务创新）存在一一对应的影响关系。柳卸林和李艳华（2009）研究发现内部的研究开发和正式的研发合作、企业规模是提高企业创新能力的重要影响因素。胡大立等（2019）研究了服务业开放对制造业技术创新能力具有正向显著影响。阿哈万和马赫迪（Akhavan，Mahdi，2016）研究指出，员工收集和捐赠知识的意愿会影响团队的创新能力。詹坤等（2018）指出，网络联系和网络规模对企业创新能力具有显著正向影响。杜龙政（2019）探究了创新董事对企业创新能力的影响，实证发现创新董事的直接作用、间接作用均与创新能力正相关。穆瑞和肖胜权（2019）在已有研究的基础上，提出中小企业创新能力影响因素包括创新人员、科技水平、创新资金、创新文化、企业制度、创新风险、市场机制和政府政策法规等8个因素。

从资源整合和灵活运用角度，学者们系统分析技术能力、技术创新能力和动态能力的影响因素。关于技术能力影响因素的相关研究突出了创新过程中的知识转移、学习和应用。库马尔等（Kumar，et al.，1999）研究指出技术能力的影响因素包括吸收能力、转移渠道、政府介入和组织的学习文化。国内学者彭纪生和王秀江（2014）揭示从技术学习上升到技术能力的演进过程，强调技术学习需经过知识转化整合这一过程才能实现技术能力演进。王元地等（2017）研究指出，企业对外部技术资源的消化、吸收与利用，实现内部技术资源的整合是提升技术能力的关键。有关技术创新能力影响因素的研究大多基于组织学习和知识管理视角，探索出创业导向、组织学习和吸收能力等关键影响因素。刘和罗（Lau，Lo，2019）探究了与吸收能力相关的不同学习过程（获取、吸收、转化和利用）如何影响技术创新能力。任等（Yam，et al.，2011）研究表明，企业更好地利用其区域创新系统中可用信息源（外部资源和外部专家团队）可以增强其技术创新能力。阿尔贾纳比（Aljanabi，2018）实证检验了在动态环境中的中小企业的创业导向、吸收能力均正向显著影响企业技术创新能力。王伏虎和赵喜仓（2014）指出,企业技术创新能力提升的关键在于有效消化、吸收、利用和获取的外部技术知识,吸收能力对技术创新能力具有显著正向影响。李玥等(2018)从知识整合视角重点设计基于供应链、基于产业联盟、基于创新平台的三条技术创新能力提升路径。有关创新能力影响因素的研究认为资源拼凑、知识创造有助于创新能力的形成和提升。廖等(Liao,et al.,2007)实证研究发现知识共享对创新能力具有正向显著影响,吸收能力在这一关系中起中介作用。萨拉赫等(Salih,et al.,2018)指出知识共享对组织创新能力具有积极影响。吴永林和万春阳(2016)验证了协同技术创新中,技术互补和资源互补对企业技术创新能力具有正向显著影响。张璐等(2019)从跨层视角深入探索企业创新能力生成的内在机理,指出组织层通过资源拼凑、整合和共享等行动能够有效构建企业异质性创新能力。

纵观上述国内外文献,学者们关于技术能力、技术创新能力和动态能力影响因素的研究已取得了丰富的研究成果,为探索模糊前端阶段企业技术差异化能力影响因素提供有用的内核,主要观点如表 3-1 所示。但由于中国情境下模糊前端企业技术差异化能力影响因素研究是一个较新且较为复杂的课题,仍有待进一步完善。

表 3-1　新产品开发模糊前端阶段企业技术差异化能力的影响因素

来源	影响因素	文献基础
资源构建	组织内部的努力、外部网络关系的促进、外部公共机构所承担的活动;政策支持、产业协同、市场压力和外部技术;战略采购;知识获取(研发联盟、人才交流、探索性学习、利用性学习);人力资本、结构资本、关系资本、知识产权、组织资本和创新资本;政府财政补贴、技术创新支持政策、知识产权保护政策、减免税政策、管理层的重视和支持、技术创新的资金投入水平、技术人员的素质、数量和积极性;知识属性;客户关系管理;内部的研究开发、正式的研发合作;服务业开放;员工收集和捐赠创意的意愿;网络联系、网络规模;创新董事的直接作用和间接作用;创新人员、科技水平、创新资金、创新文化、企业制度、创新风险、市场机制和政府政策法规;技术多元化	拉尔(Lall,1993);洪勇和苏敬勤(2009);杨婷和李随成(2012);李艳华(2013);林筠和郭敏(2016);李柏洲和周森(2015);杨兴龙等(2019);李柏洲和夏文飞(2019);林等(Lin,et al.,2010);柳卸林和李艳华(2009);胡大立等(2019);阿卡万和马赫迪(Akhavan,Mahdi,2016);杜龙政(2019);詹坤等(2018);穆瑞和肖胜权(2019);张庆垒等(2018)

续表

来源	影响因素	文献基础
资源整合与灵活运用	吸收能力、转移渠道、政府介入和组织的学习文化;技术学习、创意知识转化整合;创意资源消化、创意资源整合;创意资源获取、吸收能力;利用信息源(外部资源和外部专家团队);创业导向;创意知识整合;创意知识共享;技术互补、资源互补;信息共享、关系记忆、共同理解;创意资源拼凑	库马尔等(Kumar, et al., 1999);彭纪生和王秀江(2014);王元地等(2017);刘等(Lau, et al., 2010);任等(Yam, et al., 2011);阿尔贾纳比(Aljanabi, 2018);王伏虎和赵喜仓(2014);李玥等(2018);萨拉赫等(Salih, et al., 2018);吴永林和万春阳(2016);张保仓和任浩(2018);张璐等(2019)

第二节　研究设计与方法

一、企业访谈

为了对新产品开发模糊前端企业技术差异化能力关键影响因素有个感性认知,研究团队分别前往西安、郑州、成都、武汉、上海五个城市,选择装备制造企业作为调研样本并进行实地访谈,主要目的在于重点考察我国装备制造企业在新产品开发模糊前端阶段技术差异化能力的影响因素有哪些,以及这些因素是如何提升企业技术差异化能力,为修订新产品开发模糊前端阶段企业技术差异化能力影响因素的测量量表打下前期基础。在正式开始实地访谈之前,研究团队主要从以下几个方面进行准备性工作:(1)大量参阅国内外已有研究文献,对前期有关企业技术差异化能力的相关研究进行了分析;(2)通过电子邮件联系和访谈技术创新管理领域的研究专家,加深对新产品开发模糊前端阶段企业技术差异化能力影响因素的认识;(3)注意收集国内外咨询企业的研究报告,吸收其中的合理成分。

具体包括:(1)前期研究结果中涉及的吸收能力、高层支持、技术互补性、技术诀窍、资源识取、探索式创新导向、利用式创新导向等(裴旭东等,2015;2018)是我们值得进一步重点考察的因素;(2)中国化情景下新产品开发模糊前端阶段企业技术差异化能力的因素,对企业技术差异化能力提升有重要的作用;(3)由于企业技术差异化能力是一个相对新颖的概念,因此在访谈过程中需要对该概念与技术能力、技术开发能力、创新能力、动态能力等作出简单说明与区分,帮助受访者明晰问题,更好地聚焦模糊前端阶段企业技术差异化能力的关键影响因素。

综上,模糊前端阶段企业技术差异化能力影响因素主要关注以下三个问题:第一,明确已经提出的相关因素对企业技术差异化能力的影响作用,并进一步探究是否存在尚未发现的影响因素;第二,考虑中国情景中其他因素的重要作用;第三,基于上述考虑,根据文献研究结果设计好访谈提纲(见表3-2),其中第4项是访谈的主要问题。具体流程:首先,向受访者说明本书的问题,并详细说明企业技术差异化能力的内涵和具体表现;其次,请他们结合本企业实际情况,归纳新产品开发模糊前端阶段企业技术差异化能力影响因素;最后,询问这些影响因素起何种作用。访谈采用"饱和性"原则,如果访谈中没有出现新的访谈内容则由课题组决定终止访谈。

表 3-2 访谈采用的半结构化内容提纲

序号	访谈内容提纲
1	介绍自己和访谈目的
2	了解企业的背景资料
3	行业中是否有在新产品开发模糊前端阶段有效提升企业技术差异化能力的成功案例
4	在新产品开发模糊前端阶段,哪些因素可能会促进或阻碍企业技术差异化能力的提升
5	在这些影响因素中,有没有一些企业独有的且其他企业难以模仿的因素? 它们分别在多大程度上影响企业技术差异化能力的形成? 如何影响
6	标志企业技术差异化能力的形成方面有没有特殊的地方或关键事件,具体说明
7	总结。还有没有讨论遗漏的影响因素

注:上表列出的是"个访"的完全提纲,"组访"的提纲和"个访"类似,不同之处在于"组访"没有第2项。

二、初始调研问卷设计

为保证初始测量量表的信效度,选择新产品开发、技术创新与管理研究方向的 8 名博士生、5 名硕士研究生和企业高层管理人员、项目经理和研发主管,以及 4 位新产品开发与管理研究领域专家和企业资深战略制定者作为访谈对象。根据他们的反馈信息,对预测试问卷进行相应的调整、修改和完善,主要修改表述模糊的或能引起歧义的题项。通过这一环节的梳理与完善,修改后的量表所列题项能够更准确地反映新产品开发模糊前端阶段企业技术差异化能力的影响因素,以保证量表的内容效度。

结合文献研究、企业开放式深度访谈和焦点小组讨论的结果,整理、归纳能够反映新产品开发模糊前端阶段企业技术差异化能力影响因素的测量题项。初始测试调研问卷由 44 个题项组成,如表 3-3 所示。问卷包含两部分内容:第一部分关于被调查者的基本信息,包括性别、工作职位、工作年限、企业性质、企业规模和行业类型等内容;第二部分是关于新产品开发模糊前端阶段企业技术差异化能力的影响因素的测量题项。量表采用李克特 5 分量表法。其中,1分——被调查者完全不同意该题项所反映的内容,5 分——被调查对象完全同意该题项所反映的内容。最后,得到基于我国研究情境的模糊前端阶段企业技术差异化能力影响因素的初始测试量表。

表 3-3　模糊前端阶段企业技术差异化能力影响因素的初始测量量表

题项编号	题项内容
Q1	本企业拥有许多与核心技术相关的技术知识和高素质人才
Q2	本企业在技术创新过程中能够有效地通过外部合作伙伴(供应商、顾客、产学研联盟等)获取相关技术知识
Q3	本企业能够跟踪行业内的最新技术发展,非常了解本行业的专利发明情况
Q4	本企业收集与我们使用同类专利的所有行业和企业的信息
Q5	本企业的员工都清楚并认同企业的目标与使命
Q6	本企业愿意主动进入跨越现有专利边界的新技术领域
Q7	本企业经常与外界沟通、交流,以了解最新行业技术发展动态
Q8	本企业具有较强的技术机会感知和识别能力
Q9	本企业能够将外部知识转化为员工个体所掌握,也能将个体知识转化为企业知识库

题项编号	题项内容
Q10	本企业密切关注哪些在我们的产品领域不是领导者,但是拥有与我们相似专利的企业
Q11	本企业能够按照自身需求来识取行业内最新创意和技术
Q12	本企业能够按照自身需求来识取跨行业的最新创意和技术
Q13	本企业致力于寻求新的技术知识以突破现有专利局限
Q14	本企业能够评估各类信息、技术,并获得对企业有用的信息技术
Q15	本企业能够将不同来源和不同类型的创意知识进行有条理的分类、整合和利用
Q16	本企业能够很快理解外部获得的新创意知识
Q17	本企业能够将获取的外部创意知识融入解决问题的实践过程中,以形成企业自己的创意知识库
Q18	本企业鼓励员工为解决问题而做出各种尝试
Q19	本企业平时注重内部资源共享且具有较为开放的创意资源整合平台
Q20	本企业能够快速地分析和理解市场需求变化
Q21	本企业不断尝试尚不成熟且具有一定风险的技术,接触新的专利和创意知识
Q22	本企业时刻关注在专利属性方面与我们密切相关的行业和企业
Q23	本企业勇于进入新技术领域
Q24	本企业能够承担风险开发新的技术知识
Q25	本企业致力于寻求全新的、有发展前景的新技术
Q26	本企业努力提高已有的技术在多个相关业务领域的适用性
Q27	本企业能很快地将外部新创意知识纳入企业内部
Q28	本企业致力于开辟全新的目标市场
Q29	本企业对现有成熟技术的开发进行投资以提高生产效率
Q30	本企业的产品能够满足消费者的差异化需求
Q31	本企业不断尝试推出新的换代产品
Q32	本企业勇于承担开发新产品或技术带来的风险
Q33	本企业能够有效地将创造的新创意知识或核心技术扩散和渗透到不同的产品中
Q34	本企业擅长创意资源调配与优化
Q35	本企业能将已消化的新创意知识与企业原有的知识进行融合
Q36	本企业能够较为准确地判断自身的技术水平
Q37	本企业能够在内部推广新技术的阻力较小
Q38	本企业能够实现产品、服务和信息的新组合

续表

题项编号	题项内容
Q39	本企业努力更新现有技术以生产同类产品
Q40	本企业注重提升与现有客户问题接近的解决方案的能力
Q41	本企业创造了新的盈利方式和盈利点
Q42	本企业的主要管理者参与过许多重大的技术战略决策
Q43	本企业不断改良现有的生产工业和流程
Q44	本企业对未来技术发展有明确的愿景

三、问卷收集与发放

根据相关理论研究,本书将调查问卷分为两部分:个人信息部分和新产品开发模糊前端阶段企业技术差异化能力影响因素部分。由于影响因素中涉及外部环境和组织内部结构、管理流程、人员多个方面,因此,该部分的测量指标涉及多个相关题项,以确保测量的信效度。本书采用 Likert 5 点量表设计法对问卷题目答案进行量化,其中"完全不同意"为 1 分,"不同意"为 2 分,"中立"为 3 分,"同意"为 4 分,"完全同意"为 5 分。为了确保问卷的科学性、适应性和合理性,在正式发放问卷前,综合国内外相关文献的研究结果和企业实际访谈设计各变量题项,通过将问卷发放给相关专家和学者,企业代表进行填写与修正,最终形成正式调研问卷。

选择装备制造企业的技术开发人员和管理人员为问卷调研对象。问卷发放采用电子问卷与纸质问卷相结合的形式,并将收集的数据分成两部分,一部分进行探索性因素分析,另一部分进行验证性因素分析。

问卷调研工作于 2018 年 5 月开始,10 月结束。为了尽可能涵盖装备制造企业类型,本课题组根据《装备制造企业名录》,整理国内装备制造企业名录。并通过非正式渠道(如亲朋好友、学生、同学、同事等)与这些企业的高管人员、技术研发人员和项目经理取得联系,在征得他们同意的前提下,由企业组织内部相关人员填写问卷,课题组负责问卷回收工作。问卷发放形式采用纸质问卷和电子邮件等。其间,课题组安排调查人员进行实时跟进调研过程,解答易产生歧义的问项,解决问卷调研过程中可能产生的问题。

四、研究方法

新产品开发模糊前端阶段企业差异化能力影响因素的研究过程包含以下两部分:

一是利用探索性因子分析提取新产品开发模糊前端阶段企业技术差异化能力影响因素的公共因子(潜变量)。探索性因子分析法主要针对尚未清晰定义的问题,其目的在于帮助研究者梳理研究思路和验证研究假设,加深研究者对研究问题的理解,并通过后续理论建构与假设检验发展相关理论。探索性因子分析能够将具有错综复杂关系的变量综合为少数几个核心因子。探索性因子分析主要应用于三个方面:(1)寻求基本结构,解决多元统计分析中的变量间强相关问题;(2)数据化简;(3)开发测量量表。

二是利用验证性因子分析对各影响因素与企业技术差异化能力之间的关系进行检验,将载荷系数不符合标准的变量予以剔除。验证性因子分析主要目的是决定事前定义因子的模型拟合实际数据的能力,以检验观测变量的因子个数和因子载荷是否与预先建立的理论预期一致。验证性因子分析主要应用于以下三个方面:(1)验证量表的因子结构;(2)验证因子的阶层关系;(3)评估量表的信度和效度。

第三节 企业技术差异化能力影响因素的实证研究

一、样本描述性分析

调研样本主要来自西安、重庆、北京、深圳和上海等地共 106 家制造企业。数据收集主要采取两种方式:一是文本问卷。对受访者面对面发放,就调查问卷涉及的内容与问题进行沟通,现场进行问卷的发放与回收,经统计共发放问卷 610 份,回收 537 份,经检查剔除无效问卷,得到有效问卷 485 份。二是电子邮件问卷发放。对那些未能实地调研的样本企业,基于电话联系后通过网络发放电子邮件问卷获取数据,在问卷发放过程中研究团队利用网络通信、电话、电子邮件等方式与调查企业保持联系,以便及时解答疑惑。经统计共发放电子邮件问卷 1020 份,回收 963 份,经检查剔除无效问卷 245 份,最终获得有效问卷 718 份,有效回收率达 70.392%。本次问卷调研实际发放 1630 份,最终获得有效问卷 1203 份,回收率为 73.803%。

对所回收的问卷进行分析,样本背景资料的分布情况如表 3-4 所示,可以看出:(1)从被调查者学历来看,81.71%的人是本科学历及以上,说明被调查者基本上都接受过高等教育,保证了调研数据的质量;(2)从被调查者的工作年限来看,工作年限 6—10 年、11—15 年和 16 年以上的人数分别占 21.53%、40.57%、30.09%,即工作年限超过 5 年以上的被调查者说明被调查者占总数的80%以上,表明其对企业技术研发的内部运行情况相对较为了解,对本研究会提供一定的帮助,能够准确填写问卷,仅有 7.81% 的受访者所从事的工作时间为 5 年以下;(3)调研样本的工作性质方面,企业高管、技术总监、模糊前端技术研发人员、模糊前端研发项目经理分别为 12.72%、19.29%、38.65%、29.34%,从侧面说明了绝大部分被调查者对新产品开发模糊前端阶段企业技术差异化能力形成过程有较好的了解和掌握;(4)从被调查者的所在行业类别来看,信息通信行业、计算机行业、生物制药行业和电子行业分别占样本总数的 29.35%、38.15%、14.71%和17.79%,涵盖多个制造企业类型,从各类企业收集数据数量较为均衡,能够拓宽研究结果的适用性;(5)从调研样本的企业性质方面,国有控股、外商独资、中外合资和民营企业分别占 38.90%、6.82%、18.87%、35.41%,从 4 种性质企业收集的问卷能够反映不同性质企业的实际情况。

表 3-4　样本特征描述

条目	类别	样本数	比例(%)
受教育程度	大专	220	18.29
	本科	671	55.78
	研究生	312	25.93

续表

条目	类别	样本数	比例（%）
工作年限	5 年以下	94	7.81
	6—10 年	259	21.53
	11—15 年	488	40.57
	16 年以上	362	30.09
工作职务	企业高管	153	12.72
	技术总监	232	19.29
	模糊前端技术研发人员	465	38.65
	模糊前端研发项目经理	353	29.34
企业性质	国有控股	468	38.90
	外商独资	82	6.82
	中外合资	227	18.87
	民营企业	426	35.41
行业类别	信息通信行业	353	29.35
	计算机行业	459	38.15
	生物制药行业	177	14.71
	电子行业	214	17.79

二、影响因素的探索性因子分析

首先，进行项目分析。采用项目分析对正式问卷量表的区分度进行检验，以判断各个测量题项内容是否能够鉴别受试者观点的差异。计算问卷中各影响因素的综合得分，并将题项总得分由高到低进行排序，以 27% 和 73% 为划分界限，低于 27% 的为低分组，高于 73% 的为高分组。利用独立样本 Levene 检验和 T 检验来检验高低两组测量题项平均数的差异显著性，只有当两个极端组在某题项得分上存在显著性差异时，且相应 T 值达到显著，才表明该题项具有鉴别度。即当 Levene 检验得出 Sig.<0.01，以假设方差不相等一栏数据作为参考数据，并判断是否符合标准；当 Levene 检验得出 Sig.>0.05，则以假设方差相等一栏数据作为参考数据,判断是否符合标准。以独立方差 T 检验两组数据在每个题项上的差异,将 T 检验结果未达到显著性水平(p>0.05)的题项予以剔除。检验结果表明,所有题项均达显著性标准水平(p<0.05),表明调研问卷的所有题项均能鉴别受试者的反应程度,如表 3-5 所示。

表 3-5　独立样本 Levene 检验和 T 检验结果

		方差相等的 Levene 检验		平均数相等的 T 检验						
		F 值	Sig.	T	自由度	Sig.(2-tailed)	平均差异	标准误差异	方差的95%置信区间	
									下界	上界
V26	假设方差相等	0.051	0.625	1.923	44.000	0.068	0.425	0.227	-0.042	0.872
	假设方差不相等			1.917	42.258	0.069	0.421	0.237	-0.041	0.872
V15	假设方差相等	0.074	0.736	1.765	44.000	0.075	0.443	0.231	-0.033	1.023
	假设方差不相等			1.723	41.102	0.072	0.448	0.233	-0.034	1.025
V8	假设方差相等	0.293	0.601	1.882	44.000	0.124	0.467	0.262	-0.083	0.963
	假设方差不相等			1.934	42.213	0.122	0.466	0.264	-0.085	0.963
V33	假设方差相等	2.146	0.063	1.825	44.000	0.063	0.495	0.224	-0.075	0.885
	假设方差不相等			1.994	43.084	0.065	0.493	0.222	-0.074	0.885
V10	假设方差相等	0.012	0.933	1.652	44.000	0.053	0.524	0.274	-0.125	0.863
	假设方差不相等			1.655	40.395	0.053	0.525	0.273	-0.123	0.875
V21	假设方差相等	0.398	0.554	0.744	44.000	0.165	0.474	0.254	-0.115	1.043
	假设方差不相等			0.742	42.202	0.165	0.474	0.258	-0.113	1.054
V35	假设方差相等	0.088	0.785	1.135	44.000	0.304	0.265	0.223	-0.193	0.853
	假设方差不相等			1.114	42.091	0.302	0.266	0.225	-0.192	0.854
V22	假设方差相等	1.951	0.164	1.452	44.000	0.156	0.557	0.296	-0.062	0.935
	假设方差不相等			1.471	43.185	0.153	0.558	0.298	-0.064	0.935
V42	假设方差相等	0.103	0.752	1.627	44.000	0.108	0.384	0.242	-0.053	0.975
	假设方差不相等			1.696	42.257	0.105	0.386	0.244	-0.056	0.973

续表

		方差相等的 Levene 检验		平均数相等的 T 检验							
		F 值	Sig.	T	自由度	Sig.（2-tailed）	平均差异	标准误差异	方差的95%置信区间			
									下界	上界
V36	假设方差相等	0.287	0.603	1.863	44.000	0.103	0.404	0.212	−0.013	1.163
	假设方差不相等			1.854	41.119	0.102	0.403	0.215	−0.015	1.165
V1	假设方差相等	0.041	0.895	1.956	44.000	0.148	0.560	0.284	−0.04	1.070
	假设方差不相等			1.945	42.038	0.147	0.565	0.280	−0.044	1.083
V11	假设方差相等	0.366	0.057	1.203	44.000	0.115	0.535	0.222	−0.355	0.787
	假设方差不相等			1.204	40.209	0.113	0.536	0.220	−0.343	0.775
V23	假设方差相等	0.19	0.067	1.447	44.000	0.276	0.485	0.209	−0.382	0.713
	假设方差不相等			1.445	39.873	0.274	0.484	0.204	−0.384	0.713
V30	假设方差相等	0.326	0.569	1.684	44.000	0.093	0.468	0.235	−0.435	0.683
	假设方差不相等			1.694	40.575	0.092	0.463	0.232	−0.434	0.685
V2	假设方差相等	0.12	0.782	1.772	44.000	0.123	0.452	0.253	−0.513	0.553
	假设方差不相等			1.790	42.983	0.125	0.454	0.254	−0.515	0.553
V12	假设方差相等	0.022	0.931	1.902	44.000	0.072	0.409	0.323	−0.233	0.875
	假设方差不相等			1.924	42.352	0.073	0.408	0.325	−0.235	0.875
V13	假设方差相等	0.156	0.183	1.975	44.000	0.155	0.531	0.212	−0.134	1.054
	假设方差不相等			1.982	42.432	0.154	0.532	0.213	−0.144	1.065
V9	假设方差相等	3.234	0.082	1.824	44.000	0.212	0.572	0.224	−0.124	0.864
	假设方差不相等			1.793	42.641	0.214	0.574	0.225	−0.120	0.863
V5	假设方差相等	1.814	0.203	1.154	44.000	0.133	0.514	0.305	−0.063	0.988
	假设方差不相等			1.158	42.784	0.131	0.518	0.303	−0.062	0.982
V14	假设方差相等	3.204	0.145	1.606	44.000	0.072	0.583	0.285	−0.014	1.033
	假设方差不相等			1.604	42.965	0.072	0.585	0.263	−0.015	1.035
V44	假设方差相等	1.885	0.237	1.131	44.000	0.073	0.563	0.267	−0.025	1.093
	假设方差不相等			1.132	40.677	0.074	0.560	0.268	−0.024	1.095

续表

		方差相等的Levene 检验		平均数相等的 T 检验						
		F 值	Sig.	T	自由度	Sig.（2-tailed）	平均差异	标准误差异	方差的95%置信区间	
									下界	上界
V4	假设方差相等	0.224	0.522	1.565	44.000	0.182	0.508	0.252	-0.394	0.673
	假设方差不相等			1.569	42.963	0.182	0.503	0.254	-0.390	0.672
V16	假设方差相等	0.109	0.756	1.820	44.000	0.194	0.392	0.275	-0.043	1.064
	假设方差不相等			1.836	41.089	0.193	0.394	0.277	-0.043	1.072
V29	假设方差相等	0.012	0.913	1.475	44.000	0.062	0.405	0.246	-0.194	0.851
	假设方差不相等			1.493	43.294	0.064	0.405	0.244	-0.192	0.850
V31	假设方差相等	0.935	0.353	1.684	44.000	0.082	0.532	0.302	-0.534	0.403
	假设方差不相等			1.687	39.082	0.085	0.533	0.305	-0.533	0.405
V28	假设方差相等	1.323	0.212	1.703	44.000	0.043	0.442	0.296	-0.253	0.894
	假设方差不相等			1.717	43.293	0.052	0.445	0.295	-0.253	0.893
V20	假设方差相等	5.416	0.034	1.834	44.000	0.153	0.463	0.273	-0.115	1.083
	假设方差不相等			1.856	43.772	0.155	0.467	0.277	-0.112	1.085
V17	假设方差相等	0.112	0.728	1.923	44.000	0.275	0.323	0.223	-0.293	0.713
	假设方差不相等			1.927	43.528	0.272	0.322	0.227	-0.290	0.713
V24	假设方差相等	0.088	0.783	1.556	44.000	0.054	0.584	0.213	-0.073	0.882
	假设方差不相等			1.565	43.459	0.053	0.585	0.214	-0.073	0.881
V32	假设方差相等	0.142	0.734	1.112	44.000	0.096	0.466	0.263	-0.033	1.024
	假设方差不相等			1.115	43.209	0.099	0.466	0.266	-0.033	1.023
V6	假设方差相等	0.109	0.763	1.375	44.000	0.066	0.544	0.245	-0.434	0.684
	假设方差不相等			1.373	41.376	0.065	0.543	0.245	-0.433	0.683
V18	假设方差相等	0.373	0.524	1.525	44.000	0.183	0.586	0.246	-0.309	0.786
	假设方差不相等			1.524	43.210	0.183	0.586	0.249	-0.304	0.785
V25	假设方差相等	0.239	0.667	1.808	44.000	0.053	0.434	0.287	-0.053	1.013
	假设方差不相等			1.807	43.685	0.054	0.437	0.282	-0.055	1.015

续表

		方差相等的 Levene 检验		平均数相等的 T 检验						
		F 值	Sig.	T	自由度	Sig.（2-tailed）	平均差异	标准误差差异	方差的95%置信区间	
									下界	上界
V3	假设方差相等	1.021	0.370	1.396	44.000	0.105	0.444	0.253	−0.265	0.835
	假设方差不相等			1.395	43.923	0.105	0.446	0.255	−0.263	0.834
V43	假设方差相等	0.372	0.562	1.234	44.000	0.115	0.468	0.234	−0.072	0.885
	假设方差不相等			1.233	43.506	0.114	0.466	0.233	−0.075	0.886
V19	假设方差相等	0.112	0.752	1.666	44.000	0.084	0.385	0.234	−0.022	1.161
	假设方差不相等			1.688	43.775	0.082	0.387	0.235	−0.024	1.165
V7	假设方差相等	0.197	0.674	1.417	44.000	0.203	0.375	0.226	−0.202	0.984
	假设方差不相等			1.415	43.013	0.203	0.378	0.224	−0.205	0.983
V27	假设方差相等	1.072	0.294	1.974	44.000	0.167	0.336	0.324	−0.307	0.224
	假设方差不相等			1.973	42.935	0.165	0.335	0.326	−0.308	0.222
V38	假设方差相等	1.165	0.226	1.497	44.000	0.045	0.406	0.296	−0.548	0.425
	假设方差不相等			1.503	39.919	0.043	0.408	0.298	−0.546	0.422
V37	假设方差相等	0.372	0.551	−0.283	44.000	0.073	−0.054	0.255	−0.433	0.365
	假设方差不相等			−0.282	42.574	0.073	−0.058	0.258	−0.436	0.364
V39	假设方差相等	0.114	0.743	1.833	44.000	0.114	0.524	0.246	−0.063	0.972
	假设方差不相等			1.847	43.892	0.115	0.528	0.244	−0.063	0.975
V40	假设方差相等	0.087	0.928	1.660	44.000	0.113	0.565	0.287	−0.116	0.895
	假设方差不相等			1.692	40.254	0.116	0.567	0.288	−0.115	0.892
V34	假设方差相等	1.021	0.892	1.248	44.000	0.094	0.559	0.214	−0.045	1.175
	假设方差不相等			1.250	43.454	0.091	0.555	0.213	−0.043	1.183
V41	假设方差相等	0.194	0.675	1.473	44.000	0.602	0.498	0.266	−0.213	0.834
	假设方差不相等			1.483	45.632	0.602	0.494	0.263	−0.215	0.839

其次，对样本数据进行取样适当性数值 KMO 计算以及 Bartlett 球形检验，以判断测量量表的题项是否适合因子分析。利用探索性因子分析提取各影响因素

的公共因子,其过程如下:计算出问卷总体的 KMO 值及 Bartlett 球形检验值,如表 3-6 所示,问卷总体的 KMO 值为 0.873,大于 0.800,Bartlett 球形检验显著性概率为 0.000,小于 0.001,由此可知问卷适合做因子分析。

表 3-6　KMO 检验和 Bartlett 球形检验(N=602)

KMO 值		0.873
Bartlett 球形检验	近似卡方值	2418.026
	Df	186
	Sig.	0.000

最后,进行探索性因子分析。抽取特征值大于 1 的因子并利用最大方差旋转法得出各变量在各因子上的载荷。运用方差极大值法进行因子选择,根据因子载荷判断标准剔除不符合要求的题项。需要删除的题项要满足以下三个标准:(1)分析项的共同度值小于 0.5;(2)某分析项对应的"因子载荷系数"的绝对值,全部均小于 0.5;(3)某分析项与因子对应关系出现严重偏差。

具体而言,本研究共进行了三次因子分析,通过运用方差极大值法进行因子旋转,删除自成一体的因子、在两个及两个以上因子的载荷均小于 0.5,或者均大于 0.5,但是因子涵盖题项数小于 3 的题项。第一次因子分析共提取 9 个公共因子,累计方差贡献率为 75.832%,运用方差极大值法进行因子旋转后,共删除 10 个题项,分别为 Q5、Q44、Q1、Q18、Q30、Q8、Q36、Q28、Q2 和 Q42。具体理由如下:Q5、Q44、Q1、Q18、Q30、Q36、Q8、Q28 的因子载荷均小于 0.5,Q2、Q42 组成一个因子,并且 Q 的因子载荷大于 0.5,但该题项涵盖题项数小于 3,如表 3-7 所示。在删除这 10 个题项后,如表 3-8 所示,量表 KMO 值为 0.870,Bartlett 球形检验值为 2342.037,相伴概率 p=0.000,远远小于 0.05 的临界值,表明剩余题项仍然适合做因子分析,如表 3-8 所示。第二次因子分析的结果如表 3-9 所示,删除 Q11、Q12、Q28 和 Q41 这 4 个题项,该题项的因子载荷均小于 0.5,删除后,如表 3-10 所示,量表 KMO 值为 0.852,Bartlett 球形检验值为 2166.258,相伴概率 p=0.000,远远小于 0.05 的临界值,表明剩余题项仍然适合做因子分析。

表 3-7 第一次因子分析转轴后的因子矩阵

题项	因子 1	因子 2	因子 3	因子 4	因子 5	因子 6	因子 7	因子 8	因子 9
Q3	0.865	0.022	0.150	0.063	0.156	0.174	0.089	0.080	0.072
Q4	0.834	0.071	0.087	0.049	-0.329	0.014	0.127	0.105	0.006
Q22	0.826	0.389	0.026	0.022	0.020	0.065	0.025	0.043	0.020
Q10	0.855	0.037	0.078	0.134	0.101	0.090	0.053	0.097	0.061
Q11	0.736	0.201	0.032	0.018	0.056	0.330	0.011	-0.239	0.055
Q5	0.480	0.222	0.059	0.073	0.050	0.093	0.013	-0.246	0.083
Q21	0.198	0.851	0.096	0.061	0.081	0.079	-0.156	0.098	0.100
Q6	0.306	0.822	0.109	0.005	0.120	0.192	-0.105	0.020	0.087
Q13	0.047	0.849	0.072	0.154	0.048	0.003	0.047	0.062	0.373
Q12	0.091	0.545	0.032	0.183	0.059	0.127	0.188	0.046	0.259
Q44	0.074	0.463	0.018	0.081	0.052	0.091	0.080	0.050	0.167
Q8	0.073	0.413	0.088	-0.229	0.086	0.044	0.096	0.117	0.080
Q15	0.190	0.097	0.836	0.045	0.143	0.016	0.019	0.036	0.033
Q19	0.172	0.156	0.829	0.017	0.008	0.134	0.331	0.078	0.072
Q9	0.117	0.178	0.821	0.053	0.031	0.059	0.052	0.023	0.005
Q34	0.238	0.036	0.817	0.142	0.029	0.023	-0.208	0.095	0.138
Q1	0.002	0.109	0.462	0.099	0.007	0.054	0.039	0.187	0.028
Q17	0.135	0.147	0.033	0.827	0.010	0.191	0.008	0.019	0.050
Q26	0.028	-0.251	0.020	0.794	0.094	0.148	0.076	0.085	0.056
Q37	0.242	0.230	0.066	0.818	0.036	0.210	0.084	0.051	0.059
Q18	0.118	0.188	0.127	0.331	0.070	0.034	0.082	0.049	0.044
Q30	0.283	0.123	0.075	0.457	0.096	0.090	0.078	0.011	0.087
Q33	-0.369	0.044	0.071	0.072	0.817	0.086	0.191	0.037	0.123
Q38	0.271	0.090	0.169	0.283	0.820	0.009	0.046	0.015	0.027
Q24	0.089	0.178	0.111	0.013	0.832	0.067	0.109	0.153	0.032
Q28	0.071	-0.345	0.006	0.120	0.511	0.001	0.088	0.026	0.203
Q36	0.040	0.020	0.031	0.097	0.386	0.081	0.082	-0.257	0.088
Q20	0.034	0.012	0.088	0.172	0.065	0.819	0.027	0.021	0.026
Q27	0.110	0.023	-0.214	0.005	0.138	0.804	0.045	0.101	0.025
Q16	0.123	0.015	0.036	0.039	0.092	0.754	0.016	0.031	0.068
Q14	0.171	0.018	0.058	0.024	0.041	0.813	0.082	0.040	0.185

题项	因子1	因子2	因子3	因子4	因子5	因子6	因子7	因子8	因子9
Q35	0.073	0.016	0.088	0.045	0.003	0.826	0.041	0.038	0.151
Q39	0.054	0.019	0.075	0.102	0.091	0.034	0.860	0.066	0.060
Q29	0.092	0.060	0.035	0.124	0.025	0.007	0.849	0.033	0.011
Q43	0.180	−0.317	0.113	0.082	−0.239	0.026	0.852	0.095	0.090
Q40	0.192	0.051	0.055	0.102	0.020	0.073	0.878	0.029	0.180
Q28	0.120	0.302	0.134	0.077	0.131	0.048	0.434	0.003	0.076
Q25	0.069	0.022	0.042	0.233	0.082	0.101	0.055	0.829	0.055
Q31	0.045	0.067	−0.344	0.411	0.209	0.035	0.090	0.801	0.071
Q32	0.086	0.034	0.097	0.005	0.044	0.066	0.201	0.789	0.083
Q23	0.080	0.099	0.111	0.028	0.045	0.073	0.029	0.838	−0.280
Q41	0.072	0.175	0.036	0.066	0.076	0.054	0.032	0.525	0.062
Q2	0.155	0.019	0.060	0.203	0.018	0.131	0.085	0.008	0.715
Q42	0.041	0.076	0.089	0.112	0.024	−0.279	0.160	0.053	0.558

注:提取方法:主成分分析法。

旋转法:具有 Kaiser 标准化的正交旋转法。

旋转在 11 次迭代后收敛。

表 3-8　KMO 检验和 Bartlett 球形检验

KMO 值		0.870
Bartlett 球形检验	近似卡方值	2342.037
	Df	186
	Sig.	0.000

表 3-9　第二次因子分析转轴后的因子矩阵

题项	因子1	因子2	因子3	因子4	因子5	因子6	因子7	因子8
Q3	0.865	0.006	0.063	0.033	0.021	0.151	0.010	0.032
Q4	0.834	0.023	0.188	0.029	0.018	0.071	0.077	0.040
Q22	0.826	0.071	0.030	0.018	0.055	0.067	0.061	0.009
Q10	0.855	0.073	0.046	0.084	0.039	0.023	0.066	0.008
Q11	0.414	0.044	0.035	0.155	0.075	0.006	0.019	0.020

续表

题项	因子1	因子2	因子3	因子4	因子5	因子6	因子7	因子8
Q21	0.089	0.851	0.057	0.032	0.111	0.331	0.013	0.054
Q6	0.022	0.822	0.088	0.209	0.021	0.045	0.063	0.066
Q13	0.105	0.849	0.143	0.021	0.024	0.033	0.015	0.079
Q12	0.178	0.445	0.002	0.056	0.038	0.003	0.039	0.058
Q15	0.010	0.036	0.836	0.065	0.032	0.028	0.095	0.033
Q19	0.034	0.023	0.829	0.039	0.138	0.069	0.063	0.021
Q9	0.084	0.028	0.821	0.040	0.099	0.003	0.127	0.052
Q34	0.088	0.123	0.817	0.019	0.185	0.112	0.098	0.067
Q17	0.089	0.046	0.020	0.827	0.031	0.033	0.045	0.046
Q26	0.078	0.035	0.020	0.794	0.031	0.306	0.026	0.113
Q37	0020	0.203	0.142	0.818	0.026	0.003	0.078	0.002
Q33	0.411	0.118	0.040	0.044	0.817	0.136	0.079	0.094
Q38	0.071	0.010	0.100	0.003	0.820	0.014	0.210	0.065
Q24	0.018	0.040	0.071	0.054	0.832	0.120	0.044	0.060
Q28	0.083	0.109	0.016	0.019	0.411	0.005	0.180	0.102
Q20	0.020	0.052	0.097	0.034	0.101	0.819	0.090	0.035
Q27	0.214	0.011	0.088	0.051	0.034	0.804	0.135	0.043
Q16	0.089	0.052	0.054	0.097	0.040	0.754	0.095	0.059
Q14	0.117	0.048	0.233	0.075	0.037	0.813	0.090	0.067
Q35	0.044	0.134	0.097	0.102	0.065	0.826	0.131	0.025
Q39	0.082	0.151	0.026	0.043	0.098	0.094	0.860	0.139
Q29	0.123	0.099	0.119	0.058	0.111	0.007	0.849	0.076
Q43	0.044	0.097	0.067	0.123	0.136	0.015	0.852	0.029
Q40	0.051	0.109	0.242	0.039	0.021	0.090	0.878	0.153
Q25	0.093	0.156	0.088	0.088	0.009	0.065	0.026	0.829
Q31	0.023	0.073	0.050	0.134	0.042	0.029	0.077	0.801
Q32	0.256	0.042	0.108	0.001	0.068	0.010	0.133	0.789
Q23	0.039	0.011	0.036	0.050	0.071	0.191	0.042	0.838
Q41	0.055	0.005	0.051	0.036	0.003	0.005	0.155	0.452

表 3-10 KMO 检验和 Bartlett 球形检验

KMO 值		0.852
Bartlett 球形检验	近似卡方值	2166.258
	Df	186
	Sig.	0.000

第三次因子分析的结果如表 3-11 所示,发现有 8 个特征值大于 1 的公共因子,运用方差极大值法进行因子旋转后,各题项在所属因子上的载荷量均大于 0.7,表明提取出的因子对变量的解释度较高,且 8 个因子的方差贡献率均大于 1%且累计方差贡献率较大(78.891%),表明提取出的公共因子较为科学、合理,适合作为企业技术差异化能力的影响因素。

表 3-11 第三次转轴后的因子矩阵与各量表信度系数

题项	公共因子								共同度	Cronbach's α	
	因子1	因子2	因子3	因子4	因子5	因子6	因子7	因子8		分量表	整体量表
Q3	0.882	0.063	0.024	0.019	0.019	0.133	0.004	0.054	0.769	0.892	0.849
Q4	0.834	0.057	0.041	0.032	0.055	0.028	0.009	0.018	0.805		
Q22	0.826	0.034	0.070	0.021	0.021	0.126	0.057	0.055	0.788		
Q10	0.855	0.090	0.064	0.026	0.076	0.066	0.093	0.042	0.837		
Q21	0.058	0.851	0.056	0.032	0.020	0.099	0.048	0.170	0.820	0.875	
Q6	0.023	0.822	0.040	0.045	0.022	0.041	0.030	0.058	0.799		
Q13	0.034	0.849	0.032	0.069	0.039	0.039	0.019	0.088	0.663		
Q15	0.031	0.005	0.836	0.066	0.040	0.053	0.088	0.079	0.705	0.840	
Q19	0.026	0.038	0.829	0.015	0.066	0.075	0136	0.008	0.954		
Q9	0.022	0.051	0.821	0.003	0.049	0.014	0.015	0.073	0.820		
Q34	0.061	0.040	0.815	0.025	0.035	0.009	0.020	0.123	0.685		
Q17	0.056	0.044	0.033	0.827	0.038	0.012	0.232	0.077	0.798	0.862	
Q26	0.087	0.105	0.047	0.824	0.095	0.068	0.006	0.042	0.852		

续表

题项	公共因子								共同度	Cronbach's α	
	因子1	因子2	因子3	因子4	因子5	因子6	因子7	因子8		分量表	整体量表
Q37	0.048	0.058	0.056	0.836	0.011	0.156	0.089	0.059	0.716		
Q33	0.092	0.096	0.138	0.050	0.879	0.051	0.074	0.045	0.801	0.881	
Q38	0.086	0.186	0.025	0.018	0.851	0.080	0.188	0.040	0.806		
Q24	0.090	0.210	0.022	0.058	0.866	0.058	0.069	0.177	0.823		
Q20	0.088	0.021	0.040	0.005	0.029	0.826	0.014	0.084	0.794		
Q27	0.131	0.005	0.044	0.021	0.008	0.795	0.004	0.069	0.808		
Q16	0.060	0.062	0.108	0.150	0.076	0.788	0.077	0.088	0.750	0.818	
Q14	0.085	0.115	0.022	0.069	0.030	0.810	0.029	0.052	0.720		0.849
Q35	0.089	0.068	0.067	0.011	0.128	0.805	0.088	0.110	0.886		
Q39	0.061	0.050	0.006	0.083	0.039	0.048	0.860	0.038	0.865		
Q29	0.058	0.054	0.046	0.068	0.066	0.100	0.849	0.063	0.680	0.889	
Q43	0.042	0.057	0.118	0.105	0.031	0.009	0.852	0.142	0.809		
Q40	0.150	0.040	0.012	0.241	0120	0.029	0.878	0.066	0.729		
Q25	0.109	0.003	0.026	0.098	0.004	0.221	0.042	0.871	0.880		
Q31	0.342	0.006	0.030	0.009	0.030	0.144	0.036	0.804	0.785	0.845	
Q32	0.002	0.014	0.055	0.095	0.023	0.025	0.097	0.847	0.023		
Q23	0.010	0.180	0.128	0.029	0.007	0.016	0.033	0.820	0.692		

从碎石图可以看出,曲线从第9个因子开始出现转折,因此保留8个因子较为合适,如图3-1所示。累计方差解释变异量为78.891%,表明本研究的调研问卷的结构效度较好。因此,通过探索性因子分析最大极值法分析8个因子是影响模糊前端阶段企业技术差异化能力的主要因素。

第四节 问卷信度与效度分析

在探索性因素分析的基础上,本书利用问卷收集的另一部分数据(601份)

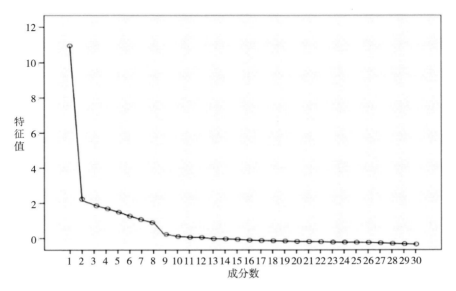

图 3-1　碎石图

通过结构方程进行验证性因素分析。验证性因子分析时充分利用了先验信息,在已知因子的情况下检验所收集数据资料是否按事先预定的结构方式产生作用,而结构方程模型下的因子分析是根据已有的先验信息对变量的关系进行构建模型并对未知的因子载荷等参数进行估计,即结构方程模型的测量模型是检验观测变量与潜变量之间的假设关系,是结构方程模型中最基础的测量部分,因此本节利用结构方程模型进行验证性因素分析。本书利用结构方程建模软件AMOS 24.0对模糊前端阶段企业技术差异化能力的影响因素结构进行验证性因子分析,以检验经探索性因子分析所得结果的拟合效果。验证性因子分析的拟合参数和可观测残差结果见图 3-2,拟合指标见表 3-12。

表 3-12　企业技术差异化能力影响因素的验证性因子分析结果

	Standardized Estimate	Estimate	S.E	C.R.	P
Q3 界内识取→界内识取	0.517	1.000			
Q4 界内识取→界内识取	0.639	1.026	0.057	22.124	＊＊＊
Q22 界内识取→界内识取	0.742	1.020	0.063	23.027	＊＊＊

续表

	Standardized Estimate	Estimate	S.E	C.R.	P
Q10 界内识取→界内识取	0.725	1.038	0.065	22.059	＊＊＊
Q21 跨界识取→跨界识取	0.583	1.000			
Q6 跨界识取→跨界识取	0.556	1.032	0.048	23.086	＊＊＊
Q13 跨界识取→跨界识取	0.501	0.975	0.046	19.563	＊＊＊
Q15 调整型集成→调整型集成	0.743	1.000			
Q19 调整型集成→调整型集成	0.742	1.024	0.055	22.158	＊＊＊
Q9 调整型集成→调整型集成	0.729	1.055	0.055	23.075	＊＊＊
Q34 调整型集成→调整型集成	0.756	1.030	0.053	21.116	＊＊＊
Q17 丰富型集成→丰富型集成	0.760	1.000			
Q26 丰富型集成→丰富型集成	0.725	0.931	0.050	22.140	***
Q37 丰富型集成→丰富型集成	0.717	0.927	0.050	22.437	***
Q38 开拓型集成→开拓型集成	0.748	1.000			
Q33 开拓型集成→开拓型集成	0.755	0.944	0.053	22.659	***
Q24 开拓型集成→开拓型集成	0.756	1.068	0.052	22.462	***
Q20 吸收能力→吸收能力	0.722	1.000			
Q27 吸收能力→吸收能力	0.759	1.051	0.066	23.098	***
Q16 吸收能力→吸收能力	0.754	1.038	0.064	22.125	***
Q14 吸收能力→吸收能力	0.730	0.978	0.064	22.363	***
Q35 吸收能力→吸收能力	0.767	0.954	0.052	19.890	***
Q39 利用式→利用式创新导向	0.741	1.000			
Q29 利用式→利用式创新导向	0.733	0.957	0.062	20.109	***
Q43 利用式→利用式创新导向	0.751	0.982	0.061	20.248	***
Q40 利用式→利用式创新导向	0.754	0.993	0.057	19.782	***
Q25 探索式→探索式创新导向	0.678	1.000			
Q31 探索式→探索式创新导向	0.572	0.912	0.058	22.873	***
Q32 探索式→探索式创新导向	0.673	0.985	0.053	20.170	***
Q23 探索式→探索式创新导向	0.625	0.974	0.053	20.049	***

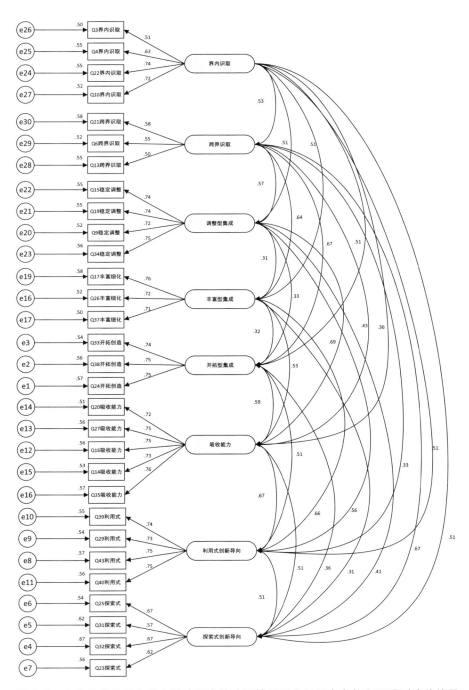

图 3-2　企业技术差异化能力影响因素的验证性因子分析拟合参数和可观测残差结果

一、信度分析

使用 Cronbach's α 系数来测定检验问卷总体信度与内部一致性信度。经 SPSS 软件计算得出问卷总体的 Cronbach's α 值为 0.849，大于 0.800，表明问卷总体信度较好，如表 3-11 所示。同时对各个影响因素的内部题项的信度进行测定，结果得出各影响因素内部题项的 Cronbach's α 值均大于 0.700，表明各个影响因素内部题项的一致性较高，信度较好。

二、效度分析

效度是衡量综合评价体系是否能够准确反映评价的目的和要求，主要包含内容效度和结构效度，效度越高，即表示测量结果越能显示其所要测量的特征。

（一）内容效度

量表设计时，课题组充分借鉴国内外期刊发表的研究成果，并与企业高层管理人、项目经理、技术总监和研发人员进行了深入访谈。设计完成初始问卷之后，邀请相关技术人员进行问卷的预测试，并征求了技术创新管理研究领域专家的意见，在对问卷进行合理修正后，最终确定正式调查问卷。因此，量表题项具有很好的代表性，最后确定的 30 个题项的量表能有效反映模糊前端阶段企业技术差异化能力影响因素的内容。因此，量表具有较高的内容效度。

（二）结构效度

运用 AMOS 22.0 统计分析软件，采用验证性因子分析方法检验变量的结构效度。结构效度分为收敛效度和区别效度。首先需要判断各变量样本数据与结构方程模型的拟合度。本研究结构方程模型的拟合指数分别为 GFI = 0.947，AGFI = 0.933，NFI = 0.920，TLI = 0.975，CFI = 0.981，均达到 0.900 的理想水平。此外，RMSEA = 0.016，小于 0.050 的理想水平；χ^2/df = 1.076，达到卡方和自由度比值介于 1—3 的理想水平；显著性概率值 P = 0.112 > 0.050，未达到显著性水平，虚无假设成立，模型拟合度较好。综合以上分析，表明研究具备可靠的验证性因子分析结果。量表的收敛效度和区别效度分析结果见表 3-13。收敛效度依据因素的平均变异抽取值（AVE）是否大于 0.500 进行检验。各因素的

AVE 值介于 0.648—0.749 之间,均大于 0.500,表明各因素对相应的指标具有较强的解释力,各量表收敛效度良好。量表区别效度依据 AVE 值与各因素间标准化相关系数进行比较来确定,AVE 值大于标准化相关系数的平方,表明量表具有良好的区别效度。表 3-13 中各主因子的 AVE 值均大于对应的因子间标准化相关系数的平方,表明量表区别效度良好。

表 3-13　整体量表区分效度检验结果

	均值	S.D	因子 1	因子 2	因子 3	因子 4	因子 5	因子 6	因子 7	因子 8
因子 1	4.343	0.579	(0.722)							
因子 2	4.906	0.610	0.316	(0.707)						
因子 3	4.185	0.645	0.321	0.305	(0.681)					
因子 4	3.920	0.722	0.388	0.324	0.217	(0.687)				
因子 5	3.842	0.568	0.440	0.450	0.313	0.223	(0.749)			
因子 6	3.887	0.623	0.473	0.466	0.391	0.296	0.208	(0.648)		
因子 7	4.905	0.545	0.501	0.487	0.454	0.363	0.315	0.269	(0.739)	
因子 8	4.186	0.598	0.544	0.521	0.498	0.472	0.344	0.435	0.362	(0.699)
CR			0.912	0.879	0.895	0.868	0.899	0.902	0.919	0.903
$\chi^2/df=1.076$, GFI = 0.947, AGFI = 0.933, NFI = 0.920, TLI = 0.975, CFI = 0.981										

注:矩阵对角线上数据为主因素 AVE 值;矩阵对角线下方数据为相关系数的平方。

第五节　公共因子命名

在提取公共因子之后,需要根据所含题项的内容信息,对公共因子进行命名(见表 3-14)。命名遵循的原则包括:(1)命名以现有研究的理论模型的构念为参考对象;(2)基于旋转后的载荷矩阵,按照以载荷因子值最高的题项所隐含的意义命名;(3)公共因子的命名要能切实、准确反映该构念题项包含的信息。

表 3-14　模糊前端阶段企业技术差异化能力影响因素的探索性因子分析结果

因子命名	序号	涵盖的题项
界内资源 识取	Q3	本企业能够跟踪行业内的最新技术发展,非常了解本行业的专利发明情况
	Q4	本企业收集与我们使用同类专利的所有行业和企业的信息
	Q22	本企业时刻关注在专利属性方面与我们密切相关的行业和企业
	Q10	本企业密切关注那些在我们的产品领域不是领导者,但是拥有与我们相似专利的企业
跨界资源 识取	Q21	本企业不断尝试尚不成熟且具有一定风险的技术,接触新的专利和知识
	Q6	本企业愿意主动进入跨越现有专利边界的新技术领域
	Q13	本企业致力于寻求新的技术知识以突破现有专利局限
调整型 集成	Q15	本企业能够将不同来源和不同类型的创意知识进行有条理的分类、整合和利用
	Q19	本企业平时注重增加、调配与优化企业创意资源
	Q9	本企业能将外部知识转化为员工个体所掌握,也能将个体知识转化为企业知识库
	Q34	本企业保持现有人员、技术、管理流程等基础性资源不发生显著变化
丰富型 集成	Q17	本企业能够将获取的外部创意知识融入到解决问题的实践过程中,以形成企业自己的创意知识库
	Q26	本企业努力提高已有的技术在多个相关业务领域的适用性
	Q37	本企业能够在内部推广新技术的阻力较小
开拓型 集成	Q33	本企业能够有效地将创造的新创意知识或核心技术扩散和渗透到不同的产品中去
	Q38	本企业运用创新性方法对创意资源进行组合
	Q24	本企业能够创造性地将新创意资源与现有资源进行组合
吸收能力	Q20	本企业能够快速地分析和理解市场需求变化
	Q27	本企业能很快地将外部新创意知识纳入企业内部
	Q16	本企业能够很快理解外部获得的新创意知识
	Q14	本企业能够快速消化、吸收外部创意知识,形成新的创意知识
	Q35	本企业能将已消化的新创意知识与企业原有的知识进行融合

因子命名	序号	涵盖的题项
利用式 创新导向	Q39	本企业努力更新现有技术以生产同类产品
	Q29	本企业对现有成熟技术的开发进行投资以提高生产效率
	Q43	本企业不断改良现有的生产工业和流程
	Q40	本企业注重提升与现有客户问题接近的解决方案的能力
探索式 创新导向	Q25	本企业致力于寻求全新的、有发展前景的新技术
	Q31	本企业不断尝试推出新的换代产品
	Q32	本企业勇于承担开发新产品或技术带来的风险
	Q23	本企业勇于进入新技术领域

因子1：包括"本企业能够跟踪行业内的最新技术发展，非常了解本行业的专利发明（Q3）""本企业收集与我们使用同类专利的所有行业和企业的信息（Q4）""本企业时刻关注在专利属性方面与我们密切相关的行业和企业（Q22）""本企业密切关注那些在我们的产品领域不是领导者，但是拥有与我们相似专利的企业（Q10）"4个题项。经分析可知，这4个题项主要是从同行业企业信息、专利知识等方面反映了高科技企业在同一技术轨道上对技术知识的识别与筛选，代表企业对其自身技术的了解和关注程度，故将因子1命名为"界内资源识取"。

因子2：包括"本企业不断尝试尚不成熟且具有一定风险的技术，接触新的专利和知识（Q21）""本企业愿意主动进入跨越现有专利边界的新技术领域（Q6）""本企业致力于寻求新的技术知识以突破现有专利局限（Q13）"3个题项。经分析可知，这3个题项主要反映企业超越已有技术边界对新颖技术资源的识取，利用不同技术领域的多元化技术知识扩大技术基础，故将因子2命名为"跨界资源识取"。

因子3：包括"本企业能够将不同来源和不同类型的创意知识进行有条理的分类、整合和利用（Q15）""本企业平时注重增加、调配与优化企业创意资源（Q19）""本企业能够将外部知识转化为员工个体所掌握，也能将个体知识转化为企业知识库(Q9)""本企业保持现有人员、技术、管理流程等基础性资源不发生显著变化(Q34)"4 个题项。经分析可知,这 4 个题项主要表明企业实现对内外部资源进行优化配置和组合,以及相应的调整,确保现有组织流程惯例、人员、技术等资源的稳定性,故将因子 3 命名为"调整型集成"。

因子 4:包括"本企业能够将获取的外部创意知识融入解决问题的实践过程中,以形成企业自己的创意知识库(Q17)""本企业努力提高已有的技术在多个相关业务领域的适用性(Q26)""本企业能够在内部推广新技术的阻力较小(Q37)"3 个题项。经分析可知,这 3 个题项主要反映企业扩展和延伸当前能力。企业基于相同目标,通过学习新技能和知识,挖掘其已拥有的资源的价值,开发新的资源和能力,以及不断丰富和提升特定能力等方式给当前资源增加一种补充资源,进一步丰富细化企业资源整合过程,以实现资源价值,故将因子 4 命名为"丰富型集成"。

因子 5:包括"本企业能够有效地将创造的新创意知识或核心技术扩散和渗透到不同的产品中去(Q33)""本企业运用创新性方法对创意资源进行组合(Q38)""本企业能够创造性地将新创意资源与现有资源进行组合(Q24)"3 个题项。经分析可知,这 3 个题项主要反映企业的资源整合方式不仅建立在现有知识基础上,而是需要探索性学习的过程。企业通过将外部新的创意资源与内部资源相结合,利用新的创意方式、方法进行组合,以实现开拓创造性的资源整合方式,故将因子 5 命名为"开拓型集成"。

因子 6:包括"本企业能够快速地分析和理解市场需求变化(Q20)""本企业能很快地将外部新创意知识纳入企业内部(Q27)""本企业能够很快理解外部获得的新创意知识(Q16)""本企业能够快速消化、吸收外部创意知识,形成新的创意知识(Q14)""本企业能将已消化的新创意知识与企业原有的知识进行融合(Q35)"5 个题项。经分析可知,这 5 个题项主要反映企业能够高效评估外部技术信息和理解市场需求,对外部知识的消化、整合、吸收和利用能力,故将因子 6 命名为"吸收能力"。

因子 7:包括"本企业努力更新现有技术以生产同类产品(Q39)""本企业对现有成熟技术的开发进行投资以提高生产效率(Q29)""本企业不断改良现有

的生产工业和流程(Q43)""本企业注重提升与现有客户问题接近的解决方案的能力(Q40)"4个题项。经分析可知,这4个题项主要反映的是在企业现有技术轨道上,对产品、工艺流程的完善与改进,以及获取解决现有顾客问题的新方法和新方案,是一种创新幅度较小且渐进的创新导向方式,故将因子7命名为"利用式创新导向"。

因子8:包括"本企业致力于寻求全新的、有发展前景的新技术(Q25)""本企业不断尝试推出新的换代产品(Q31)""本企业勇于承担开发新产品或技术带来的风险(Q32)""本企业勇于进入新技术领域(Q23)"4个题项。经分析可知,这4个题项主要反映的是企业偏离现有技术轨道,脱离现有技术知识基础,以创造全新的技术知识的创新导向方式,故将因子8命名为"探索式创新导向"。

本章小结

本章旨在探讨新产品开发模糊前端阶段企业技术差异化能力的关键影响因素,主要流程步骤:首先,通过分析已有研究成果,并结合企业访谈,编制初始问卷。进行预测试,删除不符合标准和要求的题项,进而确定正式问卷。其次,进一步通过问卷调研获取数据,利用探索性因子分析法提取公共因子,得出模糊前端阶段企业技术差异化能力的影响因素。最后,利用验证性因子法检验量表的信效度,因子结构稳定性越高,表明量表具有较好的信度和效度。研究结果表明,新产品开发模糊前端阶段企业技术差异化能力的主要影响因素包括:界内资源识取、跨界资源识取、调整型集成、丰富型集成、开拓型集成、吸收能力、利用式创新导向和探索式创新导向。

第四章 概念模型与研究假设

对企业技术差异化能力构念及其影响因素进行探索性研究后,本书将进一步对模糊前端阶段企业技术差异化能力的提升机理进行探究,以期为企业提升技术差异化能力提供理论指导、管理启示和政策建议。在理论分析的基础上,本章构建理论模型,提出相应的研究假设,并结合我国情境实证检验各因素与企业技术差异化能力间的影响关系并揭示其作用机理。

第一节 概念模型构建

基于新产品开发模糊前端阶段技术差异化能力影响因素的研究结论,本章构建了企业技术差异化能力提升机理模型,具体影响路径为:创意资源识取—企业技术差异化能力为主效应,创意资源集成方式为中介变量,吸收能力和创新导向为调节变量,具体如下:

路径1:资源编排理论强调对创意资源的整合过程,侧重于分析如何对内外部资源进行更有效配置、捆绑和利用,以最大限度地提高内外部资源相互间的协同效应,构建组织能力。根据资源编排理论,企业可经过"创意资源构建→创意资源整合→资源价值创造"这三个阶段来构建与提升企业技术差异化能力[西尔蒙和爱尔兰(Sirmon, Ireland), 2007]。资源编排理论为企业技术差异化能力提升机理的研究提供理论基础。

根据资源编排理论和第三章影响因素的研究结果,本书构建了"创意资源识取→创意资源集成→企业技术差异化能力"的影响路径。其中,创意资源识取是资源整合过程的源头和触发点,是为满足对某种创意资源的需求,在企业内外部环境中有目的性地识别并获取相关创意资源的过程(肖丁丁和朱桂龙,2016),其对后期内部资源配用的效率和效果产生较大影响。西尔蒙和爱尔兰(Sirmon,Ireland,2007)提出资源识取可以有效提高资源配用的效率,提升企业的竞争优势。马鸿佳(2008)提出企业资源整合能力的提升需要资源识取和资源配用相适配。董保宝和葛宝山(2012)强调,与识取内部资源作用相比,企业动态能力对识取外部资源的作用更能够影响竞争优势。根据提升企业技术差异化能力的目的以及对创意资源需求的不同,将创意资源识取行为分为界内识取和跨界识取[罗森科普夫和内卡尔(Rosenkopf,Nerkar),2001;裴旭东等,2018]。界内识取强调对现有的技术边界内对相对成熟的创新技术资源进行识别、获取,旨在对企业的生产流程和生产工艺进行优化和改进,从而持续提升企业的技术能力;而跨界识取强调跨越企业原有的技术边界获取异质性的创意资源,有助于提升自身技术能力和创新能力,也是有效降低企业的后发者劣势,实现弯道超车、创新追赶的方法(姚明明等,2014)。

创意资源集成是企业有效地利用界内获取资源与跨界获取的资源,建立资源间的协同机制,并根据企业需求选择合理的资源利用方式。西尔蒙和爱尔兰(Sirmon,Ireland,2007)根据企业获取、吸收和利用外部资源的不同方式将资源集成分为调整型集成、丰富型集成和开拓型集成三种方式。其中,调整型集成是指通过对外部已有的相似类资源进行细微的调整和快速的整合,它有助于企业在短期内消化和吸收资源,并将其与企业现有资源池相互融合,扩展企业的技术深度以增强技术能力;丰富型集成强调对互补类知识和资源的重新组合和配置,它有助于提升企业深入挖掘、剖析和重整知识和资源的技术能力[西尔蒙等(Sirmon,et al.),2011];开拓型集成强调对识别、获取来的知识和资源的核心概念和内部逻辑进行重新设计和根本性改变,以全面突破现有技术能力,实现突破式创新。资源集成有利于企业采取特定行动(如营销和研发等)整合资源池中的不同资源,形成能够为顾客创造价值的能力[恩多福尔等(Ndofor,et al.),2011]。资源集成对强化创意资源的利用效率具有极其重要的作用,不但有利于资源利用能力的提升,还可有效强化资源整合过程中企业的应变能力,确保企业创新战略具有市场前瞻性,合理降低企业面对创新过程中的高风险性,从而显著地提升企业的创新绩效。如果企业不能很好地集成外部创意资源,不能使外部创意资源与内部资源进行合理的匹配,那么企业内部的持续创新就会受到很大的影响,使企业的创新产品不能很好地响应市场需求的变动,导致企业预先期待的先动竞争战略举步维艰,不能贯彻企业的创新导向策略,从而降低企业的技术创新能力。因此,资源集成对技术差异化能力具有显著的影响效应。

技术差异化能力是一种企业改善生产和服务流程、降低经营成本、推出差异化的产品和服务以及更快速地满足客户需求的能力。因此,资源价值创造可以通过技术差异化能力的提升体现。

路径2:资源基础观认为,资源的价值性、稀缺性及难以替代性是形成企业核心能力的前提和基础[克鲁克等(Crook,et al.),2008]。对创意资源的识别、获取和重构则是企业提升技术差异化能力的关键。基于对新产品开发模糊前端阶段技术差异化能力影响因素的研究成果,本书认为,企业创新导向(包含利用式创新导向和探索式创新导向)会显著影响企业对创意资源需求的认知水平,吸收能力在很大程度上会影响企业创意资源利用程度,因而创新导向和吸收能力会对创意资源识取和企业技术差异化能力之间的关系产生影响。

利用式创新导向是企业充分开发和挖掘其在相关熟悉领域里已有技术知识,强调对已有技术知识的使用与搜索深度。由于受创意资源限制,企业会更加注重在现有的技术领域内开展创意资源搜寻即获取活动,以逐渐积累企业技术的核心竞争力。而探索式创新导向下,企业则更重视新事物、新工作形式及新技术的尝试与开发,关注对新技术知识的获取和整合,所以,企业采用跨界技术知识搜寻,能够扩展技术知识搜寻的宽度并开发多样性的技术知识获取渠道,为企业的技术知识库中输入充足的异质性知识,以实现企业在探索技术知识重组上的内在潜力,使其创新具有可选择性[何和王(He,Wong),2004]。

此外,企业通过创意资源识别、获取到所需资源后,可能会面临资源转化效率较低的问题,从而影响到企业技术差异化能力的提升。这时吸收能力就显得尤为重要。吸收能力是指企业在获取创意资源后,对资源利用时所表现出的快速学习能力、柔性运用能力,可以帮企业大大提升对获取资源的利用效率,迅速实现资源的价值,提升企业融合多种资源的能力,有效缩小资源识别、获取与应用间的距离,提高企业技术差异化能力(秦鹏飞等,2019)。由此可知,企业具备较高的吸收能力时,可以更快速将获取的创意资源与已有知识整合,同时反复开展实验与思考,将关键资源投入新产品、工艺的创新中,把握市场的领先优势。因此,吸收能力强的企业在创意资源识取对提升企业技术差异化能力的过程中往往更能受益。

综上,基于资源编排理论和资源基础理论,本书构建了新产品开发模糊前端企业技术差异化能力提升的理论模型,深入探究界内识取和跨界识取对企业技术差异化能力的影响。并根据已有研究成果,引入调整型集成、丰富型集成、开拓型集成作为中介变量,引入吸收能力和创新导向为调节变量,以明晰模糊前端阶段企业技术差异化能力提升机理。理论模型框架如图4-1所示。

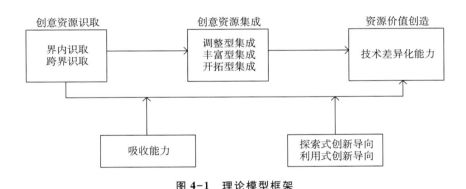

图4-1 理论模型框架

第二节 相关概念说明

一、界内识取

界内识取是指在现有的技术边界内对相对成熟的创新创意等技术资源进行识别、获取,旨在对企业的生产流程和生产工艺进行优化和改进。界内资源识取强调对企业现有产品和技术性效的提高和升级,是对自身知识储备和资源累积的补充,企业在其经营范围内,通过一系列的策略和方法,主动识别和获取外部有价值的资源、知识和技术。这些资源可以来自合作伙伴、供应商、研究机构、竞争对手等。通过界内资源识取,企业可以迅速了解行业动态、市场需求和前沿技术,从而调整自身战略,确保在激烈的市场竞争中保持领先地位。因此,它不会对目前产业的技术发展路线产生大的影响,但是它能够从根本上提升企业的技术利用能力,是企业产品和技术实现渐进式发展的重要驱动力[罗森科普夫和内卡尔(Rosenkopf,Nerkar),2001]。界内资源识取作为获取外部知识、技术和资源的重要手段,对企业的产品和技术研究起到了关键作用。知识经济时代,企业之间的竞争已经从传统的资源、资本竞争转变为知识、技术和人才的竞争,如何有效地获取、整合和利用外部资源,成为企业持续发展的关键。界内资源识取作为一种战略性的知识获取方式,可以帮助企业快速捕捉市场变化,及时引入新技术和先进理念,从而推动产品和技术的创新。巴尼(Barney,2001)认为界内资源分别由物质、人力和组织资源三部分构成,界内资源识取有利于企业知识的拓展;刘芳等(2014)把界内资源分为知识性资源、能力性资源和运营性资源三个方向,并研究了界内资源识取与组织吸收外部资源间的关系;还有学者对界内资源识取进行维度的划分,比如维克伦德和谢泼德(Wiklund,Shepherd,2003)将技术、新产品、市场营销等资源用单一维度表示界内资源识取的维度。有学者认为界内资源识取是一个整合市场和企业内资源以提高企业技术开发能力的动态价值创造过程[西尔蒙和爱尔兰(Sirmon,Ireland),2007]。朱秀梅等(2010)实证研究证实了企业界内识取创意资源的方法、获取创意资源的边界条件和途径的不同在一定程度上显著正向影响企业创新绩效。

刘学元和丁雯婧(2017)认为界内资源识取对企业创新绩效有显著的正向影响。企业通过与外部环境的互动,能够有效获取和利用知识资源,进而促进产品创新和技术升级。陈劲和阳银娟(2012)的研究指出,界内资源识取是企业获取外部创新资源的重要途径,通过合作研发、技术许可、外部投资等方式,企业可以整合内外部资源,加速技术创新的步伐。吴晓波和周浩军(2015)指出界内资源识取对于提升企业技术创新能力具有重要作用。通过外部资源的获取和整合,企业可以弥补内部研发的不足,实现技术创新的跨越式发展。王睢(2009)认为界内资源识取是企业与外部网络建立紧密关系的过程,关系能够帮助企业获取外部的知识和技术,进而促进企业的产品和技术创新。

二、跨界识取

跨界识取是指企业为快速响应环境复杂性和动态性,通过与外部相关组织建立合作关系以获取超越企业现有边界的异质性知识和技能的过程[沃尔夫冈和克里斯托夫(Wolfgang,Christoph),2010]。跨界识取是指企业在其经营活动中,跨越不同的行业、领域或组织边界,通过合作、联盟、并购等方式获取外部创新资源的过程。资源获取方式不仅限于技术领域,还包括市场、品牌、管理等多个方面。跨界识取作为一种新型的资源获取方式,可以帮助企业打破行业壁垒,获取更广泛的创新资源,从而推动产品和技术的创新。企业跨界识取的对象主要包括供应商、顾客、竞争对手、行业协会、大学及其他科研机构、政府机构等[张等(Zhang,et al.),2010]。跨界识取具有以下几个特点:一是多样性,企业可以从多个领域获取创新资源,丰富产品线和技术体系;二是互补性,不同领域的资源和知识可以相互补充,提升企业的整体竞争力;三是动态性,跨界识取需要企业不断适应外部环境的变化,调整合作策略和方式。对于企业而言,跨界识取是企业输入异质类资源的关键手段,能够为企业带来多层次、多方面的创新思路以及创新知识[劳尔森和萨尔特(Laursen,Salter),2006],是提高企业技术能力和创新能力的关键途径(肖丁丁和朱桂龙,2016),也是企业解决资源禀赋不足和创新能力较低的关键要点(张文红等,2013),以及有效降低企业的后发者劣势,实现弯道超车、创新追赶有效方法(姚明明等,2014)。基于企业战略资源获取视角,跨界识取并不仅仅是简单的获取资源策略,更是企业基于原有的知识基础有效消化和吸收外部的创意资源,使之有效融合到企业内部的过程[卡蒂拉和阿胡贾(Katila,Ahuja),2002]。跨界识取使企业能够接触到不同领域的知识和技术,为产品创新提供更多的灵感和可能性。通过与不同行业的合作伙伴进行交流和合作,企业可以发现新的市场需求和消费者偏好,从而针对性地开发新产品。此外,跨界识取还有助于企业整合不同领域的优势资源,提升产品的综合性能和市场竞争力。跨界识取为企业提供了更广阔的技术研究平台。通过与不同领域的研究机构、高校等进行合作,企业可以获取到前沿的科研成果和技术动态,为自身的技术研究提供有力支持。同时,跨界合作还可以促进技术交流和知识共享,激发企业的创新活力,推动技术进步。跨界识取有助于企业在激烈的市场竞争中保持领先地位。通过获取和利用外部创新资源,企业可以不断提升自身的产品和技术实力,增强竞争优势。同时,跨界合作还可以拓展企业的业务范围和市场空间,提升企业的整体竞争力。有学者提出,企业跨界识取能够加深对异质类资源的有效整合,能够提升企业创新能力以及研发新产品能力,从而使企业能够突破已有的经营业务领域以及生产技术中的技术限制,扩展企业价值链,开拓新的价值网络,实现企业技术或者商业模式的整体创新[奥夫斯坦(Ofstein),2013]。辛塞克等(Simsek,et al.,2011)认为,创意资源跨界识取能力较强意味着能够为企业实施先动竞争的战略奠定基础,从而能强化企业和外部市场环境之间的相互沟通的效率,满足企业进行创新所需的相关创意需求,帮助企业提升创新绩效。跨界识取作为一种新型的资源获取方式,对企业产品和技术研究现状产生了深远的影响。通过跨界合作,企业可以获取更广泛的创新资源,推动产品和技术的创新,提升企业的竞争力。然而,在实际操作过程中,企业也面临着一些挑战和问题。因此,企业需要不断提升自身的资源整合能力、风险管理能力、跨文化管理能力和知识产权保护能力,以应对跨界识取过程中的挑战和问题。葛和董(Ge,Dong,2008)认为,创意资源跨界识取能有效降低企业资源禀赋不足和资源约束,对于企业创新发展过程中的约束与限制,可以降低企业创新过程中面临的各种不确定性和相关风险。裴旭东等(2018)认为,内部资源匮乏使得新创企业无法为各种创业活动提供可靠的资源保障,为此,企业应该努力与拥有这些资源的外部组织建立互动关系,以获取互补性资源。从外部搜寻互补和相似性资源并对其加以有效整合不仅能够破解创业过程中资源短缺的难题,还可以有效降低创业失败的风险。

三、调整型集成

　　调整型集成类似于"滑翔"(coasting)的概念,表示在既有能力范围内进行小幅度改进[西尔蒙和爱尔兰(Sirmon,Ireland),2007]。调整型集成是一种企业战略,旨在通过整合内部和外部资源,优化企业运营和创新流程,以应对快速变化的市场和技术环境。集成方式不仅关注企业内部资源的有效利用,还强调对外部资源的获取和整合。调整型集成鼓励企业跨越内部部门界限,与外部合作伙伴共同开发新产品。合作方式可以汇聚不同领域的专业知识和资源,加速产品创新的过程。例如,通过与供应商、客户和研究机构的紧密合作,企业可以更快地了解市场需求和技术趋势,从而推出更具竞争力的产品。调整型集成还有助于企业实现技术升级。通过整合外部技术资源,企业可以获取到最新的科研成果和技术动态,提升自身的技术实力。此外,与外部合作伙伴的共同研发也有助于企业突破技术瓶颈,实现技术创新。通过调整型集成,企业可以更加灵活地应对市场变化和技术挑战。集成方式不仅有助于企业提升产品和技术的竞争力,还有助于企业建立更加稳固的供应链和销售渠道,从而在激烈的市场竞争中脱颖而出。

调整型集成对于企业产品和技术研究的重要性主要体现在以下几个方面:提高研发效率,通过调整型集成,企业可以更加精准地配置内部资源,同时有效整合外部资源,从而提高产品研发和技术创新的效率;加速市场响应,面对快速变化的市场需求和技术趋势,调整型集成能够帮助企业快速调整产品和技术策略,更好地满足市场需求;降低创新风险,通过集成多元化的资源和知识,企业可以降低单一技术研发所带来的风险,提高创新成功的概率。

通过对相似资源的快速整合有助于企业在短期内很快消化和吸收资源,加速外部资源与企业现有资源池的融合。陈牧迪(2017)通过研究整合能力、资源识别的关系发现,对于相似、零碎的资源,企业可以采用调整型集成方法快速实现消化和吸收利用资源,提高创新能力。莱维特(Levitt,2002)探讨资源类型对资源集成的影响时认为,在创业过程中,企业对资源科学的集成方法需要资源识取来支撑,在创业期需要采取调整型集成的方式,小范围利用创意资源,可以更好地发挥资源在企业中的作用。沙弗拉等(Shafera,et al.,2005)认为调整型集成会对创业绩效产生影响,通过确定合理稳健的资源集成方法能够保证企业的管理和发展有章可循。

赵晓阳(2019)在其研究中指出,调整型集成是一种动态的资源整合策略,它能够帮助企业在复杂多变的市场环境中实现产品和技术的快速迭代。通过不断调整和优化集成策略,企业可以更好地适应市场变化,提高产品和技术的竞争力。陈华和王磊(2021)的研究聚焦于调整型集成对企业技术创新的影响。他们认为,调整型集成不仅能够帮助企业快速响应市场变化,还能够促进企业内部创新文化的形成,从而推动技术创新的持续发展。刘志峰和张婷(2022)从组织学习的角度探讨了调整型集成对企业产品和技术研究的影响。他们认为,通过不断调整和优化集成策略,企业可以加强组织学习,从而不断提升产品和技术的创新能力。

四、丰富型集成

丰富型集成类似于"嫁接"(grafting)的概念,其核心目的在于对企业现有的技术资源进行丰富、延展和细化。丰富型集成是指在企业创新过程中,通过整合不同来源、不同领域、不同性质的资源,形成多元化、互补性的资源组合,以实现企业产品和技术的持续创新。集成方式不仅关注资源的数量和规模,更注重资源的多样性和创新性,强调对现存知识和资源的重新组合和配置,也就需要存在相对丰富的现成知识库和资源基础,企业具备深入挖掘、剖析和重整知识和资源的技术能力[西尔蒙等(Sirmon, et al.),2011]。企业在集成过程中,不仅关注资源的数量和规模,更注重资源的多样性、互补性和创新性。集成方式旨在通过汇聚不同领域、不同来源、不同性质的资源,为企业提供更加丰富的创新资源和更广阔的创新空间,从而推动企业产品和技术的持续创新。丰富型集成强调资源的多元性,包括不同领域、不同来源、不同性质的资源。多元化的资源组合可以为企业提供更加丰富的创新资源和更广阔的创新空间。丰富型集成注重资源的互补性,即不同资源之间的相互补充和协同作用。互补性可以弥补单一资源的不足,提升整体创新效率和质量。丰富型集成旨在推动企业的持续创新。通过汇聚多元化的资源,企业可以不断探索新的技术路线、产品设计和商业模式,从而保持竞争优势。

丰富型集成通过汇聚多元化的资源,为企业产品创新提供了更多的灵感和可能性。不同领域、不同来源的资源可以为企业提供更加丰富的产品设计和开发思路。这些资源可能来自不同的行业、市场、技术等领域,具有不同的特点和优势,可以相互补充和协同作用,从而产生更加独特和具有竞争力的产品设计。

其次,丰富型集成可以促进企业与其他创新主体的合作与交流。通过与供应商、客户、研究机构、高校等建立紧密的合作关系,企业可以获取到更多的创新资源和知识,了解市场需求和技术趋势,从而更加精准地开发满足市场需求的产品。多元化的资源组合可以为企业提供更加广阔的技术研究空间和更多的技术选择。这些资源可能来自不同的技术领域和研究方向,具有不同的优势和特点,可以相互补充和协同作用,从而产生更加全面和深入的技术研究成果,促进企业与其他研究机构的合作与交流。通过与高校、研究机构等建立合作关系,企业可以获取到最新的科研成果和技术动态,了解前沿技术的发展趋势和应用前景,从而加快自身技术研究的步伐。丰富型集成通过推动产品和技术创新,有助于提升企业的整体竞争力。首先,创新的产品和技术可以为企业带来更多的市场份额和利润空间,增强企业的盈利能力。其次,创新的产品和技术可以提升企业的品牌形象和声誉,吸引更多的客户和合作伙伴,从而拓展企业的业务范围和市场空间。最后,创新的产品和技术可以为企业带来更多的专利和知识产权,增强企业的知识产权保护和风险防范能力。

丰富型集成强调对现存知识和资源的重新组合和配置,也就需要存在相对丰富的现成知识库和资源基础,企业具备深入挖掘、剖析和重整知识和资源的技术能力[西尔蒙等(Sirmon, et al.),2011]。学者们对企业如何在知识和资源储量巨大的外部环境中精准识别、整合并利用企业所需的创意资源,使其内化于企业的技术能力中,构建企业核心竞争力展示了充分的关注,这不仅仅是企业家和高管面临的一个现实的战略性问题,更重要的是它是企业实现创新成功扩大的第一步。霍伊(Hoy,1992)认为丰富型集成是一个能够衡量企业成长的重要指标,能够对企业内部或者外部环境中互补和相似性资源进行识取,并使其转化到企业自身的资源池中,是企业实现渐进性创新的关键。巴尼(Barney,2000)研究了丰富型集成与企业绩效二者之间的关系,提出丰富型集成对提高企业创新绩效的重要作用,丰富型集成是指对创意资源的细化配置和充分利用,有助于进一步地提高企业绩效,丰富企业自身技术知识以及技术领域,提升企业的技术差异化能力。西尔蒙等(Sirmon, et al.,2010)认为丰富型集成是企业创意资源集成的重要方法,虽然可能创造突破性创新的概率很低,但是对于企业长期提升技术差异化能力,持续实现渐进性创新是至关重要的。丰富型集成不仅能够促进相似性资源的快速转化使用,并且能够实现一定的互补性资源的识取和集成。

张晓燕(2019)在其研究《丰富型集成策略对企业产品创新的影响研究》中详细探讨了丰富型集成对企业产品创新的影响。她认为,通过整合不同来源和性质的资源,企业能够拓宽创新视野,实现产品设计的多样化和差异化。集成策略不仅有助于企业抓住市场机遇,还能够提升产品的竞争力。李志刚和王琛(2021)在《丰富型集成与企业技术创新绩效:基于知识管理的视角》一文中,李志刚和王琛从知识管理的角度分析了丰富型集成对企业技术创新绩效的影响。他们认为,丰富型集成通过促进知识的获取、整合和共享,提升了企业的知识创新能力,进而提高了技术创新绩效。陈晓红和刘洋(2022)在其研究《丰富型集成对企业技术创新生态系统的影响研究》中,探讨了丰富型集成对企业技术创新生态系统的影响。他们认为,通过整合多元化的资源,企业可以构建更加稳固和高效的技术创新生态系统,促进技术创新资源的优化配置和高效利用。王鹏和刘静(2023)在《丰富型集成对企业产品创新和技术创新协同作用的研究》中,研究了丰富型集成如何促进企业产品创新和技术创新的协同作用。他们认为,丰富型集成通过提供多样化的创新资源和视角,有助于企业在产品和技术之间建立紧密的联系,实现创新活动的相互促进和协同发展。

五、开拓型集成

开拓型集成需要企业通过"异类联想"(bisociation),侧重于对识别、获取来的知识和资源的核心概念和内部逻辑进行重新设计或根本性改变。开拓型集成是指企业在创新过程中,积极主动地寻找、筛选并整合内外部资源,以开辟新的创新路径,实现产品和技术的突破。集成方式不仅关注资源的数量和规模,更注重资源的创新性、前瞻性和互补性,强调企业主动寻找、筛选并整合内外部资源,以开辟新的创新路径,实现产品和技术的突破。开拓型集成强调企业的主动性,即企业需要主动寻找、筛选整合内外部资源,而不是被动地等待资源的到来。开拓型集成注重资源的创新性,即企业需要寻找那些具有创新潜力的资源,以实现产品和技术的突破。开拓型集成要求企业具备前瞻性,即企业需要预测未来的市场需求和技术趋势,从而整合相应的资源来应对未来的挑战。开拓型集成强调资源的互补性,即企业需要整合不同领域、不同来源的资源,以实现资源的互补和协同作用。开拓型集成通过整合内外部的创新资源,为企业产品创新提供了强大的支持。集成方式使企业能够获取到更多的创新灵感和创意,从而开发出更具竞争力的产品,有助于企业突破传统的设计和生产模式,实现产品的差异化和个性化。通过整合不同领域、不同来源的资源,企业可以开发出更具创新性和前瞻性的产品,满足未来市场的需求。对企业技术研究同样具有重要的影响。集成方式使企业能够迅速获取到最新的科研成果和技术动态,从而加快自身技术研究的步伐。通过整合不同领域、不同来源的技术资源,企业可以实现技术的交叉融合和创新应用,推动技术研究的深入发展。有助于企业建立开放式的创新网络,与其他研究机构、高校等建立紧密的合作关系,共同推动技术创新和产业升级。通过推动产品和技术创新,有助于增强企业的市场竞争力。创新的产品和技术可以为企业带来更多的市场份额和利润空间,提升企业的盈利能力。创新的产品和技术可以提升企业的品牌形象和声誉,吸引更多的客户和合作伙伴,从而拓展企业的业务范围和市场空间。创新的产品和技术可以为企业带来更多的专利和知识产权,增强企业的知识产权保护和风险防范能力。

马克里等(Makri, et al., 2013)提出开拓型集成是企业实现突破式发展的重要资源集成方法。贾夫里和德姆(Jafri, Dem, 2016)提出了获取的资源不能直接采用,一定要进行重组、加工,进一步形成开拓型集成资源,可以有效优化和改进企业产品的质量,最终提高企业的创新绩效。在开拓型集成下企业应当充分考虑创意资源是否可用,根据企业的实际发展状况、发展战略和发展布局,有意识、有目的地确定企业需要的创意资源类型,有规划和有步骤地进行资源识别和获取。殷俊杰(2017)通过在联盟组合中构建关键资源集成与突破性技术创新相互影响的层级回归模型,研究结果表明联盟组合中开拓型集成显著积极影响突破性技术创新。董保宝(2011)认为,开拓型集成是企业对新的创新资源进行合理识别、获取,从而使内部原有的资源基础与跨界失去而来的新资源进行有效的重新匹配和重新利用,从而更新企业内部资源库,创造全新的资源体系。

Smith 和 Cohen(2018)探讨了开拓型集成策略对企业产品创新和技术研究

的影响。他们认为,开拓型集成通过整合跨领域的资源和技术,能够显著提高企业的创新能力和市场竞争力。他们还进一步指出,开拓型集成策略的实施需要企业具备强大的资源整合能力和市场洞察力。Robinson(2020)深入分析了开拓型集成如何影响企业的创新生态系统。他认为,开拓型集成能够帮助企业建立开放、灵活的创新生态系统,从而吸引更多的合作伙伴和资源,加速产品和技术的创新。他还强调了企业在实施开拓型集成时,需要注重生态系统内的协同和互补效应。Lee 和 Park(2021)探讨了开拓型集成如何影响企业的技术创新和产品差异化。他们认为,通过开拓型集成,企业能够整合内外部的创新资源和技术,从而开发出更具差异化和竞争力的产品。他们还进一步指出,开拓型集成对于提高企业的市场地位和盈利能力具有重要作用。Johnson 和 Christensen(2022)研究了开拓型集成与企业持续创新能力之间的关系。他们认为,开拓型集成不仅有助于企业的短期创新,还能够增强企业的持续创新能力。他们进一步提出,企业应注重培养开拓型集成的能力,以确保在竞争激烈的市场中保持领先地位。

六、吸收能力

吸收能力是企业对外部资源的利用能力,对于企业提升资源的配置和利用能力是极其重要的。科恩和莱文塔尔(Cohen,Levinthal,1990)首先提出了吸收能力的概念,是指企业在识别新外部信息价值的基础上,吸收新外部知识并将其用于商业目的的能力。后来,一些学者认为吸收能力是五种能力的集合,例如识别、获取、吸收、转化和利用[格里姆佩和索夫卡(Grimpe,Sofka),2009;陈君达和邹爱其,2011]。王钰莹等(2019)认为知识获取能力提高和促进了企业对外部环境的快速识别,有助于拓展可用知识资源,提升企业知识创新的潜力;知识消化能力提高和促进了企业对外部知识的理解和内化,有助于企业不断更新自身知识储备,克服"能力陷阱";知识转化能力提高和加速了企业对外部知识的整合和吸收,帮助企业重构认知结构,避免陷入知识路径依赖;知识利用能力提高可加速知识的市场效用转化,缩短新产品开发周期。企业是否可以有效地筛选、评估和利用外部知识取决于其吸收能力。扎赫拉和乔治(Zahra,George,2002)将企业吸收能力分为潜在吸收能力和实际吸收能力两个部分。其中,前者是企业获取和消化知识的能力；后者是企业转化和应用知识的能力。法布里奇奥（Fabrizio，2009）认为，吸收能力有助于识别、评估和吸收企业外部出现的新知识，并将新知识整合到企业的现有知识中。高水平的吸收能力可帮助企业有效地跨越组织和技术边界[图什曼（Tushman），1977；图什曼和卡茨（Tushman，Katz），1980]，增加创新搜索的广度和深度，搜索更多不同类型的知识，并为企业提供更多的多元化知识基础。通过独特的知识组合有利于企业开展探索性创新活动[苏布拉马尼亚姆和尤恩特（Subramaniam，Yooundt），2005；詹森等（Jansen，et al.），2006]。基于前期的研究，本书认为吸收能力是企业基于特定惯例对源自外部信息与创意知识进行诠释、分析和理解，使得其能够很好地内嵌于企业已有的认知结构中，只需稍作修改即可利用的一种能力。新知识资源被企业成功识取后，必须对那些在编码和解码等方面不一致的新知识进行特定处理，通过对所识取的陌生的、具有特定情境的新知识进行认真细致的分析和诠释，使得这些知识被充分的消化、整合和重构，促进技术差异化能力的提升。

七、创新导向

创新导向使企业在资源供应、能力和匹配的战略需求方面有着明显不同的方向。创新导向分为两种：利用性创新导向和探索性创新导向（裴旭东等，2018）。具体而言，利用式创新导向是企业对已有技术轨道中的相关技术知识、资源进行整合、深挖和改善。利用式创新对于企业而言是一种渐进的、微小的创新方式，譬如对现有企业的技术流程进行改善、升级。利用式创新是企业在原有技术知识基础之上进行的持续创新行为，旨在提升企业的技术能力、优化企业技术结构，以满足企业的创新战略和市场需求。利用式创新重在扩展已有的技术知识基础，提升企业已有产品的品质或生产流程，减少企业的经营成本，增加销售渠道。相反，探索性创新导向强调偏离现有技术轨道。这是一种突破性的、更根本的、以创新为导向的方式，可以脱离现有技术知识库来创建新技术知识，包括使用新技术、设计新产品及探索新市场。技术的根本变化是一项全新的发明，通常会发生突然的变化，旨在满足新兴市场的需求[詹森等（Jansen，et al.），2006；刘志迎等，2017]。相对于利用式创新导向而言，探索性创新导向对企业的影响方式显著不同。利用式创新导向能够在近期内提升企业的短期创新绩效；而探索式创新导向对企业长期竞争力的影响是显著的，有助于提升长期创新绩效，对于企业而言长期创新绩效和短期创新绩效在一定程度上是相互转化的，因而不论是探索式创新导向还是利用式创新导向都有利于企业的整体创新绩效（李忆等，2008）。在企业的某一单一领域内部由于企业资源禀赋的限制以及战略目标的冲突，探索式创新导向和利用式创新导向是企业持续创新这一连续行为的两种极端形式，二者交替进行可以实现企业线性和非线性的持续；在多关联的单一领域或者某一子系统多个相互关联的区域内，企业能够通过合理、有效安排相关资源，使企业实现探索式创新和利用式创新的有效平衡［吉普塔等（Gupta，et al.），2009］。倘若企业能够将探索式创新和利用式创新实现有效的平衡，那么企业不仅可能获取在短期的收益，也可以实现长期竞争力的提升，以获取最佳的创新绩效组合，从而实现创新绩效的最大化（刘志迎等，2017）。

Jantunen（2005）探讨了创新导向对企业产品和技术创新的重要性。他认为，创新导向的企业更倾向于开展研发活动，引入新技术和工艺，从而开发出更具竞争力的产品和服务。导向不仅有助于企业克服市场中的技术壁垒，还能够提升企业的整体竞争力。焦豪（2008）分析了创新导向对企业绩效的影响。他通过对中国企业的实证研究发现，创新导向对企业的产品创新和技术创新具有显著的正向影响，进而提升企业的市场绩效和财务绩效。这表明，创新导向是中国企业在激烈的市场竞争中获得差异化优势的重要因素。杨智和张茜岚（2010）探讨了创新导向对企业持续竞争优势的影响。他们认为，创新导向的企业通过不断引入新技术和工艺，能够开发出更具创新性和前瞻性的产品，从而在市场中获得持续的竞争优势。此外，他们还指出，创新导向有助于企业建立强大的创新能力和组织学习能力，进一步巩固和拓展竞争优势。Liu，Y.，& Chen，K.（2012）分析了创新导向、技术能力与企业绩效之间的关系。他们通过对中国企业的研究发现，创新导向对技术能力具有显著的正向影响，进而提升企业绩效。这表明，创新导向的企业通过不断提升技术能力，能够开发出更具创新性和竞争力的产品和技术，从而实现更好的企业绩效。这些学者的研究均表明，创新导向对企业产品和技术研究具有重要影响。通过引入新技术和工艺、提升技术能力和组织学习能力等方式,创新导向的企业能够开发出更具竞争力和创新性的产品和技术,从而在市场中获得持续的竞争优势和更好的企业绩效。

八、技术差异化能力

技术差异化能力不仅是企业新产品开发活动获得成功的重要因素,还在很大程度上决定着产品创新的新颖程度(裴旭东等,2015)。瑞尔等(Real,et al.,2006)认为技术差异化能力是组织进行技术创新活动的重要前提,技术差异化能力是指组织通过一系列惯例和程序调动各种科学和技术资源,推动新产品和新生产工艺开发与设计的能力。加西亚－莫莱斯(García-Morales,2014)在瑞尔等(Real,et al.,2006)的研究基础上提出,技术诀窍、高层支持和吸收能力与企业技术差异化能力的提升有显著的正相关关系。他们认为技术差异化能力应该包括:获得最新科学和技术知识的能力;创造先进工艺流程的能力;成功进行技术创新活动的能力;吸引和留住高素质技术人才的能力;实现技术差异产品和吸收新技术的能力。技术差异化能力是企业核心能力的关键维度之一,其长期积累更是企业进行技术创新的基础。魏华飞和杜磊(2019)基于知识基础观,在不同的知识存量基础上如何通过不同知识主体间的场效应来形成企业的技术差异化能力。徐(Xu,2015)认为企业的技术差异化能力是促进企业的技术知识创造技术创新的源泉,也是企业能够保持长期持续的竞争优势的关键资产,更重要的是技术差异化能力是企业获取创新绩效和经济收益最为基础的来源。周和李(Zhou,Li,2012)认为技术差异化能力对企业创新绩效的作用充分体现在盈利和成长两部分:一方面看,随着网络经济的不断发展为企业的技术发展带来了巨大的变迁,使得具有较低技术能力的企业的市场占有率和市场份额不断减少,具有破坏性的竞争不仅促进了企业技术的改善和更新,更使企业不断地进行技术创新或技术变革去推动企业经济利润的持续增长;另一方面看,倘若在大量趋同的产品中能够具有自身独特的差异而脱颖而出,以及通过自己的技术差异化能力逐渐积累形成持续的技术创新,以研发出新产品,铸就市场的开拓者地位。德卡罗利斯(DeCarolis,2003)将企业培养技术差异化能力认为是企业对异质类知识的培养。雷亚尔等(Real,et al.,2006)同样认为技术差异化能力是企业生产新的技术知识并将其应用于企业的新产品或者新工艺过程中必不可少的能力。总而言之,企业的技术差异化能力主要体现在企业在快速变化的外部环境中,能够获取和利用各种异质类资源实现企业的技术创新,获取长期的竞争优势的过程。

然而,目前关于企业技术差异化能力的研究并不深入,笼统地将企业技术差异化能力的提升过程视为企业知识获取、集成和创造,而且现有关于技术差异化能力的研究都将其作为中介变量或是企业创新绩效前因变量,缺乏系统深入的研究企业技术差异化能力形成或提升的影响机理和边界条件。本书在对技术差异化能力进行探索性因子分析的基础上,认为技术差异化能力可以进一步细分为技术愿景能力、技术感知能力、技术捕捉能力与技术重构能力。其中,技术愿景能力是企业在技术导向的基础上进行感知外部资源与技术,然后通过企业本身具有的技术机会识别能力识别新技术和新资源,最后企业利用技术预判能力评估所选择的技术与资源是否值得。技术感知能力主要是企业在技术洞察能力的前提下洞察企业周围价值网络中存在的资源与技术,并经过技术认知能力进行更深层次的了解与探索,然后运用技术信息处理能力做进一步的加工与整合,开拓新的价值。另外,技术捕捉能力主要是指企业的快速反应能力、技术协同能力和技术学习能力。技术捕捉能力识别企业能够运用快速反应能力迅速捕捉技术与资源,利用技术协同能力将企业内部资源与技术和企业捕捉的资源与技术做进一步的协同与发展,创造出新的价值,产生协同效应。而技术学习能力的高低可以进一步提高协同效应的效果。技术重构能力主要是由技术扩散能力、技术开发能力与技术产出能力组成。企业拥有技术扩散能力可以帮助企业将一项新技术在企业内部迅速扩散,快速被员工感知和学习。然后企业可以利用技术开发能力用新技术与新资源开发出新产品和新技术。在技术产出能力这种技术的作用下,企业生产数量将足以支持企业的正常运营,以提高企业的竞争地位。

第三节　研究假设提出

一、资源识取与企业技术差异化能力

仅仅依靠利用内部创意资源已不足以实现企业技术差异化能力的提升,从

外部识取创意资源就显得至关重要。创意资源识取是企业意识到自身对某一种资源的需求,而有意地从外界识取资源的行为。资源识取保证企业可以甄别、选择并获得预期的外部资源,通过构建更大的资源池来实现企业的技术差异化能力。企业资源识取行为不仅挣脱了组织各部门间的约束及界内跨界的边界约束,使得企业内外界环境资源形成互联,还有力地激发了企业的创新行为及企业的先动行为,并减少企业进行创新的风险成本,从而提高了企业的创新绩效。资源识取可以使企业搜寻并获得预期资源,这保证了识取到资源的有效性,从而能够进一步把握好开发机会,提升其技术差异化能力。资源识取涉及界内识取与跨界识取两个方面[西尔蒙和爱尔兰(Sirmon,Ireland),2007;罗森科普夫和内卡尔(Rosenkopf,Nerkar),2001]。

（一）界内识取对企业技术差异化能力的影响

界内识取要求企业对自身的资源基础进行适度调整,剥离无用、冗余资源,获取并合理配置相似资源,并将识取新创意资源与企业原有的资源基础根据企业的目标进行重组,以促进企业创意资源的利用[西尔蒙和爱尔兰(Sirmon,Ireland),2007]。企业应当根据创意资源的特点进行合理的匹配,从而使企业创意资源发挥其应有的价值,进而提升企业的技术差异化能力。首先,界内识取行为可以将企业在某一领域积累的大量知识、技巧、经验运用到对新创意知识的深度理解、使用与创新,从而在该领域内创造出新的创意知识,加深企业对创意知识深度,促进企业技术利用能力的根本提升,从而实现企业创新价值创造,持续提升企业的技术差异化能力(肖丁丁和朱桂龙,2016)。界内识取有助于企业整合内部和外部的知识资源,包括技术知识、市场知识等。整合能够促进企业内部的创新活动,推动新技术的开发和应用,从而增强企业的技术差异化能力。其次,由于识取对象与企业技术重叠度高,资源相似性大,界内识取有效解决了外部技术融合难的问题,有助于增强企业对该类资源的理解和应用,界内识取鼓励企业与外部合作伙伴(如供应商、研究机构、高校等)建立紧密的合作关系。这些合作有助于企业获取外部的创新资源和知识,从而加速自身的技术创新和产品差异化进程,提升企业的组织学习能力和适应能力。通过不断地从内部和外部环境中获取新知识,企业能够更好地适应市场变化和技术发展,及时调整自身的技术策略和产品方向,以保持技术差异化优势。从而扩宽企业资源储备,通过界内识取,企业可以更有效地利用内部和外部资源,降低技术创新的风险。同时,与外部合作伙伴的紧密合作也有助于分摊创新成本,减轻企业的财务压力。提升企业的技术差异化能力。基于以上讨论,提出如下假设:

H_{1a}:界内资源识取正向影响技术差异化能力。

(二)跨界识取对企业技术差异化能力的影响

跨界识取是企业面向外部组织的搜寻行为,是资源整合过程的源头和触发点,也是明确新旧资源间内在关联的最关键一步,其有效性会极大地影响后期内部资源配用的效率和效果。在原有资源体系的基础上,企业通过对跨界资源的识取以及和内部知识基础的有效融合,对无价值的冗余资源进行摒弃,从而实现企业创意资源的有效更新,帮助企业打破行业惯例和思维定式,拓宽创新视野。通过与不同领域的企业或机构合作,企业可以接触到新的技术、知识和思维模式,从而激发内部创新活力,开发出更具差异化和前瞻性的技术。跨界识取使企业能够整合来自不同领域的资源,实现资源的优化配置。这些资源可能包括技术、人才、资金、市场渠道等,通过有效的整合和利用,企业可以加速技术创新和产品升级,提升自身的技术差异化能力。为提升技术差异化能力,企业需要大量全新和异质的创意资源,在全面分析企业自身资源禀赋后,对外部所需资源的类别、属性进行全面的界定,从而在外部网络单位进行识别和获取。由于跨界识取跨越了企业现有的技术与组织边界,通过外部获取新的异质类技术资源,扩宽了企业的相关技术领域,丰富了企业内部知识基础(裴旭东等,2018),因而跨界识取为技术差异化能力提升丰富且多样化的创新资源支持。通过与外部合作伙伴的合作,企业可以分摊创新成本,减少研发投入的风险。同时,通过借鉴其他领域的成功经验和技术积累,企业可以减少技术探索的不确定性,降低创新风险。此外,通过跨界识取,企业将各技术领域的技术知识进行整合、匹配、反复实验,同时把各领域的新老技术知识进行碰撞、融合,将可以产出许多跨领域的创新知识,提升企业的技术知识宽度,通过引入其他领域的技术和知识,企业可以开发出更符合市场需求的产品和服务,提升市场适应能力。促进企业技术探索能力的根本提升,丰富企业资源库,加大异质类型技术知识积累,促进企业的组织学习和变革。通过与外部合作伙伴的合作和交流,企业可以学习到其他领域的先进经验和管理模式,推动自身的组织变革和学习能力的提升。提升企业技术差异化能力[罗森科普夫和内卡尔(Rosenkopf,Nerkar),2001]。基于以上讨论,提出如下假设:

H_{1b}:跨界资源识取正向影响技术差异化能力。

二、资源识取与资源集成

识取并获取相关的创意资源后,企业要经由相关流程整合利用,才能使创意资源真正发挥作用,从而提升企业技术差异化能力。可见,资源识取为有效的资源集成奠定了重要基础,夯实了企业的技术差异化能力。

(一)界内识取对调整型集成的影响

调整型集成是企业为稳定或对现有能力进行微小的渐进式改进,界内识取能有效促进调整型集成。首先,企业依靠界内资源识取实现现有技术领域技术知识、技巧及经验的积累,提升企业技术知识利用效率[西尔蒙和爱尔兰(Sirmon,Ireland),2007]。界内识取涉及企业从内部边界内整合资源,这有助于优化资源的配置和使用效率。调整型集成强调在已有技术和资源的基础上进行调整和优化,以达到更高的集成效率和性能。界内识取通过识别和利用内部资源,为调整型集成提供了必要的资源支持,从而促进了集成的顺利进行。其次,界内识取能通过对现有知识的掌握,促进了企业内部的知识共享和转移。通过整合内部的知识资源,企业能够更好地理解和利用已有知识和技术,从而为调整型集成提供必要的知识支持。知识共享和转移有助于减少集成过程中的障碍和误解,提高集成的效率和效果,充分控制企业获取不相关资源的风险,使企业在发展技术方向上始终与战略保持一致,因而能够提升企业获取资源及知识的效率,企业发现新的创新点和机会为调整型集成提供更多的创新思路和方案。创新能力的提升有助于企业在集成过程中应对各种挑战和问题,提高集成的成功率和效果。界内识取为企业能够实现稳定的渐进式创新提供了一层必要保障,也为企业进行调整型集成奠定了充分的资源基础和技术能力。最后,界内识取旨在识别并获取到企业已有技术领域内不完善或者不擅长的相关资源,那么企业获取此类资源后能够很好地对原有技术进行调整,以弥补原有技术知识和资源能力的不足。通过整合内部资源,企业可以更好地适应市场变化和技术发展,从而为调整型集成提供必要的组织保障。组织适应性的提升有助于企业在集成过程中快速响应各种变化和挑战,保持集成的持续性和稳定性。基于以上讨论,提出如下假设:

H_{2a}:界内识取正向影响调整型集成。

(二)界内识取对丰富型集成的影响

界内识取通过搜寻技术边界内相对成熟的技术资源,能有效促进企业对现有技术资源进行丰富、延展和细化。一方面,技术边界内技术资源积累有助于增加企业技术知识深度,帮助企业审视自身知识与技术的缺陷与不足,促进企业对当前生产流程和生产工艺的优化与改进;另一方面,界内识取有助于企业对互补和相似性资源进行识取,并使其转化到企业自身的知识集中,是企业实现渐进性创新的关键。界内识取鼓励企业在其内部边界内深入挖掘和整合知识资源,企业能够更全面地了解自身所拥有的技术和能力,从而更加精准地确定集成方向和目标。通过界内识取,企业可以发现并整合那些可能在日常运营中被忽视或低估的知识和技术,为丰富型集成提供更为坚实的基础。界内识取不仅关注知识的获取,还强调企业内部各部门、团队之间的协同与整合,协同工作有助于打破部门壁垒,促进知识和技术的流动与共享。内部协同能够确保各个组件或技术在集成过程中实现更好的配合和融合,提高集成的质量和效率。界内识取鼓励企业在内部进行深度挖掘和整合,这有助于激发企业的创新思维。通过重新组合和配置内部资源,企业可以发现新的应用场景或创新点,为丰富型集成提供更多的可能性,创新思维有助于企业在集成过程中创造出更具竞争力的产品或服务。更加全面地了解自身内部的知识和技术储备,从而更加准确地评估集成项目的可行性和风险,有助于企业在集成过程中避免盲目跟风或过度依赖外部资源,降低集成风险,通过深化内部知识挖掘、强化内部协同与整合、促进创新思维的产生以及降低集成风险等方式,为丰富型集成提供了有力的支持,有助于企业在集成过程中实现更高的效率和效果,提升企业的整体竞争力。基于以上讨论,提出如下假设:

H_{2b}:界内识取正向影响丰富型集成。

(三)界内识取对开拓型集成的影响

开拓型集成是指企业通过识取技术资源,并加以整合利用以构建新的能力,以期实现突破式创新。界内识取能有效促进开拓型集成。界内识取鼓励企业在其内部边界内寻找新的知识和技术,探索性的活动为开拓型集成提供了源源不断的创新动力。通过界内识取,企业可以发现并整合内部未被充分利用或未被发现的资源和技术,从而开发出新的集成方案和产品。开拓型集成通常涉及前沿技术和未知领域,因此具有较高的技术风险。通过界内识取,企业可以在内部进行充分的技术验证和风险评估,从而降低开拓型集成过程中的技术风险。企业内部的知识和技术储备可以为企业提供一定的技术保障和支撑,减少对外部资源的依赖。界内识取促进技术融合与突破,加强企业内部不同技术和领域之间的融合与突破。通过整合不同领域的知识和技术,企业可以发现新的技术交叉点和创新点,为开拓型集成提供更为先进和创新的解决方案。技术融合和突破有助于企业在竞争激烈的市场中保持领先地位。开拓型集成通常需要企业具备敏锐的市场洞察力和快速响应能力。通过界内识取,企业可以更加深入地了解市场需求和消费者偏好,从而开发出更符合市场需求的产品和服务。市场适应性的提升有助于企业在开拓型集成过程中更好地把握市场机遇和挑战。界内识取要求企业在内部进行深度挖掘和整合,这有助于提升企业的组织学习能力和成长潜力。通过不断学习和整合内部知识,企业可以培养出更加专业和创新的人才团队,为开拓型集成提供强有力的人才支持。一方面,企业通过在现有技术边界内识取技术资源和知识,并对关键知识进行全面深入的认识与掌握,提高资源的配置效率,从而提升资源利用效果,为其突破式创新创造有利条件(杜占河等,2017);另一方面,企业在现有技术边界搜寻与其技术发展目标和战略相关的技术知识,并进行有目标的筛选和评估,促使其探索特定的商业机会和创造。基于以上讨论,提出如下假设:

H_{2c}:界内识取正向影响开拓型集成。

(四)跨界识取对调整型集成的影响

跨界识取强调企业超越已有技术边界识取较为新颖的技术资源,以补充组织内部技术资源库,促进渐进式创新。企业依靠跨界识取能够有效促进调整型集成。跨界识取表明企业从其他行业、领域或市场中获取知识和技术,跨界的交流能够为调整型集成带来全新的视角和思维方式。企业可以通过借鉴其他领域的成功经验和方法,重新审视和调整自身的集成策略,实现更高效和创新的集成效果。使企业能够接触到更广泛的技术和知识资源,从而拓宽了技术选择和组合的范围。这为调整型集成提供了更多的可能性和灵活性,企业可以根据实际需求和市场变化,选择最适合的技术和知识进行集成,实现更加精准和高效的集成效果。与不同领域的企业或机构进行合作和交流。跨界的合作有助于激发创新思维和突破传统限制,为调整型集成提供新的创新点和解决方案。创新突破有助于企业在激烈的市场竞争中保持领先地位。企业能够更好地适应市场变化和技术发展趋势。通过引入其他领域的知识和技术,企业可以及时调整自身的集成策略,适应新的市场需求和技术环境。适应性和灵活性的提升有助于企业在调整型集成过程中快速响应各种变化和挑战。带来新的技术和知识以及新的管理模式和文化理念,推动企业的组织变革和学习能力的提升,使企业更加具备开放性和创新性,组织变革和学习能力的提升有助于企业在调整型集成过程中更好地应对各种挑战和问题。一方面,企业跨界识取所获得的异质性资源拓宽了其现有的技术知识范围,在很大程度上扩大了其创新边界。通过内外部新旧知识的融合、交流与激荡,进而产生新的知识,促使企业在面临技术开发难题时,更容易在现有技术框架内探索新的发展方向和解决方案;另一方面,企业通过跨界识取将已有技术知识和新技术知识相互融合,启发企业将新想法融入当前产品创新中,从而实现对当前产品的优化和改进,促进渐进式创新。基于以上讨论,提出如下假设:

　　H_{2d}:跨界识取正向影响调整型集成。

　　(五)跨界识取对丰富型集成的影响

　　跨界识取强调企业搜寻技术边界外的新知识,以扩充其内部技术知识体系,进一步对现有技术资源进行丰富化和延展化,提升技术资源系统性能。跨界识取能够有效促进丰富型集成。跨界识取鼓励企业跨越行业边界,从其他领域获取技术和知识。跨界的交流能够极大地拓宽企业的技术视野和资源库,跨界识取有助于企业获取目标领域大量的异质性技术知识,提高其技术资源的深度与丰富度,使其能够接触到更多元化的技术和解决方案。对于丰富型集成来说,这意味着企业可以集成更多样化的技术和功能,从而拓宽技术视野和资源库,创造出更丰富、更全面的产品或服务。跨界识取不仅带来了技术和资源的多样性,还带来了不同领域思维方式的碰撞和融合。跨界的交流有助于激发企业的创新灵感,使其能够开发出更加独特、富有创意的集成方案。企业在进行跨界资源识取时促使其对现有资源深入剖析、细化和重整,进而将已有技术知识与新知识进行再组合与再匹配,提升了资源利用与整合能力。此外,跨界识取不仅关注技术和知识的获取,还强调资源的优化配置和整合。通过与其他领域的合作和交流,企业可以发现更加高效、经济的资源配置方式,从而提高丰富型集成的效率和效果。使企业能够将其他领域的技术和市场需求相结合,从而创造出更具竞争力的产品和服务。企业技术资源发展过程要求其应具备足够多的资源存量。其通过跨界识取对技术资源的进一步的丰富和细化,有利于为其在技术开发和能力构建过程中提供更加专业化的指导和策略。技术和市场的融合有助于企业在丰富型集成中更好地把握市场机遇,开发出更符合客户需求的集成方案,加快企业打破传统的思维模式和行业界限,使其在竞争激烈的市场中保持领先地位。通过不断引入新的技术和知识,企业可以不断调整和优化自身的集成策略,以适应不断变化的市场需求和技术环境。基于以上讨论,提出如下假设:

H_{2e}:跨界识取正向影响丰富型集成。

(六)跨界识取对开拓型集成的影响

开拓型集成是指企业对资源的核心概念重新设计和改变,通过整合新资源或将原有资源进行重新组合以创造新能力。企业跨界识取对开拓型集成具有积极作用。跨界识取激励企业跨越行业边界,寻找并整合其他领域的知识和技术,不仅带来了技术和知识的交流,还带来了商业模式和思维的碰撞,跨界交流突破企业传统行业的限制,实现技术的融合和创新,对企业开拓型集成开发出更具创新性、更具市场潜力的产品和服务。企业可以通过借鉴其他行业的成功经验和商业模式,重新思考自身的业务模式和战略方向,为开拓型集成提供新的思路和方法。跨界识取使企业能够更全面地了解市场需求和趋势,拓宽市场视野,为企业在开拓型集成过程中发现新的市场机遇和增长点,通过引入新的技术和知识,企业可以激发员工的创新精神和创造力,为开拓型集成提供源源不断的创新动力。开拓型集成通常涉及高风险的创新活动。通过跨界识取,企业可以借鉴其他行业的经验和教训,降低创新风险。同时,与其他行业的合作也有助于企业实现资源共享和风险分担,提高整体的创新效率和成功率。企业跨越现有技术边界搜索所需的技术知识,增加其现有技术知识体系的多样性,从而推动不同技术领域的技术知识的新组合,产出新的技术知识,推动突破式创新。企业跨界识取拓展了其技术知识的范围,促使其对技术资源重新整合,并充分利用企业的差异化专业知识和能力实现开拓式创新。基于以上讨论,提出如下假设:

H_{2f}:跨界识取正向影响开拓型集成。

三、创意资源集成方式与技术差异化能力

创意资源集成是企业根据需求识别并获取了相关资源后,对这些资源进行合理的协调,使获取的资源有效融入企业内部的资源体系,从而获取企业长期的竞争优势的一系列过程。可见,创意资源只有经由企业对其进行充分集成后,才能真正捕获其使用效能,创意资源集成对企业技术差异化能力是至关重要的。

(一)调整型集成对技术差异化能力的影响

调整型集成强调对技术的持续改进和优化。企业可以通过快速迭代和优化现有技术,不断提升产品或服务的性能和功能,保持与市场的同步。持续的技术迭代和优化能力有助于企业在竞争中保持领先地位,并持续提升技术差异化能力。调整型集成型侧重于对生产流程工艺及产品进行小幅度范围内的调整,以稳定或改善企业目前所具备的技术能力,从而能够有效避免企业在未来技术发展道路上偏离方向,能够有效加深企业对该项技术的相关专业度和深度,能够推出具有较大差异性的新产品或新服务。允许企业根据特定的客户需求或市场机遇,灵活调整技术组合和集成方式。能力使企业能够为客户提供定制化的解决方案,满足客户的独特需求。通过提供定制化服务,企业可以在市场中形成独特的竞争优势,提升技术差异化能力。

通过整合和优化现有技术,企业可以降低技术成本,提高技术效率。成本降

低和效率提升可以为企业创造更多的竞争优势,进一步增强技术差异化能力。深入研究现有技术的潜在优势和局限性,企业可以发现新的技术创新点,推动技术领域的进步。技术创新和突破能力有助于企业在市场中形成独特的技术差异化优势,提升整体竞争力。灵活调整技术组合和集成方式,企业可以迅速应对市场变化,满足新的客户需求,技术适应性和灵活性的提升有助于企业在不断变化的市场环境中保持技术领先地位,实现技术差异化能力的提升。调整型集成能够快速捕获资源池中同质类知识的微小变化,并能快速响应变化,做出相应调整,使企业时刻保持现有技术的活力,及时满足客户动态变化的需求。企业在调整型集成机制下,逐渐形成独具特色的技术。因此,调整型创意资源利用对技术差异化能力具有显著的正向影响。基于以上讨论,提出如下假设:

H_{3a}:调整型集成正向影响技术差异化能力。

(二)丰富型集成对技术差异化能力的影响

丰富型集成侧重于对现有资源进行重整,不断丰富对现有资源的利用,使得资源配置的路径不断得以扩充,资源可通过更多样化的组合利用起来,不断提升企业技术差异化能力,强调将多种不同领域的技术进行融合,形成综合性的解决方案。多元化的技术融合使企业能够整合各种技术的优势,创造出独特且富有竞争力的产品或服务。通过融合不同领域的技术,企业可以开发出具有差异化特点的产品或服务,满足市场的多元化需求。丰富型集成鼓励企业不断引入新的技术和知识,推动技术创新的发展。通过与不同领域的企业或机构进行合作和交流,企业可以获取更多的创新资源和灵感,加速技术创新的过程。技术创新能力的提升有助于企业在市场中形成独特的技术差异化优势。将技术应用于更广泛的领域和场景中,从而拓宽技术的应用范围。拓宽的应用范围有助于企业发现新的市场机遇和增长点,实现技术的差异化应用。通过将技术应用于不同的领域和场景,企业可以创造出独特的竞争优势,提升技术差异化能力。

丰富型集成鼓励企业跨越行业边界,与其他领域的企业或机构进行合作和创新。跨界合作与创新有助于企业获取更多的创新资源和灵感,推动技术的跨界融合和应用。通过与其他领域的合作,企业可以开发出更加独特、具有市场潜力的产品或服务,技术的深入整合和优化,企业可以开发出更加先进、高效和独特的技术解决方案。技术复杂性和深度的提升有助于企业在市场中形成技术壁垒,保护自身的技术优势,实现技术差异化能力的提升实现技术差异化能力的提升。企业资源的丰富型集成,使得其资源体系越来越全面系统,资源间的创新组合更加充分,在此基础上使得新旧知识间充分碰撞、相互吸收转化,以产生更具有差异化的技术知识。其次,企业通过对资源池中资源的深入剖析和重新排序,对现有过时和冗余资源的摒弃和外部创意资源的识别获取,在此基础上对企业资源库进行及时的升级更新,企业不仅能够获得对技术知识的深度认识,而且能够更好地提升技术的应用能力,有助于企业实现持续性的渐进性创新。最后,丰富型集成能够为企业积累良好的资源整合能力,在企业对创意资源进行丰富型集成时,不仅面临的内外部风险较低有助于企业开展创新活动,更能不断提高企业内部组织化与外部协调化程度,进而获取持续竞争优势和提高其竞争力,以最终提升企业的技术差异化能力。基于以上讨论,提出如下假设:

H_{3b}:丰富型集成正向影响技术差异化能力。

(三)开拓型集成对技术差异化能力的影响

开拓型集成强调整合新资源或将原有资源进行重新的创造性组合,以创造或提升企业技术差异化能力。开拓型集成鼓励企业走在技术的前沿,引领行业的发展方向。通过引入前沿技术和创新理念,企业可以开发出领先市场、具有独特竞争力的产品或服务。技术引领能力有助于企业在市场中形成差异化优势,提升整体竞争力。将技术应用于传统行业之外的新兴领域。通过不断拓展技术的应用范围,企业可以开发出具有独特价值的新产品或服务,满足市场的多元化需求。对新应用领域的探索有助于企业在市场中形成差异化竞争优势。通过持续的技术研发和创新,企业可以突破现有技术的局限,开发出具有颠覆性的新技术或产品。技术突破能力有助于企业在市场中形成独特的技术差异化优势,提升整体竞争力。开拓型集成强调技术的独特性和创新性,通过持续的技术研发和创新,企业可以构建起自己的技术壁垒。技术壁垒可以保护企业的技术优势,防止竞争对手的模仿和跟进,从而保持企业在市场中的领先地位。开拓型集成鼓励企业与高校、科研机构等建立紧密的合作关系,共同推动技术的研发和创新。通过产学研合作,企业可以获取更多的创新资源和人才支持,加速技术的研发和应用。合作模式有助于企业在技术差异化能力上取得更大的突破和提升。企业以创造性方式对资源进行碰撞与组合,能产生大量新的创新灵感,从而推动新技术及新产品的出现,以实现突破式创新发展,构建企业技术差异化能力。其次,开拓型集成需要大量的异质类知识和互补性资源,这些异质类知识和互补性资源将不断更新企业的资源基础,激发企业创新活力,更进一步地增强企业技术差异化能力。基于以上讨论,提出如下假设:

H_{3c}:开拓型集成正向影响技术差异化能力。

四、资源集成方式的中介作用

资源集成是企业通过一系列的流程将各种资源整合、内化成自身技术能力,由此可知,资源集成是联结资源识取和技术差异化能力的重要纽带。基于假设 H_{2a}—H_{2f} 和 H_{3a}—H_{3c},本书进一步提出资源集成在资源识取和企业技术差异化能力之间的中介作用。

(一)调整型集成的中介作用

调整型集成旨在企业稳定或对现有能力进行微小的渐进式改进,当企业采用调整型资源利用方式时,企业将有着强烈的利用现有创意资源的意愿,那么此时企业在进行界内识取资源时,由于知识基础的相似度高,能够帮助企业敏锐识别所需技术知识,并能够快速转化消化,融于自身的知识库,内化于自身的技术能力,从而有效提高技术差异化能力;而此时企业进行跨界识取时,也倾向于需求与自身知识基础紧密相关且有所创新的资源,那么利用此策略使得企业能够很好地吸收补充资源,加深企业原有资源基础和知识库的深度,促进企业技术利用能力的根本提升,快速捕获创意资源价值,从而提升企业的技术差异化能力。由此可见,调整型创意资源利用方式无论是在界内识取与技术差异化能力之间,还是在跨界识取与技术差异化能力之间,均起到中介作用。基于以上讨论,提出如下假设:

H_{4a}:调整型集成在界内识取与技术差异化能力之间起中介作用。

H_{4b}:调整型集成在跨界识取与技术差异化能力之间起中介作用。

(二)丰富型集成的中介作用

丰富型集成是指企业依据不同的技术需求,将已有的技术功能再次匹配重组,让产品具有更出色的创意与功能。亨德森等(Henderson, et al.,1998)认为,在新产品研发中,丰富型集成将对企业现有知识进行再匹配、再组合,该类创意资源利用需要企业有足够的现成异质资源,通过对异质类资源的组合提高企业创新绩效,并提升企业的技术差异化能力。企业不论是在进行界内识取还是跨界识取时,必将面临着许多相关但异质性的资源。倘若企业不能将此类资源进行有效集成,那么这种因资源多样性带来的优势将难以充分发挥,甚至对企业而言将会造成资源浪费,对企业技术差异化能力的提升带来负向的影响,因此企业需要对识取而来的创意资源进行丰富型集成,以有效提升创意资源利用效率,从而提升技术差异化能力,实现企业创新绩效的大幅度提升。基于以上讨论,提出如下假设:

H_{4c}:丰富型集成在界内识取与技术差异化能力之间起中介作用。

H_{4d}:丰富型集成在跨界识取与技术差异化能力之间起中介作用。

(三)开拓型集成的中介作用

开拓型集成是指对识取来的资源的核心概念重新设计,或者对其内部逻辑做出根本性改变。开拓型集成要求企业拥有某一特定资源的关键组件及知识、根本逻辑和基础原理,需要对关键概念进行全面深入的认识与掌握,还需有高质量、详细的数据获取渠道。界内识取能够有效提高企业技术利用能力,扩宽企业技术知识的深度;跨界识取能够提升企业探索能力,扩宽企业技术知识的深度,若企业能够对界内识取和跨界识取而来的知识资源进行系统化、有深度的利用,充分认知和深度理解以重组重构,最终完成对企业资源的开拓型集成,则能增强其技术差异化能力。基于以上讨论,提出如下假设:

H_{4e}:开拓型集成在界内识取与技术差异化能力之间起中介作用。

H_{4f}:开拓型集成在跨界识取与技术差异化能力之间起中介作用。

五、吸收能力的调节作用

结构派的理论观点认为,学习过程是一种让企业积极创建知识的过程,将新老知识和经验不断碰撞、交互融合,从而创造出拥有企业特征的知识,并构建自身的知识系统与结构。资源识取行为是为了从外界环境获得所需的技术知识而展开的具有深度和广度的知识搜寻,本质上是组织学习的一方面,而企业对外部技术知识的吸收能力显著影响企业通过资源识取提升技术差异化能力的效果。

首先,企业的吸收能力是克服组织间认知距离与差异障碍的必要途径,同时增加企业对外界新技术知识的掌握程度,将内外界技术知识的平衡把握好,找出最合理的认知距离,能够大大降低彼此的认知差异,提升企业间的学习效率;其次,企业拥有的充足的多样化技术知识存量为企业技术差异化能力的形成提供了坚实的基础,而充足的技术知识存量需要依靠资源识取行为去搜寻与获取,吸收能力在此过程中有着十分关键的影响。通过对"引进—消化—再创造"技术创新模型的理解,企业技术差异化能力结构并不仅仅只有引进外界技术知识资源而已,还要以企业良好的吸收能力为依托,努力增强吸收能力才可以有效地完成对外界技术知识的融合,并创造出新的知识,促进技术系统的重新建构与技术升级。相反,当企业的吸收能力不强时,将会对企业的"示范—模仿"学习过程造成影响,从而阻碍企业的技术差异化能力的形成。基于以上讨论,提出如下假设:

H_{5a}:企业吸收能力对界内识取与技术差异化能力之间的关系有正向调节作用。

H_{5b}:企业吸收能力对跨界识取与技术差异化能力之间的关系有正向调节作用。

六、创新导向的调节作用

企业的创新导向有两种类型,即利用式与探索式创新导向,这样的划分可以很好地反映企业研发战略的方向与目标,并直接影响企业的产品研发战略,创新需要各种创意资源的投入,因为各个企业的创新导向有差异,企业对技术知识资源的需求及其资源识取行为表现均不同。由此可见,企业创新导向的差异必然会造成企业在创意资源管理方面的差异。

（一）利用式创新导向的调节作用

利用式创新导向是通过在已有技术领域中，将技术知识重新组合、开发、调整并运用，这属于创新程度较小的创新导向方式，比如改善已有的技术流程、工作形式，以及升级已有技术等。在该创新导向下，企业更加偏向在已有技术领域里开发并利用相关知识，着重强调对现有技术知识的利用与知识的搜寻深度，来增加企业的技术优势。当企业的已有技术知识达到足够的深度，其会更倾向于再从该技术领域中搜寻、获取技术知识资源，将企业的研发资源分配到已有技术领域的产品重构及创新上，从而实现组织稳定的研发惯例与结构，企业资源识取行为将被固定在现有的技术领域中，企业更偏向采用界内识取行为来获取其需要的技术知识资源。基于以上讨论，提出如下假设：

H_{6a}：在利用式创新导向下，界内识取对技术差异化能力的影响比跨界识取对技术差异化能力的影响更显著。

（二）探索式创新导向的调节作用

企业企图保持着长期竞争的优势，就需要将技术创新摆在一个至关重要的地位，树立技术自主创新的意识，从而在企业形成难以被模仿的独特的技术知识优势，以此保证企业的持续的盈利能力（王凤彬等，2012）。对于企业而言，探索式创新本身具有变异、冒险、实验等的特点，它旨在为新用户的市场需求提供产品[阿图阿海内-吉马（Atuahene-Gima），2005]。探索式创新导向相比于渐进式创新会远离企业已有的技术领域，其跳出了已有的技术知识领域，并创造出全新的知识，这属于创新幅度大、行为更加激进的创新导向，比如开发全新的技术、产品与服务，进入新市场等。在该导向下，企业会更加关注新想法、新技术、新工作形式的尝试与开发，其注重技术知识的异质性与多样化。所以，企业在扩大对技术知识搜索的宽度以获取各种资源的同时，还需采用跨界的搜寻方式，这样才能向企业技术资源库中输入尽可能多的具有多样性的技术知识，以增加企业成功探索新技术的可能性。基于以上讨论，提出如下假设：

H_{6b}：在探索式创新导向下，跨界识取对技术差异化能力的影响比界内识取对技术差异化能力的影响更显著。

本章小结

根据资源编排理论和资源基础理论,经过对现有理论和前期研究成果的梳理,基于严密的理论推导过程,本章构建了新产品开发模糊前端阶段企业技术差异化能力提升机理的理论模型,并研究假设。研究假设汇总如表4-1所示。

表4-1　研究假设汇总

假设	假设内容
H_{1a}	界内资源识取正向影响技术差异化能力
H_{1b}	跨界资源识取正向影响技术差异化能力
H_{2a}	界内识取正向影响调整型集成
H_{2b}	界内识取正向影响丰富型集成
H_{2c}	界内识取正向影响开拓型集成
H_{2d}	跨界识取正向影响调整型集成
H_{2e}	跨界识取正向影响丰富型集成
H_{2f}	跨界识取正向影响开拓型集成
H_{3a}	调整型集成正向影响技术差异化能力
H_{3b}	丰富型集成正向影响技术差异化能力
H_{3c}	开拓型集成正向影响技术差异化能力
H_{4a}	调整型集成在界内识取与技术差异化能力之间起中介作用
H_{4b}	调整型集成在跨界识取与技术差异化能力之间起中介作用
H_{4c}	丰富型集成在界内识取与技术差异化能力之间起中介作用
H_{4d}	丰富型集成在跨界识取与技术差异化能力之间起中介作用
H_{4e}	开拓型集成在界内识取与技术差异化能力之间起中介作用
H_{4f}	开拓型集成在跨界识取与技术差异化能力之间起中介作用
H_{5a}	企业吸收能力对界内识取与技术差异化能力之间的关系有正向调节作用
H_{5b}	企业吸收能力对跨界识取与技术差异化能力之间的关系有正向调节作用
H_{6a}	在利用式创新导向下,界内识取对技术差异化能力的影响比跨界识取对技术差异化能力的影响更显著
H_{6b}	在探索式创新导向下,跨界识取对技术差异化能力的影响比界内识取对技术差异化能力的影响更显著

第五章　研究设计

　　本章目的在于实证检验新产品开发模糊前端阶段企业资源识取行为对技术差异化能力影响的理论模型，从而为企业更好地进行创意资源识取和创意资源利用方式，并进一步为提升企业技术差异化能力提供理论指导和管理启示。在第二章对技术差异化能力构念进行探索，以及第三章对新产品开发模糊前端阶段企业技术差异化能力的影响因素进行探索性分析的基础上，在第四章对企业技术差异化能力的提升机理进行进一步探讨，提出了相应的理论模型和研究假设。本章旨在介绍研究设计的相关内容。具体而言，就是说明本研究将如何对第四章提出的理论模型以及研究假设进行验证，主要由数据收集和变量测量两部分组成。

第一节　数据收集

　　在实证研究中，数据收集是极其重要的环节。收集来的样本数据是否可靠及有效，对理论模型和研究假设的检验起着至关重要的作用。我们采用问卷调查来收集数据，调查问卷法是学者利用成熟和一致性的调查问卷向受访者征询意见或掌握情况的调查方法，是管理学科中进行统计分析的重要方法。本书调查问卷的设计，主要围绕着企业技术差异化能力、资源识取、吸收能力和创新导向等要素构成，保证调查问卷的内容和样本数据符合回归分析、验证性因子分析、结构方程模型的要求规范。

一、问卷设计

　　本书的调查问卷在既定目标下遵循合理、科学和有效的原则进行设计。调查问卷设计是以测量变量和收集数据为目的,调查问卷设计的关键环节之一是如何测量理论模型以及研究假设中提及的变量。调查问卷包括六个部分,分别是技术差异化能力、界内资源识取、跨界资源识取、资源利用方式、创新导向、吸收能力。受访企业及受访人员的基本信息包括:企业规模、企业年龄、企业所处行业、受访员工的岗位等。为最大限度地保证本书调查问卷内容和样本数据的有效性和可靠性,本书研究调查问卷设计的具体过程如下:

（一）文献研究

广泛阅读国内外有关技术差异化能力、资源识取、资源利用方式、创新导向和吸收能力的相关文献,梳理并整合与本书研究内容相关的部分,借鉴国内外已存的被广泛认可的成熟量表,并结合本书的研究视角和研究目的,对本书设计各变量的测量题项进行了设计。

（二）初始调查问卷生成

本书调查问卷各变量的测量题项通过以下三种方法保证其有效性和可靠性。（1）基于国内、国外已有的理论研究成果,通过系统梳理,借鉴已有的相关文献,直接对相关测量题项进行引用;（2）立足于本研究的特殊背景、研究视角和研究目的,通过对典型企业进行调研和交流,以提取变量测量的相应的题项,并编制本书的初始量表;（3）与相关专家进行访谈,小范围测试并修正本书的初始量表,编制资源识取对技术差异化能力影响的预测试问卷。

（三）正式调查问卷生成

本书采用已形成的初始问卷,对 8 家相对典型的企业进行预测试,并根据预测试的结果进行项目分析。旨在寻找在初始问卷中尚未达到临界比值率显著水平的题项,根据结果予以删除。根据预测试进行项目分析的结果,删除内涵意义重复的和无明显反映的相关题项,最终形成了正式的大范围发放的调查问卷。

本书的调查问卷,变量测量使用李克特五级量表,其中,1—5 分别表示为完全不同意、比较不同意、中立、比较同意、完全同意。本着书写方便的原则本书按照变量验证的最终结果对原始调研问卷题项的编号做出了相应调整,形成了最终的正式调查问卷,详见附录 1。

二、问卷调查与有效性控制

本书选取具有高科技特点的装备制造企业为研究对象,因为资源识取行为经常发生在以知识创新和技术创新为特征的资源密集度较高的高科技装备制造企业中。首先,我们依据已公布的《中国科技统计年鉴2017》中有关高科技装备制造行业发展的相关统计资料,结合经济合作与发展组织对于高科技行业的相关认定标准,并整合国内外学者的相关研究成果,将研究样本初步定在计算机行业、通信行业、信息技术行业、电子科技行业及生物制药行业。更进一步地在对以上五种行业背景进行详尽分析的基础上,我们发现这五类行业均契合2016年国家产权局发布的《专利密集型产业目录》里关于专利密集型行业的相关界定,专利密集型行业是在规模一定的情景下拥有较多专利授权量的产业。据此,我们将专利数据初步用于衡量本书的相关研究变量。其次,课题组根据《中国高技术产业统计年鉴2015》中第二部分有关反映高技术产业企业的专利数据情况,通过申请发明专利数量以及拥有发明专利数量这两项指标对所列出的高技术行业进行排序,最终选出排名前三的生物制药行业、通信行业和电子科技行业作为调研样本。最后,选定调研行业后,课题组通过对这三个行业的专利数据等相关资料进行详细分析后发现,与欧美国家相比,我国专利数据完整性方面存在一定的缺陷,《中国高技术产业统计年鉴2015》中只有"有效发明专利数",而这是一个累计数据,无法准确识别专利的直接引用和专利共引的情况,导致无法判断该专利是否开展于新技术领域和基于新知识(跨界)还是在已有技术领域和基于成熟知识(界内),使得课题组无法通过专利数据测度本书的研究变量。考虑到数据的可获得性和完整性等因素,本书最终选择以问卷调研的方式获取研究数据。

本书数据来自西安高新技术产业开发区(以下简称"西高新")的165家企业,西高新自1991年被国务院批准为首批国家高新区以来,充分发挥科教资源集聚的优势,推进科技成果转化,发展特色高新技术产业,主要经济指标年均增速超过30%。2006年,西高新被科技部列为全国六个建设世界一流科技园区的试点园区,先后获批国家集成电路产业基地、国家知识产权示范区、国家高新技术产业标准化示范区等国家级基地和示范区 32 个。我们采用了现场调查问卷发放和网络问卷这两种调查方式并用的方法。调查问卷的受访者大多都是由研究组的导师以及处于相关行业的同事、朋友推荐,通过互联网、面谈和信访等多种形式进行问卷调查,尽最大可能地将内容真实可靠和方便快捷两方面兼顾进行问卷调查,也进一步通过他们联系到更多的相关行业的企业。通过上述的相关措施,使得调查问卷的样本数据能够具有较高的质量。

在本书调查的 165 家企业中,生物制药企业 86 家,通信设备制造企业 42 家,汽车电子设备制造企业 37 家。为提高问卷的信效度水平,在问卷式大规模调研之前,课题组先对 8 家企业发放问卷,进行了问卷预调查。根据调查问卷反馈结果对问卷进行修改和完善。最后,向这 165 家高科技企业发放问卷 330 份,最终收回 298 份,回收率 90.3%。剔除数据缺失的问卷 41 份,最终回收有效问卷共 257 份,占总回收问卷的 86.2%。

第二节　研究变量的测量

研究变量测量是由研究变量测量的相关指标获取的原则和方法,以及研究变量如何进行操作化定义两部分构成的。本节旨在系统性阐述变量测量指标的获取原则和方法,并基于先前研究的理论成果,整合本书的实际研究需要和在访谈中获取的相关重要信息以及行业专业的成熟建议,对本书所提及的相关研究变量进行操作化定义。

研究变量测量对于实证研究是否可靠和有效起着直接决定作用,变量测量的相关指标以以下三种方式获取:(1)引用已有的成熟的国内外研究成果,也就是说直接引用先前研究中被证实了普遍适用且有效的相关研究理论成果中的测量题项;(2)借鉴已有的成熟的国内外研究成果,也就是说借鉴先前研究中与本书相关或相似的研究成果,并结合本书的研究情景适度调整测量指标;(3)将先前研究的理论成果与现实实践进行整合,也就是说在先前研究的理论成果之上,结合我们调查时的深入访问所得的经验,旨在满足测量指标能够最大限度符合我国企业的真实情况这一目的。

界内资源识取借鉴西杜等（Sidhu, et al., 2007）、罗森科普夫和内卡尔（Rosenkopf, Nerkar, 2011）以及裴旭东等（2018）的研究成果。（1）本企业能够跟踪行业内的最新技术发展，非常了解本行业的专利发明情况；（2）本企业收集与我们使用同类专利的所有行业和企业的信息；（3）本企业时刻关注在专利属性方面与我们密切相关的行业和企业；（4）本企业密切关注那些在我们的产品领域不是领导者，但是拥有与我们相似专利的企业，如表5-1所示。

表 5-1　界内资源识取的测度

变量	题项	文献基础
界内资源识取	A1 本企业能够跟踪行业内的最新技术发展，非常了解本行业的专利发明情况	西杜等（Sidhu, et al., 2007）、罗森科普夫和内卡尔（Rosenkopf, Nerkar, 2011）、裴旭东等（2018）
	A2 本企业收集与我们使用同类专利的所有行业和企业的信息	
	A3 本企业时刻关注在专利属性方面与我们密切相关的行业和企业	
	A4 本企业密切关注那些在我们的产品领域不是领导者，但是拥有与我们相似专利的企业	

跨界资源识取借鉴西杜等（Sidhu, et al., 2007）、罗森科普夫和内卡尔（Rosenkopf, Nerkar, 2011）以及裴旭东等（2018）等研究成果。（1）本企业不断尝试尚不成熟且具有一定风险的技术，接触新的专利和知识；（2）本企业愿意主动进入跨越现有专利边界的新技术领域；（3）本企业致力于寻求新的创意知识资源以突破现有专利局限，如表5-2所示。

表 5-2　跨界资源识取的测度

变量	题项	文献基础
跨界资源识取	A5 本企业不断尝试尚不成熟且具有一定风险的技术，接触新的专利和知识	西杜等（Sidhu, et al., 2007）、罗森科普夫和内卡尔（Rosenkopf, Nerkar, 2011）、裴旭东等（2018）
	A6 本企业愿意主动进入跨越现有专利边界的新技术领域	
	A7 本企业致力于寻求新的创意知识资源以突破现有专利局限	

　　调整型集成我们借鉴了西尔蒙等（Sirmon, et al., 2010）、蔡莉和尹苗苗等（2009）的研究成果。（1）本企业能够将不同来源和不同类型的知识进行有条理的分类、整合和利用；（2）本企业平时注重内部资源共享且具有较为开放的资源交流平台；（3）本企业能够将外部知识转化为员工个体所掌握，也能将个体知识转化为企业知识库；（4）本企业擅长资源调配与优化，如表5-3所示。

表5-3　调整型集成的测度

变量	题项	文献基础
调整型集成	A8 本企业能够将不同来源和不同类型的知识进行有条理的分类、整合和利用	西尔蒙等（Sirmon, et al., 2010）、蔡莉和尹苗苗（2009）
	A9 本企业平时注重内部资源共享且具有较为开放的资源交流平台	
	A10 本企业能够将外部知识转化为员工个体所掌握，也能将个体知识转化为企业知识库	
	A11 本企业擅长资源调配与优化	

　　丰富型集成我们借鉴了西尔蒙等（Sirmon, et al., 2010）和王瀚轮等（2011）等的研究成果。（1）本企业能够将获取的外部创意知识融入解决问题的实践过程中，以形成企业自己的创意知识库；（2）本企业努力提高已有的技术在多个相关业务领域的适用性；（3）本企业能够在内部推广新技术的阻力较小，如表5-4所示。

表5-4　丰富型集成的测度

变量	题项	文献基础
丰富型集成	A12 本企业能够将获取的外部创意知识融入解决问题的实践过程中，以形成企业自己的创意知识库	西尔蒙等（Sirmon, et al., 2010）、王瀚轮等（2011）
	A13 本企业努力提高已有的技术在多个相关业务领域的适用性	
	A14 本企业能够在内部推广新技术的阻力较小	

　　开拓型集成我们借鉴了西尔蒙等（Sirmon, et al., 2010）和尹苗苗等（2010）

等的研究成果。(1)本企业能够有效地将创造的新知识或核心技术扩散和渗透到不同的产品中;(2)本企业能够实现产品、服务和信息的新组合;(3)本企业能够承担风险开发新的技术知识,如表5-5所示。

表5-5　开拓型集成的测度

变量	题项	文献基础
开拓型集成	A15 本企业能够有效地将创造的新知识或核心技术扩散和渗透到不同的产品中	西尔蒙等(Sirmon, et al., 2010)、尹苗苗等(2010)
	A16 本企业能够实现产品、服务和信息的新组合	
	A17 本企业能够承担风险开发新的技术知识	

吸收能力借鉴雷亚尔和加利亚-莫莱斯(Real, García-Morales, 2001)的研究成果并进行探索性因子分析,(1)本企业能够快速地分析和理解市场需求变化;(2)本企业能很快地将外部新创意知识纳入企业内部;(3)本企业能够很快理解外部获得的新创意知识;(4)本企业能够快速消化、吸收外界各类信息、创意,并获得对企业有用的新创意知识;(5)本企业能将已消化的新创意知识与企业原有的知识进行融合,如表5-6所示。

表5-6　吸收能力的测度

变量	题项	文献基础
吸收能力	A18 本企业能够快速地分析和理解市场需求变化	雷亚尔和加利亚-莫莱斯(Real, García-Morales, 2001)
	A19 本企业能很快地将外部新创意知识纳入企业内部	
	A20 本企业能够很快理解外部获得的新创意知识	
	A21 本企业能够快速消化、吸收外界各类信息、创意,并获得对企业有用的新创意知识	
	A22 本企业能将已消化的新创意知识与企业原有的知识进行融合	

利用式创新导向借鉴格雷瓦尔(2007)的研究成果,(1)本企业努力更新现有技术以生产同类产品;(2)本企业对现有成熟技术的开发进行投资以提高生产效率;(3)本企业不断改良现有的生产工业和流程;(4)本企业注重提升与现有客户问题接近的解决方案的能力,如表5-7所示。

表 5-7　利用式创新导向的测度

变量	题项	文献基础
利用式创新导向	A23 本企业努力更新现有技术以生产同类产品	格雷瓦尔(2007)
	A24 本企业对现有成熟技术的开发进行投资以提高生产效率	
	A25 本企业不断改良现有的生产工业和流程	
	A26 本企业注重提升与现有客户问题接近的解决方案的能力	

探索式创新导向借鉴本纳和塔什曼(Benner,Tushman,2009)的研究,(1)本企业致力于寻求全新的、有发展前景的新技术;(2)本企业不断尝试推出新的换代产品;(3)本企业勇于承担开发新产品或技术带来的风险;(4)本企业勇于进入新技术领域,如表5-8所示。

表 5-8　探索式创新导向的测度

变量	题项	文献基础
探索式创新导向	A27 本企业致力于寻求全新的、有发展前景的新技术	本纳和塔什曼(Benner, Tushman,2009)
	A28 本企业不断尝试推出新的换代产品	
	A29 本企业勇于承担开发新产品或技术带来的风险	
	A30 本企业勇于进入新技术领域	

　　技术差异化能力在第二章的探索性因子分析的基础上,从以下方面进行测度:(1)企业分析行业技术发展情况;(2)企业内部具有良好的创新氛围;(3)企业经常根据各种途径收集潜在的市场需求;(4)企业根据战略需要制定新技术开发目标;(5)企业具备较强的技术扫描和跟踪能力;(6)企业分析自身优势和劣势,企业积极检测市场环境来识别机会;(7)企业在技术开发中能够敏锐发现潜在技术机会;(8)企业定期收集外部利益相关者(竞争对手、供应商和客户等)的信息;(9)企业可以快速识别、评估和判断外部技术信息;(10)企业建立了判断和评估外部技术资源的标准;(11)企业善于将技术机会和市场需求相结合;(12)企业能够准确感知技术发展方向并指导企业内部选择新的技术拐点;(13)企业积极探索和搜寻外部新技术;(14)企业具备吸引和留住高素质技术人才的能力;(15)企业剥离了无用的资源;(16)企业重视搜寻提炼项目合作中有创意的信息;(17)企业通过建立信息搜集平台获取所需技术和市场信息;(18)企业建立了完善的信息交流渠道;(19)企业内部组织和员工间能够积极交流沟通、共享技术信息;(20)面对突发情况,企业能够快速做出决策并采取行动;(21)企业快速协调资源以解决研发中遇到的问题;(22)企业能够有效地鉴别内部和外部有价值的信息、经验或技术诀窍;(23)企业具有获得最新科学和技术知识的能力;(24)企业能够促进技术信息的内外部沟通、共享和传递;(25)企业经常在组织内交流和分享所获得的全新知识;(26)企业不断提高创新产品的市场竞争力;(27)企业积极响应技术变革;(28)企业具备获得最新科学和技术知识(技术诀窍、知识和经验)的能力;(29)企业新开发或新引进的技术能很快应用到生产中并解决实际问题;(30)企业研发新产品成功率处于同行业领先水平;(31)企业将创造的新知识或核心技术有效地扩散渗透到创新产品中,实现其价值;(32)企业掌握最先进的技术;(33)企业具备吸收新技术和实现技术差异化的能力;(34)企业善于对技术资源开发新的用途,催生新技术,增加企业经济效益;(35)企业不断增加自主知识产权的获取数量;(36)企业核心技术开发能力处于同行业较高水平;(37)企业具有吸收新技术和实现技术差异化产品的能力;(38)企业具有创造先进工艺流程的能力。

表 5-9　技术化差异能力的测度

		题号	测量题项
技术差异化能力	技术导向	V1	企业分析行业技术发展情况
		V2	企业内部具有良好的创新氛围
		V3	企业经常根据各种途径收集潜在的市场需求
		V4	企业根据战略需要制定新技术开发目标
	技术机会识别能力	V5	企业具备较强的技术扫描和跟踪能力
		V6	企业分析自身优势和劣势,企业积极检测市场环境来识别机会
		V7	企业在技术开发中能够敏锐发现潜在技术机会
	技术机会预判能力	V8	企业定期收集外部利益相关者(竞争对手、供应商和客户等)的信息
		V9	企业可以快速识别、评估和判断外部技术信息
		V10	企业建立了判断和评估外部技术资源的标准
	技术洞察	V11	企业善于将技术机会和市场需求相结合
		V12	企业能够准确感知技术发展方向并指导企业内部选择新的技术拐点
		V13	企业积极探索和搜寻外部新技术
	技术认知能力	V14	企业具备吸引和留住高素质技术人才的能力
		V15	企业剥离了无用的资源
		V16	企业重视搜寻提炼项目合作中有创意的信息
	技术信息处理能力	V17	企业通过建立信息搜集平台获取所需技术和市场信息
		V18	企业建立了完善的信息交流渠道
		V19	企业内部组织和员工间能够积极交流沟通、共享技术信息
	快速反应能力	V20	面对突发情况,企业能够快速做出决策并采取行动
		V21	企业快速协调资源以解决研发中遇到的问题
		V22	企业能够有效地鉴别内部和外部有价值的信息、经验或技术诀窍
	技术协同能力	V23	企业具有获得最新科学和技术知识的能力
		V24	企业能够促进技术信息的内外部沟通、共享和传递
		V25	企业经常在组织内交流和分享所获得的全新知识
	技术获取能力	V26	企业不断提高创新产品的市场竞争力
		V27	企业积极响应技术变革
		V28	企业具备获得最新科学和技术知识(技术诀窍、知识和经验)的能力
	技术扩散能力	V29	企业新开发或新引进的技术能很快应用到生产中并解决实际问题
		V30	企业研发新产品成功率处于同行业领先水平
		V31	企业将创造的新知识或核心技术有效地扩散渗透到创新产品中,实现其价值

续表

		题号	测量题项
技术差异化能力	技术开发能力	V32	企业掌握最先进的技术
		V33	企业具备吸收新技术和实现技术差异化的能力
		V34	企业善于对技术资源开发新的用途,催生新技术,增加企业经济效益
		V35	企业不断增加自主知识产权的获取数量
	技术产出能力	V36	企业核心技术开发能力处于同行业较高水平
		V37	企业具有吸收新技术和实现技术差异化产品的能力
		V38	企业具有创造先进工艺流程的能力

第三节 数据分析方法

对于实证研究而言,数据分析方法对其可靠性、有效性和真实性起着决定性的作用,倘若数据分析的方法缺乏准确性和有效性,那么验证理论模型以及研究假设的准确性将寸步难进,从而问卷调查收集到的样本数据将毫无意义。数据分析的具体方法如下。

一、描述性统计分析

对于调查问卷的实证研究而言,描述性统计分析旨在对问卷所获取的样本数据的基本性质进行一般性的统计描述。在进行描述性统计分析时,用来反映观测值数量分布情况的指标值与反映观测值在某个变量上的分布比例的异动数值是其最为关键的指标,即把数量分布的数值与变量比例的异动数值结合在一起,才可以可靠地体现样本数据的分布情况。当前大多数的研究将频数、均值及标准差搭配在一起用以对样本数据进行描述性统计。均值即某个变量的所有测量值在样本总体中的观测值的占比,体现了样本数据"数值"的集中程度情况;标准差基于离均差的算法来衡量变量的异动情况,其二次方即为方差,并且标准差的变动反映着样本数据分布的变动状况。这两个指标都十分重要,并且都顾及了总体样本,因而非常具有合理性。本书从问卷填写人信息、样本企业分布、样本数据特征三个方面对研究对象的整体分布情况进行描述性统计分析。

二、量表的信度分析

量表的信度作为能够很好反映调查问卷量表的内部是否具有一致性的极其关键的指标,能够直接决定实证研究的结果质量。因此,我们想要更深入地进行问卷的数据分析,了解调查问卷是否具有一定的可靠性、有效性和真实性,就需要对样本数据进行信度的检验。我们常用的李克特量表中关于信度检验方面的做法是,通过衡量信度系数和半折度数。因而我们采用 Cronbach's α 值作为衡量分析量表数据内部一致性的主要标准。

因而倘若采用内部的一致性系数去进一步地检验信度,一般存在以下三种结果,即可靠、良好、非常可靠,对应的 α 值分别是 α 小于 0.6、α 值介于 0.7—0.8 之间、α 值大于 0.8,根据这种手段以及分类标准检测了本书量表的信度。本书量表的信度在本节图表中将有展现。

三、量表的效度分析

量表的效度旨在检验出我们所要测量事物的真实程度,其揭示了结构变量和它的测量指标之间的关系。量表的效度越高,也就代表了构念相关本质的特征被测量结果体现得越充分。

量表的效度一般由内容效度和结构效度两部分构成。内容效度常被用来衡量量表中测量题项能否有效体现变量的本质,这样是为了检验量表中测量内容的可靠性和一致性。通常来说,影响内容效度的因素有三点:第一,量表中测量题项不够完整与充分;第二,量表中测量题项间互不相关,其中的些许内容及指标间没有逻辑;第三,对量表中不同内容的权重划分不当,从而损害了内容效度。调查所使用的量表拥有良好内容效度的前提条件是,其量表题项中包含了某构念的重要定义和范围。实际运用时,内容效度主要靠定性分析的方式来检验,普遍操作为征询专家学者的意见,并让其评价量表中对测量变量的题项能否充分反映构念的本质特征。评判结果的关键在于测量题项是否充分反映构念的完整性,测量题项能否合理并显著地体现构念的本质特征,以及测量题项能否根据构念不同的组成部分的重要程度来划分不同的权重。

结构效度由区分效度、聚合效度这两种构成。聚合效度是对某一构念的不同维度进行测量,其各维度的测量结果间有着很高的关联性;区分效度,即对某构念的不同特点及特征进行测量,其测量结果间没有明显的关联性。当前研究检验二者的方法普遍采取验证性因子分析法。如果构建的理论模型和抽样而来的样本数据能够充分地拟合在一起,那么对构念进行验证性因子分析的指标结果,即标准因子载荷应处于 0.5—0.95 之间。此外,当用来测量构念的量表拥有高度的聚合效度时,其反映潜在变量的解释指标异动比例的均方差抽取量应该要大于 0.5。

对区分效度的检验,大多数研究普遍用平均方差抽取量(AVE 值)的平方根与两个因子间标准化相关系数做比较来确认。如果要使量表所测量的构念具有高度的区分效度,那么其平均方差抽取量的平方根应高于两个因子间标准化相关系数,即该构念下的潜变量和测量指标间的共同变异要大于同其他潜变量之间的共同变异。

本书采用 AMOS 24.0 进行验证性因子分析以检验调查问卷所得的样本数据效度。表 5-10 列出了模型拟合标准的拟合统计量。

表 5-10　模型拟合标准的拟合统计量

拟合统计量	含　义	拟合标准
简约拟合指数		
χ^2/df	卡方自由度比值 χ^2/df 显示假设模型的协方差矩阵与观察数据间的拟合程度	介于 1—3
绝对拟合指数		
χ^2 显著性水平	模型的因果路径与实际数据间不一致性的可能性,若 χ^2 达到显著则代表两者间不一致的可能性较大,若 χ^2 未达显著则代表两者的一致性可能性较大	P > 0.05(不显著)
GFI	GFI 用来显示理论构建的复制矩阵对样本数据的观察矩阵的变异量的解释程度	>0.9
RMSEA	RMSEA 为一种不需要基准线模型的绝对性指标,用来显示每个自由度的平均 Σ 与 $\Sigma(\theta)$ 间的差异值	<0.05,拟合良好 <0.08,拟合合理

续表

拟合统计量	含义	拟合标准
增值拟合指数		
NFI	NFI 用于比较某个所提模型与虚无模型之间的卡方值差距,相对该虚无模型卡方值的一种比值	>0.9
CFI	CFI 用于比较限制模型和饱和模型中非集中参数的改善情况,以非集中参数的卡方分布及其非集中参数来定义	>0.9

四、结构方程模型

SEM 的决策流程包括开发理论模型、构建路径关系图、估计模型、评估模型的拟合度及解释模型等步骤。本书应用 AMOS 24.0 来构建资源识取与企业技术差异化能力相关关系主效应的结构方程模型,用以推估各主要变量间、每一维度与其所包含的观察变量间的影响程度,进而验证假设。

根据 AMOS 所提供的功能与指标的意义,本研究选定来评价整体模型适合度的衡量标准的几个主要指标,简述如下:

(1)卡方检定值与其自由度的比值(χ^2/df):χ^2/df 表示每减少一个自由度所降低的卡方值,一般来说,χ^2/df 的比值介于 1—3 之间为标准,表明模型整体拟合度好。

(2)拟合优度指数 GFI:拟合优度指标作为能够衡量研究理论与时间观察的共变结构之变异量和共变量。其中,0<GFI<1,GFI 值与 1 越接近,表明模型的整体拟合度越好,GFI 值大于 0.9 是理想的。

(3)调整拟合优度指标(AGFI):将 GFI 指标以模型自由度与其相对的变量个数比值,调整修正后所得到的较稳定的 AGFI 指标,其理想值要求大于 0.9。

(4)比较适合指标(CFI):CFI 是通过与独立模型相比较来评价拟合程度,即使对于小样本估计模型拟合时也能做得很好。其值介于 0—1 之间,一般要求在 0.9 以上,越接近 1,表明模型拟合程度越好。

(5)基准拟合度指标(NFI):NFI 反映设定模型与独立模型的改善"增量"关系,一般来说,以零模型(Null Model)作为基准所推出的指标,其拟合值必须大于 0.9。

（6）近似误差均方根（RMSEA）：RMSEA 对于实证研究而言是相对比较理想指数，因为 RMSEA 较少受样本数据容量的影响。一般来说，RMSEA 值越小越好。当 RMSEA 小于 0.1 时表示样本数据具有好的拟合程度，小于 0.05 时表示样本数据具有非常好的拟合程度，小于 0.01 时表示样本数据具有非常出色的拟合程度。

五、中介效应检验

在变量的影响关系中，若自变量 X 经由变量 M 影响因变量 Y，那变量 M 就被称为中介变量。中介变量可以划分完全中介和部分中介两种，完全中介是指变量 X 对变量 Y 的影响完全是通过 M 实现，没有 M 的作用 X 将不会对 Y 产生作用，而部分中介则是指变量 X 对变量 Y 的影响部分是通过影响 M 实现的。中介效应如图 5-1 所示。

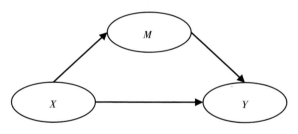

图 5-1　中介效应示意图

关于中介效应的检验大都采用四步法。（1）检验自变量对因变量的影响作用；（2）检验自变量对中介变量的影响作用；（3）检验中介变量对因变量的影响作用；（4）同时检验自变量和中介变量对因变量的影响作用，若中介变量的回归系数达到显著水平，同时对自变量的回归系数显著减小，说明中介变量发挥中介作用。此时，当自变量回归系数减少到不再显著，说明中介变量发挥完全中介作用；若对自变量的回归系数减少但仍然显著，那么中介变量发挥部分中介作用。

六、调节效应检验

温忠麟等（2005）把调节变量定义为可以对自变量与因变量之间正负关系

或关系的强弱程度产生影响的变量,它可以是定性的也可以是定量的。简单来说, X 、 M 、 Y 分别代表自变量、调节变量、因变量,当 X 与 Y 间的关系是关于 M 的函数时,此时 M 即为调节变量。统计分析中,当调节变量 M 与自变量 X 的交互作用会对因变量 Y 造成显著影响时,此时存在调节效应。调节效应指因变量 Y 与自变量 X 二者间因果逻辑不会受到 M 的改变而发生变化,即调节变量明确了影响因果变量间关系的边界条件,并且对特定的情形下变量间的关系差异做了相应的解释。

现有实证研究中关于调节效应的检验大都采用两步法,如图 5-2 所示。首先,我们应当先行检验自变量 X 与因变量 Y 之间是否存在某种显著相关关系,倘若二者之间存在显著的直接相关关系,那么我们就进入第二步的检验中。具体来说,就是自变量 X 乘调节变量 Z 形成新的变量 M ,回代到之前的回归方程中去,然后去验证新的变量 M 与因变量 Y 二者之间是否有直接以及显著相关关系的存在,倘若这种直接和显著线管关系存在的话,能够说明调节变量的调节效应是存在的。

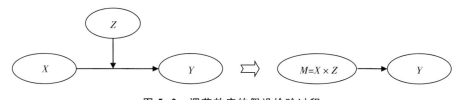

图 5-2　调节效应的假设检验过程

在实证研究中研究假设的调节效应很难用 AMOS 24.0 数据分析工具来实现,故而本书采用 SPSS 23.0 数据统计分析软件并利用多因素方差分析,以期通过较为准确分析各个因素之间的交互作用来检验调节效应的作用。

本章小结

本章的目的在于进行研究设计,为实证检验新产品开发模糊前端阶段企业资源识取行为对技术差异化能力影响的理论模型做好准备,主要由数据收集和变量测量两部分组成。其中,数据收集介绍了问卷设计的过程、样本选择的依据,以及问卷调查与有效性控制。研究变量测量是由研究变量测量的相关指标获取的原则和方法,以及研究变量如何进行操作化定义两部分构成的。在系统性阐述本书的变量测量指标的获取原则和方法,并在基于先前研究的理论成果之上,整合本书的实际研究需要和在访谈中获取的相关重要信息以及行业专业的成熟建议,对本书所提及的相关研究变量进行了操作化定义,将每个研究变量分为几个不同的测量维度,这样可以充分使研究变量的抽象程度降低,继而将这些维度转化为可以观察和测量的关键要素,以形成最终的测量指标。

第六章　数据分析与结果讨论

本章重点是运用所收集的数据检验概念模型与研究假设,以期进一步认识企业技术差异化能力的提升机理。主要内容包括:(1)数据质量分析,涉及描述性统计分析、信度分析与效度分析,用来检验所收集的数据对于检验理论模型和研究假设是有效的、可行的;(2)运用多元层次分析检验概念模型,分析检验各变量间的影响关系;(3)对研究结果进行讨论。

第一节　描述性统计分析

一、被调查者工作职务描述性统计

填写问卷的人中,部门经理占 1.2%,项目经理占 5.8%,技术管理人员占 36.6%,研发人员占 26.1%,工艺人员占 17.5%,采购人员占 8.9%,发展规划人员占 3.9%,如表 6-1 所示。因此,与企业进行资源识取密切相关的技术管理人员、研发人员、工艺人员和采购人员的总和占到 89.1%,符合研究的需要。

表 6-1　工作职务描述性统计

工作职务	频数	频率	有效频率	累计频率
部门经理	3	1.2	1.2	1.2
项目经理	15	5.8	5.8	7.0
技术管理人员	94	36.6	36.6	43.6
研发人员	67	26.1	26.1	69.6
工艺人员	45	17.5	17.5	87.2

续表

工作职务	频数	频率	有效频率	累计频率
采购人员	23	8.9	8.9	96.1
发展规划人员	10	3.9	3.9	100.0
合计	257	100.0	100.0	—

二、企业性质描述性统计

企业性质分类参考国家统计局的有关企业性质分类标准,从受调查企业性质来看,国有控股(27.2%)、股份制(21.0%)、民营企业(17.5%)占了样本总数的大部分(65.7%),此外中外合资和外商独资分别占到15.2%和19.1%,如表6-2所示。

表6-2　企业性质描述性统计

企业性质	频数	频率	有效频率	累计频率
国有控股	70	27.2	27.2	27.2
民营企业	45	17.5	17.5	44.7
股份制(非国有控股)	54	21.0	21.0	65.8
中外合资	39	15.2	15.2	80.9
外商独资	49	19.1	19.1	100.0
总计	257	100.0	100.0	—

第二节　量表的信度与效度分析

信度检验方面,采用Cronbach's α值检验量表的信度。界内资源识取、跨界资源识取、调整型集成、丰富型集成、开拓型集成、吸收能力、利用式创新导向、探索式创新导向和技术差异化能力的Cronbach's α值分别为0.817、0.836、0.824、0.837、0.863、0.820、0.837、0.842、0.887,均大于0.700,说明量表具有较高信度,如表 6-3 所示。效度检验方面,采用每个变量的平均变异抽取值(AVE)和组合信度检验量表效度。界内资源识取、跨界资源识取、调整型集成、丰富型集成、开拓型集成、吸收能力、利用式创新导向、探索式创新导向和技术差异化能力的 AVE 值分别为 0.563、0.549、0.554、0.572、0.565、0.537、0.581、0.578、0.593,均大于 0.500,组合信度值分别为 0.829、0.835、0.847、0.839、0.871、0.842、0.826、0.853、0.826,均大于 0.800,说明量表具有较高效度。

表 6-3　信度与效度检验结果

变量	Cronbach's α	因子载荷	AVE	CR
界内资源识取	0.817		0.563	0.829
本企业能够跟踪行业内的最新技术发展,非常了解本行业的专利发明情况		0.765		
本企业收集与我们使用同类专利的所有行业和企业的信息		0.748		
本企业时刻关注在专利属性方面与我们密切相关的行业和企业		0.773		
本企业密切关注那些在我们的产品领域不是领导者,但是拥有与我们相似专利的企业		0.751		
跨界资源识取	0.836		0.549	0.835
本企业不断尝试尚不成熟且具有一定风险的技术,接触新的专利和知识		0.725		
本企业愿意主动进入跨越现有专利边界的新技术领域		0.762		
本企业致力于寻求新的创意知识以突破现有专利局限		0.771		
调整型集成方式	0.824		0.554	0.847
本企业能够将不同来源和不同类型的创意知识进行有条理的分类、整合和利用		0.753		
本企业平时注重内部资源共享且具有较为开放的资源交流平台		0.749		
本企业能够将外部知识转化为员工个体所掌握,也能将个体知识转化为企业知识库		0.786		
本企业擅长资源调配与优化		0.770		

续表

变量	Cronbach's α	因子载荷	AVE	CR
丰富型集成方式	0.837		0.572	0.839
本企业能够将获取的外部创意知识融入解决问题的实践过程中,以形成企业自己的创意知识库		0.723		
本企业努力提高已有的技术在多个相关业务领域的适用性		0.755		
本企业能够在内部推广新技术的阻力较小		0.732		
开拓型集成方式	0.863		0.565	0.871
本企业能够有效地将创造的新知识或核心技术扩散和渗透到不同的产品中去		0.782		
本企业能够实现产品、服务和信息的新组合		0.753		
本企业能够承担风险开发新的技术知识		0.749		
吸收能力	0.820		0.537	0.842
本企业能够快速地分析和理解市场需求变化		0.720		
本企业能很快地将外部新知识纳入企业内部		0.747		
本企业能够很快理解外部获得的新创意知识		0.759		
本企业能够快速消化、吸收外部各类信息、创意,形成新的创意知识		0.726		
本企业能将已消化的新创意知识与企业原有的知识进行融合		0.719		
利用式创新导向	0.837		0.581	0.826
本企业努力更新现有技术以生产同类产品		0.739		
本企业对现有成熟技术的开发进行投资以提高生产效率		0.774		
本企业不断改良现有的生产工业和流程		0.786		
本企业注重提升与现有客户问题接近的解决方案的能力		0.734		
探索式创新导向	0.842		0.578	0.853
本企业致力于寻求全新的、有发展前景的新技术		0.724		
本企业不断尝试推出新的换代产品		0.736		

续表

变 量	Cronbach's α	因子载荷	AVE	CR
本企业勇于承担开发新产品或技术带来的风险		0.792		
本企业勇于进入新技术领域		0.745		
技术差异化能力	0.887		0.593	0.826
我们有获得最新科学和技术知识的能力		0.728		
我们有创造先进工艺流程的能力		0.773		
我们有成功进行技术创新活动的能力		0.762		
我们有吸引和留住高素质技术人才的能力		0.759		
我们有吸收新技术和实现技术差异化产品的能力		0.780		

第三节　假设检验

本书在第三、四、五章中分别就提及的变量以及这些变量互相之间的关系展开了理论性的探索,据此构建本书的理论模型并提出了与此相关的研究假设。由本书的理论模型及研究假设可以看出,本书存在三种不同的关系效应,首先,创意资源识取对技术差异化能力的主效应影响;其次,调整型集成、丰富型集成与开拓型集成的中介效应;最后,吸收能力及创新导向存在调节效应。因而本节的主要任务是采用结构方程模型对本书的整体理论模型、创意资源识取和技术差异化能力之间的主效应以及调整型集成、丰富型集成与开拓型集成的中介效应关系的研究假设进行进一步的检验,并采用多因素分析对吸收能力及创新导向的调节效应关系的相关研究假设进行进一步的检验。

一、资源识取对企业技术差异化能力影响的主效应假设检验

（一）构建结构方程模型

在之前关于量表信效度分析的基础之上,整合第四、五章中管理变量间相互

关系探索以及理论模型构建,在本节我们将采用 AMOS 24.0 数据分析软件,构建创意资源识取与企业技术差异化能力两者之间的主效应影响关系的结构方程模型,每一构念由多个测量题项进行合成,形成单一的或者极少数的相关测量的指标,继而对整体理论模型进行进一步的分析,以期对本书理论模型的拟合度进行验证。对本书理论模型的相关研究假设以及变量之间的路径关系进行分析,如图 6-1 所示。

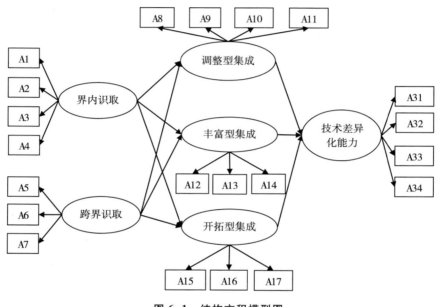

图 6-1　结构方程模型图

(二)模型拟合度检验

P = 0.474 > 0.05,模型 P 值大于 0.05 的显著性水平,表明构建的模型与问卷的拟合程度是非常好的,如表 6-4 所示。本研究模型的绝对拟合度测量指标 $\chi^2/df = 1.536 < 3.000$,近似误差均方根 RMSEA = 0.023 < 0.050,表示非常好的拟合;GFI = 0.972 > 0.900,AGFI = 0.949 > 0.900,NFI = 0.953 > 0.900,TLI = 0.989 > 0.900,CFI = 0.987 > 0.900,且均与理想值 1 非常接近。因此,以上所有测量指标都满足要求。由表 6-4 可知,界内识取、跨界识取、调整型集成、丰富型集成、开拓型集成和技术差异化能力六个变量内的所有指标的标准化载荷系数估计值良好,模型的收敛效度很理想。因此整体而言,该模型的拟合度比较理想,该量表具有整体的建构效度。

表6-4　模型拟合度检验结果

拟合指标	理想数值区间	拟合结果	拟合情况
绝对拟合指数 P	>0.05	0.474	满足
$\chi^2/df(D/df)$	<3	1.536	满足
拟合优度指数 GFI	>0.9	0.972	满足
调整拟合优度指数 AGFI	>0.9	0.949	满足
标准拟合指数 NFI	>0.9	0.953	满足
非正态化拟合指数 TLI	>0.9	0.989	满足
比较拟合指数 CFI	>0.9	0.987	满足
近似误差均方根 RMSEA	<0.05	0.023	满足

(三)模型路径效果分析与假设检验

在 AMOS 24.0 路径分析的基础上,可以探究各个潜在变量之间的相关关系效果。我们将结合表6-5 结构方程模型的数据分析统计表中的结果对各个变量之间的路径检验效果及研究检验结果进行进一步的分析。对结构方程模型结果进行解释大都采用标准化回归系数或者非标准化回归系数,根据一般的常规规定,本书将采用标准化回归系数去解释说明各个变量之间的相互关系。具体来说,标准化回归系数的绝对值如果小于 0.10 时,变量间影响关系是低效应;如果在 0.30 附近时,变量间影响关系是中效应;如果小于 0.50 时,变量间影响关系是高效应。

表6-5　结构方程模型分析结果统计表

路径效果	标准化回归系数	标准差	临界值	P
界内识取→调整型集成	0.446	0.128	2.762	0.000
跨界识取→调整型集成	0.013	0.174	2.405	0.307
界内识取→丰富型集成	0.373	0.267	3.147	0.005

续表

路径效果	标准化回归系数	标准差	临界值	P
跨界识取→丰富型集成	0.215	0.148	2.424	0.000
界内识取→开拓型集成	0.002	0.116	1.853	0.648
跨界识取→开拓型集成	0.059	0.203	0.689	0.001
调整型集成→技术差异化能力	0.378	0.238	3.721	0.001
丰富型集成→技术差异化能力	0.127	0.351	2.613	0.060
开拓型集成→技术差异化能力	0.240	0.260	1.327	0.000

由表 6-5 可知,创意资源界内识取对调整型集成直接影响的标准化回归系数是 0.446($P<0.01$),这表明创意资源界内识取对调整型集成影响效果显著,假设 H_{2a} 成立;创意资源跨界识取对调整型集成直接影响的标准化回归系数是 0.013($P>0.05$),这表明创意资源跨界识取对调整型集成影响效果不显著,假设 H_{2d} 不成立;创意资源界内识取对丰富型集成直接影响的标准化回归系数是 0.373($P<0.01$),这表明创意资源界内识取对丰富型集成影响效果显著,假设 H_{2b} 成立;创意资源跨界识取对丰富型集成直接影响的标准化回归系数是 0.215($P<0.01$),这表明创意资源跨界识取对丰富型集成影响效果显著,假设 H_{2e} 成立;创意资源界内识取对开拓型集成直接影响的标准化回归系数是 0.002($P>0.05$),这表明创意资源界内识取对开拓型集成影响效果不显著,假设 H_{2c} 不成立;创意资源跨界识取对开拓型集成直接影响的标准化回归系数是 0.059($P<0.01$),这表明创意资源跨界识取对开拓型集成影响效果显著,假设 H_{2f} 成立;调整型集成对技术差异化能力直接影响的标准化回归系数是 0.378($P<0.01$),这表明调整型集成对技术差异化能力影响效果显著,假设 H_{3a} 成立;丰富型集成对技术差异化能力直接影响的标准化回归系数是 0.127($P<0.05$),这表明丰富型集成对技术差异化能力影响效果中等,假设 H_{3b} 成立;开拓型集成对技术差异化能力直接影响的标准化回归系数是 0.240($P<0.01$),这表明丰富型集成对技术差异化能力影响效果显著,假设 H_{3c} 成立。

二、中介效应检验

采用温忠麟等(2005)给出的中介变量检验方法,进一步检验创意资源集成在创意资源识取与企业技术差异化能力的中介效应,结果如表6-6所示。

表6-6　回归分析结果

变量	企业技术差异化能力						调整型集成	丰富型集成	开拓型集成
	模型1	模型2	模型3	模型4	模型5	模型6	模型7	模型8	模型9
界内识取	0.322***		0.288***	0.265***			0.180***	0.212**	0.111
跨界识取		0.208***			0.189***	0.171***	0.101	0.246**	0.204**
调整型集成			0.341***						
丰富型集成				0.367***	0.256***				
开拓型集成						0.301***			
R^2	0.269	0.143	0.343	0.356	0.201	0.276	0.171	0.326	0.144
调整R^2	0.262	0.141	0.340	0.351	0.197	0.273	0.121	0.319	0.138
F值	27.897***	24.537***	33.956***	34.257***	25.768***	26.123***	18.481***	26.776***	24.065***

注: *、**、*** 分别表示在10%、5%、1%的水平上显著。

由模型1和模型2结果可知,界内识取对企业技术差异化能力具有显著正向影响($\beta = 0.322$, $p < 0.001$);跨界识取对企业技术差异化能力具有显著正向影响($\beta = 0.208$, $p < 0.001$),假设 H_{1a} 和 H_{1b} 得到验证。

由模型7—模型9结果可知,界内识取对调整型集成($\beta = 0.180$, $p < 0.001$)、丰富型集成($\beta = 0.212$, $p < 0.01$)均具有显著正向影响,假设 H_{2a} 和 H_{2b} 得到验证;界内识取对开拓型集成有正向影响,但影响作用不显著($\beta = 0.111$, $p > 0.05$),假设 H_{2c} 未通过验证;跨界识取对丰富型集成($\beta = 0.246$, $p < 0.01$)、开拓型集成($\beta = 0.204$, $p < 0.01$)具有显著正向影响,假设 H_{2e} 和 H_{2f} 得到验证;跨界识取对调

整型集成有正向影响,但影响作用不显著($\beta = 0.101$,p>0.05),假设 H_{2d} 未通过验证。

结合模型 1 和模型 3 可知,调整型集成进入模型后,界内识取($\beta = 0.288$,p<0.01)、调整型集成($\beta = 0.341$,p<0.001)对企业技术差异化能力正向影响显著,但相较于模型 1 中界内识取对企业技术差异化能力的回归系数由 0.322 降为 0.288,说明调整型集成在界内识取对企业技术差异化能力作用关系中起部分中介作用,假设 H_{4a} 得到验证。

结合模型 1 和模型 4 可知,丰富型集成进入模型后,界内识取($\beta = 0.265$,p<0.001)、丰富型集成($\beta = 0.367$,p<0.001)对企业技术差异化能力正向影响显著,但相较于模型 1 中界内识取对企业技术差异化能力的回归系数由 0.322 降为 0.265,说明丰富型集成在界内识取对企业技术差异化能力作用关系中起部分中介作用,假设 H_{4b} 得到验证。

结合模型 2 和模型 5 可知,丰富型集成进入模型后,跨界识取($\beta = 0.189$,p<0.001)、丰富型集成($\beta = 0.256$,p<0.001)对企业技术差异化能力正向影响显著,但相较于模型 1 中跨界识取对企业技术差异化能力的回归系数由 0.246 降为 0.189,说明丰富型集成在跨界识取对企业技术差异化能力作用关系中起部分中介作用,假设 H_{4e} 得到验证。

结合模型 2 和模型 6 可知,开拓型集成进入模型后,跨界识取($\beta = 0.171$,p<0.001)、开拓型集成($\beta = 0.301$,p<0.001)对企业技术差异化能力正向影响显著,但相较于模型 1 中跨界识取对企业技术差异化能力的回归系数由 0.208 降为 0.171,说明开拓型集成在跨界识取对企业技术差异化能力作用关系中起部分中介作用,假设 H_{4f} 得到验证。

三、调节效应检验

采用 SPSS 23.0 数据分析软件分别检验吸收能力和创新导向的调节效应。

(一)吸收能力调节效应检验

从表 6-7 可以看出,多重共线检验结果得到的全部 VIF 值皆小于 10,说明多重共线问题不存在。根据模型 1,界内识取与企业技术差异化能力二者之间显著正相关(β=0.365,p<0.001),吸收能力与企业技术差异化能力间也呈现正相关关系(β=0.356,p<0.001);模型2在模型1的基础上添加了界内识取和吸收能力的交互项,结果显示,交互项"创意资源界内识取×吸收能力"对技术差异化能力是具有显著正影响效应的(β=0.556,p<0.001)。由此得出,吸收能力作为创意资源界内识取和技术差异化能力二者的调节变量,其具有显著积极的调节效应,研究假设 H_{5a} 成立。

根据模型3,跨界识取与企业技术差异化能力二者之间显著正相关(β=0.524,p<0.001),吸收能力与企业技术差异化能力间也呈现正相关关系(β=0.145,p<0.001);模型4在模型3的基础上添加了跨界识取和吸收能力的交互项,结果显示,交互项"创意资源跨界识取×吸收能力"对技术差异化能力是具有显著正影响效应的(β=0.732,p<0.001)。由此得出,吸收能力作为创意资源跨界识取和技术差异化能力二者的调节变量,其具有显著积极的调节效应,研究假设 H_{5b} 成立。

表 6-7　吸收能力的调节效应结果

变量	企业技术差异化能力			
	模型 1	模型 2	模型 3	模型 4
创意资源界内识取	0.365***	0.578***		
创意资源跨界识取			0.524***	0.739***
吸收能力	0.356***	0.482***	0.145*	0.341***
创意资源界内识取×吸收能力		0.556***		
创意资源跨界识取×吸收能力				0.732**
R^2	0.375	0.842	0.352	0.879
Adjusted R^2	0.379	0.776	0.348	0.842
Sig of F	0.000	0.000	0.000	0.000
VIF	1.173	3.232	1.141	4.398

注:*、**、***分别表示在10%、5%、1%的水平上显著。

（二）利用式创新导向调节效应检验

从表6-8可以看出，多重共线检验结果得到的全部VIF值皆小于10，说明多重共线问题不存在。模型1显示，界内识取与企业技术差异化能力二者之间显著正相关（$\beta=0.343$，$p<0.001$），利用式创新导向与企业技术差异化能力间也呈现正相关关系（$\beta=0.147$，$p<0.05$）；模型2在模型1的基础上加入界内识取和利用式创新导向的交互项，交互项"界内识取×利用式创新导向"对技术差异化能力的正向影响显著（$\beta=0.746$，$p<0.001$）。模型3显示，跨界识取与企业技术差异化能力二者之间显著正相关（$\beta=0.624$，$p<0.001$），利用式创新导向与企业技术差异化能力间也呈现正相关关系（$\beta=0.145$，$p<0.05$）；模型4在模型3的基础上加入跨界识取和利用式创新导向的交互项，交互项"跨界识取×利用式创新导向"对技术差异化能力有正向影响，但未达到显著水平（$\beta=0.139$，$p>0.05$）。由此得出，在利用式创新导向下，界内识取对技术差异化能力的影响比跨界识取对技术差异化能力的影响更显著，研究假设H_{6a}成立。

表6-8 利用式创新导向的调节效应分析参数统计表

变量	企业技术差异化能力			
	模型1	模型2	模型3	模型4
界内识取	0.343	0.740***		
跨界识取			0.624***	0.746***
利用式创新导向	0.147*	0.353***	0.145*	0.327**
界内识取×利用式创新导向		0.746***		
跨界识取×利用式创新导向				0.139
R^2	0.358	0.882	0.336	0.866
Adjusted R^2	0.343	0.847	0.374	0.851
Sig of F	0.000	0.000	0.000	0.000
VIF	1.147	4.502	1.178	4.000

（三）探索式创新导向调节效应检验

从表6-9可以看出，多重共线检验结果得到的全部VIF值皆小于10，说明多重共线问题不存在。模型 5 显示,界内识取与企业技术差异化能力二者之间显著正相关($\beta = 0.365, p < 0.001$),探索式创新导向与企业技术差异化能力间也呈现正相关关系($\beta = 0.151, p < 0.001$);模型 6 在模型 5 的基础上加入界内识取和探索式创新导向的交互项,交互项"界内识取×探索式创新导向"对技术差异化能力的正向影响不显著($\beta = 0.078, p > 0.05$)。模型 7 显示,跨界识取与企业技术差异化能力二者之间显著正相关($\beta = 0.524, p < 0.001$),探索式创新导向与企业技术差异化能力间也呈现正相关关系($\beta = 0.136, p < 0.001$);模型 8 在模型 7 的基础上加入跨界识取和探索式创新导向的交互项,交互项"跨界识取×探索式创新导向"对技术差异化能力有显著正向影响($\beta = 0.739, p < 0.001$)。由此得出,在探索式创新导向下,跨界识取对技术差异化能力的影响比界内识取对技术差异化能力的影响更显著,研究假设 H_{6b} 成立。

表 6-9　探索式创新导向的调节效应分析参数统计表

变量	企业技术差异化能力			
	模型 5	模型 6	模型 7	模型 8
界内识取	0.365 ***	0.744 ***		
跨界识取			0.524 ***	0.743 ***
探索式创新导向	0.151 **	0.337 ***	0.136 ***	0.335 ***
界内识取×探索式创新导向		0.078		
跨界识取×探索式创新导向				0.739 ***
R^2	0.356	0.865	0.359	0.866
Adjusted R^2	0.339	0.838	0.351	0.851
Sig of F	0.000	0.000	0.000	0.000
VIF	1.145	3.972	1.148	4.000

第四节　结果讨论

实证结果表明:大样本调查获得的数据质量良好,理论模型中各变量的测量量表具有良好的信度与效度;除假设 H_{2c}、H_{2d}、H_{4c}、H_{4d} 未通过验证外,其余研究假设均得到了实证数据的验证,如表 6-10 所示,这意味着第四章构建的理论模型和提出的研究假设较为符合企业实际情况。基于以上实证结果,对实证结果的深入分析与讨论,以期得到更具实践指导意义的研究结果。

表 6-10 假设检验结果汇总

假设	假设内容	检验结果
H_{1a}	界内识取正向影响技术差异化能力	通过
H_{1b}	跨界识取正向影响技术差异化能力	通过
H_{2a}	界内识取正向影响调整型集成	通过
H_{2b}	界内识取正向影响丰富型集成	通过
H_{2c}	界内识取正向影响开拓型集成	不通过
H_{2d}	跨界识取正向影响调整型集成	不通过
H_{2e}	跨界识取正向影响丰富型集成	通过
H_{2f}	跨界识取正向影响开拓型集成	通过
H_{3a}	调整型集成正向影响技术差异化能力	通过
H_{3b}	丰富型集成正向影响技术差异化能力	通过
H_{3c}	开拓型集成正向影响技术差异化能力	通过
H_{4a}	调整型集成在界内识取与技术差异化能力之间起中介作用	通过
H_{4b}	丰富型集成在界内识取与技术差异化能力之间起中介作用	通过
H_{4c}	开拓型集成在界内识取与技术差异化能力之间起中介作用	不通过
H_{4d}	调整型集成在跨界识取与技术差异化能力之间起中介作用	不通过
H_{4e}	丰富型集成在跨界识取与技术差异化能力之间起中介作用	通过
H_{4f}	开拓型集成在跨界识取与技术差异化能力之间起中介作用	通过
H_{5a}	企业吸收能力正向调节界内识取行为与技术差异化能力之间的关系	通过
H_{5b}	企业吸收能力正向调节跨界识取与技术差异化能力之间的关系	通过
H_{6a}	在利用式创新导向下,界内识取对技术差异化能力的影响比跨界识取对技术差异化能力的影响更显著	通过
H_{6b}	在探索式创新导向下,跨界识取对技术差异化能力的影响比界内识取对技术差异化能力的影响更显著	通过

界内识取、跨界识取正向影响技术差异化能力,假设 H_{1a}、H_{1b} 成立。高科技企业通过界内识取能在特定技术领域积累大量的技术知识、经验与技术诀窍,通过对新技术知识的诠释、利用和凝练,催生特定技术领域中新技术知识的产生,增加企业技术知识深度,从而提升企业的技术差异化能力。而跨界识取可以增强企业开发复杂产品的能力,使其突破现有业务领域、产品系列的范围限制,开拓全新的价值网络,或改变企业现有价值网络,进而实现技术或商业模式方面的全面创新,从而提升企业技术差异化能力。

界内识取正向影响调整型集成、丰富型集成;而跨界识取正向影响丰富型集成、开拓型集成,假设 H_{2a}、H_{2b}、H_{2e} 和 H_{2f} 成立。界内识取能够通过获取相关知识与资源,使企业在技术发展方向上始终与企业战略保持一致,因而能够提升企业对当前技术的调整与丰富,从而增加企业技术知识深度,丰富并深化企业现有技术能力。而跨界识取促使企业拥有足够的新知识能够促进企业对现有的资源利用能力进行创新调整,使企业更好地适应环境的变化以稳定的发展,同时企业获取目标领域大量的新知识,从技术边界之外的视角不断完善、丰富企业现有的创意资源利用能力,提高技术知识的广度与丰富度,并且通过不同技术领域的新旧技术知识间的相互碰撞与激荡,能够创造更多跨技术领域的新知识,从而增加企业技术知识宽度,实现对资源利用的开拓式创新。

调整型集成、丰富型集成在界内识取和技术差异化能力之间具有部分中介效应;丰富型集成、开拓型集成在跨界识取和技术差异化能力之间具有部分中介效应,假设 H_{4a}、H_{4b}、H_{4e} 和 H_{4f} 成立。调整型集成使企业能够快速响应市场变化,做出相应调整,及时地满足客户动态变化的需求。丰富型集成促使企业通过对现有资源进行丰富细化并加以利用。开拓型集成是指对所获取资源的核心概念重新设计,或者对其内部逻辑做出根本性改变。界内识取能够有效提高企业技术利用能力,丰富当前技术领域的知识深度。跨界识取能够提升企业探索能力,扩宽企业技术知识深度。因而,界内识取可通过调整型集成、丰富型集成,跨界识取可通过丰富型集成、开拓型集成资源利用方式,共同实现创意资源在组织创新系统中的动态关联与平衡,从而更好地提升企业的技术差异化能力。

吸收能力在界内识取与技术差异化能力、跨界识取与技术差异化能力之间具有正向调节效应,假设 H_{5a}、H_{5b} 成立。企业技术差异化能力是以充足的差异化和多样化技术知识储备为基础,这就需要企业通过资源识取行为识别和获取多种不同技术领域的知识,而消化能力在此过程中起到非常重要的作用。新技术知识被企业成功获取后,必须对那些在编码和解码等方面不一致的新知识进行特定处理,通过对所识取的陌生的、具有特定情境的新知识进行认真细致的分析和诠释,使得这些知识被充分的消化、整合和重构,促进技术差异化能力的提升。

利用式创新导向正向显著调节界内资源识取行为对技术差异化能力之间的关系,探索式创新导向正向调节跨界资源识取行为对技术差异化能力之间的关系,假设 H_{6a} 和 H_{6b} 成立。在利用式创新导向下,企业倾向于通过在现有技术领域中充分挖掘和利用技术知识,关注对技术知识的利用效率和技术知识的搜寻深度。企业就会倾向于继续在该领域搜索、识别和获取技术资源,以实现现有技术领域的突破。在探索式创新导向下,企业更注重新观点的产生、对新工作方式的尝试和新技术的开发,强调新技术知识的宽泛性和多样性。通过跨界识取能够向企业技术知识库引入更多的异质性技术知识,实现技术知识的重新组合,形成技术差异化能力。

本章小结

本章重点是运用收集到的数据实证检验新产品开发模糊前端阶段技术差异化能力的理论模型与研究假设,以打开企业技术差异化能力提升机理的"黑箱"。主要内容包括:(1)调研数据的质量分析,利用描述性统计分析、信度分析与效度分析的方法检验调研问卷所获数据的可靠性和可信性,以保证所收集数据对于检验理论模型和研究假设是有效的、可行的。(2)运用多元层次分析检验概念模型,分析检验各个研究假设,利用 AMOS 24.0 统计软件检验理论模型中的主效应,即资源识取行为、资源利用方式和技术差异化能力间的影响关系。利用 SPSS 23.0 统计软件检验理论模型中的调节效应,即企业创新导向和吸收能力在资源识取和技术差异化能力间是否具有调节效应。(3)对实证研究的结果进行详细讨论,明确本研究所提研究假设的合理性。

第七章　研究结论与启示

　　现有开放式模糊前端的相关文献大都强调如何有效"去模糊化"的重要性，但对于"模糊化"产生的原因以及如何"去模糊化"的研究缺乏系统分析，所提解决方案具有一定局限性，有效"去模糊化"这一现实问题一直没有得到有效的解答。基于对新产品开发中开放式模糊前端阶段的深入剖析，本书提出在此阶段企业不能对大量外部创意资源及时、有效做出精准识别和筛选是导致开放式模糊前端呈现模糊化特点的源头所在，而要实现模糊前端阶段创意资源的精准识别和筛选，将有发展潜力的创意资源转化为产品概念，企业需要跨越技术差异化能力这道"鸿沟"。基于此，本书在对前期相关文献认真梳理的基础上，提出企业技术差异化能力能够在很大程度上有效解决开放式模糊前端"去模糊化"这一问题。然而，技术差异化能力究竟是什么？它由哪些维度构成？其关键影响因素包括哪些？以及这些影响因素间如何相互作用促进企业技术差异化能力的提升？针对这些问题的前期研究仍处于初步探索阶段。基于扎根理论的研究方法，本书首先对企业技术差异化能力的构念进行了探索性分析，明确了技术差异化能力的结构维度，并开发了一套信效度良好的测量量表；其次总结和归纳了新产品开发模糊前端阶段技术差异化能力的关键影响因素，揭示了各个影响因素如何相互作用提升技术差异化能力的微观机理。本章将阐述主要的研究结论，提出相应的理论贡献与实践启示。

第一节　主要研究结论

　　本书重点探讨在新产品开发模糊前端阶段如何提升企业技术差异化能力的

问题。首先对新产品开发、模糊前端及企业技术差异化能力等相关研究成果进行详细的梳理与分析,明确前期研究的不足之处,进一步凸显研究问题的科学性。其次,运用扎根理论方法探究企业技术差异化能力构念的概念边界和结构维度,并通过探索性和验证性因子分析等方法对所提技术差异化能力测量量表的信效度进行检验。再次,基于资源编排理论,遵从资源构建—资源整合—资源价值创造三个阶段模型,归纳了在新产品开发模糊前端阶段企业技术差异化能力的关键影响因素。通过理论推演探讨上述影响因素对企业技术差异化能力的影响机理,构建新产品开发模糊前端企业技术差异化能力提升机理的理论模型,提出相应研究假设。最后,设计合理、有效的实证研究过程,运用 SPSS 和 AMOS统计分析软件,对理论模型和假设进行实证验证。主要研究结论如下:

第一,使用扎根理论的研究方法探索了企业技术差异化能力的内涵和构成维度。基于对已有研究文献的梳理和分析,严格按照扎根理论的研究方法,采用开放式深度访谈和焦点团队访谈,探索企业技术差异化能力的构成维度,回答"企业技术差异化能力是什么"的问题,在此基础上构建一套信度和效度良好的测量量表,为研究新产品开发模糊前端阶段企业技术差异化能力提升机理奠定理论基础。本书认为,企业技术差异化能力是差异化和多样化技术知识的母体,是企业在自身技术愿景基础上,通过感知、获取、整合和吸收内外部技术资源,形成多样化的技术轨道,重构企业资源价值体系,以快速推出差异化产品或服务,及时响应顾客需求的一种动态能力。研究表明,企业技术差异化能力的四个结构维度分别是技术愿景能力、技术感知能力、技术捕捉能力和技术重构能力,它们是企业技术差异化能力这一核心范畴的重要构成。具体而言,技术愿景能力是以企业技术导向为前提,对外部技术机会和资源进行机会识别,并对外部新技术机会可能产生新产品的市场需求进行提前预测和判断的能力;技术感知能力是企业在敏锐洞察外部技术资源价值机会,充分了解和掌握前沿领先技术成果的基础上,对外部有价值的技术、信息、经验进行扫描和监测,以认识和评估外部技术机会和资源的能力;技术捕捉能力是企业在适应外部环境突然变化的基础上,能够对有价值的技术知识或经验进行有效的获取能力;技术重构能力是企业通过对外部技术资源的理解、吸收、消化和利用,并结合自身资源基础,自主创造新知识,以推出差异化产品和服务,提升市场竞争力的能力。以此为基础,开发了技术差异化能力的初始测量量表。采用大样本问卷调查,运用探索性因子分析、验证性因子分析等数据统计分析方法,检验了企业技术差异化能力的一阶四因子结构能够较好地拟合实际数据,测量量表具有较好的信度与效度。

第二,基于资源编排理论,遵循资源构建—资源整合—资源价值创造三阶段模型,提取了8个影响新产品开发模糊前端阶段企业技术差异化能力的关键因素,分别是界内创意资源识取、跨界创意资源识取、调整型集成、丰富型集成、开拓型集成、吸收能力、利用式创新导向和探索式创新导向,企业技术差异化能力是这8个关键因素共同作用的结果。具体而言,界内创意资源识取是指企业在同行业或同一技术轨道上对创意资源等技术知识的识别与筛选,代表企业对其自身技术的了解和关注程度。跨界创意资源识取是指企业超越已有技术边界对新颖创意资源等技术知识的识取,利用不同技术领域的多元化技术知识扩大技术基础。调整型集成反映企业对现有创意资源组合进行微调,保持现有人员、技术、管理流程等基础性资源不发生显著变化。丰富型集成反映企业通过学习新技能或通过补充新创意资源来扩展和延伸当前技术知识能力,实现资源整合过程中的丰富细化。开拓型集成反映企业将自身内部资源与可获取的外部创意资源,以新的组合方式来进行资源价值创造。吸收能力反映企业能够高效评估外部创意资源等技术信息和理解市场需求,对外部技术知识进行消化、整合、吸收和利用的能力。利用式创新导向是指企业在现有技术轨道上,对产品、工艺流程的完善与改进,以及获取解决现有顾客问题的新方法和新方案,是以创新幅度较小且渐进方式进行产品创新。探索式创新导向是指企业偏离现有技术轨道,脱离现有技术知识基础,以全新的技术知识方式进行产品创新。

第三,本书研究的结果表明,界内创意资源识取、跨界创意资源识取正向影响企业技术差异化能力,说明企业可通过界内识取行为和跨界识取行为实现技术差异化能力的提升。界内创意资源识取能帮助企业在特定技术领域积累大量的技术知识、经验与技术诀窍,通过对新技术知识的诠释、利用和凝练,催生特定技术领域中新技术知识的产生,从而增加企业技术知识深度,提升企业技术差异化能力。而跨界创意资源识取可增强企业开发复杂产品的能力,使其突破现有业务领域和产品系列的范围限制,改变企业现有资源价值或开拓全新的资源价值,进而实现技术资源价值的创新,二者是企业在新产品开发模糊前端阶段技术差异化能力提升的重要保障。

第四,本书的结果也表明,界内创意资源识取对调整型集成和丰富型集成有显著的正向影响,跨界创意资源识取对丰富型集成和开拓型集成有显著的正向影响;调整型集成、丰富型集成和开拓型集成均对技术差异化能力有显著的正向影响;调整型集成和丰富型集成在界内创意资源识取和技术差异化能力关系间具有部分中介效应,丰富型集成和开拓型集成在跨界创意资源识取和技术差异化能力关系间具有部分中介效应。说明界内创意资源识取、跨界创意资源识取有差异性地通过调整型集成、开拓型集成、丰富型集成提升企业技术差异化能力。具体来说,界内创意资源识取能够有效提高企业技术利用能力,扩宽企业技术知识的深度。通过调整型集成使得企业能够快速响应市场变化,作出相应的资源调整和配置,同时,还可以利用丰富型集成促进对现有资源进行丰富细化,及时地满足客户动态变化的需求。跨界创意资源识取则能够提升企业探索能力,扩宽企业技术知识深度。通过丰富型集成和开拓型集成利用方式对所获资源的核心概念进行重新设计,或者对其内部逻辑做出根本性改变,实现创新资源在组织创新系统中的动态关联与平衡,从而更好地提升企业的技术差异化能力。

第五,本书的结果还表明,界内创意资源识取、跨界创意资源识取对技术差异化能力具有显著的正向影响;吸收能力在界内创意资源识取和技术差异化能力、跨界创意资源识取和技术差异化能力之间均具有正向调节效应;利用式创新导向正向调节界内创意资源识取和技术差异化能力之间的关系,探索式创新导向正向调节跨界创意资源识取和技术差异化能力之间的关系。由于企业技术差异化能力是以差异化和多样化技术知识为基础,在新产品开发模糊前端阶段需要通过不同的资源识取行为获得多种不同技术领域的知识,吸收能力在此过程中起到非常重要的作用。获得新技术知识后,企业必须对这些在编码和解码等方面不一致的新知识进行特定处理,通过对这些新颖的、具有特定情境的知识进行详细分析和诠释,确保这些知识被充分消化和吸收,以此促进技术差异化能力的提升。同时,在利用式创新导向下,企业可以在现有技术领域中充分挖掘和利用技术知识,通过高效利用界内识取获得的技术知识,提高技术知识搜寻和利用效率,实现对现有技术领域的突破从而提升技术差异化能力。在探索式创新导向下,企业更注重新观点的产生,以及对新工作方式的尝试和新技术的开发,注重新技术知识的宽泛性和多样性。通过利用跨界识取的异质性技术知识,实现技术知识的重新组合和重新构建,提升技术差异化能力。

第二节　理论贡献

本书主要考察新产品开发模糊前端阶段企业技术差异化能力的提升机理。在对企业技术差异化能力构念进行探索性研究,明确其结构维度的基础上,基于资源编排理论,通过理论推演和文献研究归纳了新产品开发模糊前端阶段企业技术差异化能力的关键影响因素,以及它们如何提升企业技术差异化能力。本书的理论贡献主要表现在以下几个方面:

第一,厘清了企业技术差异化能力的概念边界和结构维度,对技术差异化能力进行了规范性描述,并开发了一套信效度良好的测量量表。前期研究认为,开放式模糊前端在给企业带来大量外部创意资源机会价值的同时,也使得企业在对外部创意资源选择时很难做到对真正所需要的创意资源进行精准的识别和筛选,无法客观合理地评价外部创意资源的新颖性、复杂程度和契合程度,使得创意资源获取的方向性和有效性差,导致创意管理实践低效率和资源配置不合理,从而在源头上造成开放式模糊前端呈现出模糊性的特征。虽然提出企业拥有的差异化的技术知识能够筛选和有效甄别多样化的创意,优先考虑具有发展潜力的创意,有效打开新产品开发模糊前端去"模糊化"的黑箱,提高新产品开发模糊前端的成功率,但却未对企业技术差异化能力进行系统化研究,对技术差异化能力的解释更多为一种定性描述。本书严格遵循扎根理论的研究方法,采用开放式深度访谈和焦点团队访谈收集原始资料,通过开放式编码、主轴编码和选择性编码,明确了技术差异化能力内涵及结构维度。本书认为,企业技术差异化能力是差异化和多样化技术知识的母体,是企业在自身技术愿景基础上,通过感知、获取、整合和吸收内外部技术资源,形成多样化的技术轨道,重构企业资源价值体系,以快速推出差异化产品或服务,及时响应顾客需求的一种动态能力。技术差异化能力的四个维度分别是技术愿景能力、技术感知能力、技术捕捉能力和技术重构能力。在此基础上,构建了一套涵盖 38 个题项的技术差异化能力测量量表,该量表具有较高的信度和效度,可以作为后续研究技术差异化能力相关问题的测量量表。由此,本书认为在新产品开发模糊前端阶段高效的创意资源管理是其成功的重要保证,深化了我们对新产品开发开放式模糊前端的认识和理解,提出了解决开放式模糊前端如何有效"去模糊化"的思路和方法,拓展了新产品开发模糊前端研究的"理论版图",进一步丰富了开放式模糊前端领域的理论发展。同时,本书突破了现有研究仅从定性描述认识企业技术差异化能力的局限,明确了技术差异化能力构念的边界和结构维度,丰富了技术差异化能力相关研究领域的理论发展。

第二,从资源编排理论视角提炼了在新产品开发模糊前端阶段企业技术差异化能力的关键影响因素,补充和完善了已有相关研究中零散和碎片化的结论。前期研究仅对技术能力和技术创新能力等概念进行了简单的借鉴,并未体现新产品开发模糊前端阶段中技术差异化能力的重要作用,研究结果虽然对理解和把握技术差异化能力的影响因素提供了一定的理论依据,但是缺乏研究的情境性,不利于从整体层面认识在新产品开发模糊前端阶段技术差异化能力的关键影响因素以及各个因素之间的作用机理。本书引入资源编排理论作为研究新产品开发模糊前端阶段技术差异化能力影响因素的理论依据,遵循资源构建—资源整合—资源价值创造三阶段模型,通过文献分析、深度访谈和问卷调研,运用探索性因素分析和验证性因素分析最终提炼出界内创意资源识取、跨界创意资源识取、调整型集成、丰富型集成、开拓型集成、吸收能力、利用式创新导向和探索式创新导向 8 个关键因素。由此,本书不仅较为系统地回答了在新产品开发模糊前端阶段技术差异化能力的关键影响因素有哪些,弥补了现有研究的不足,不仅为新产品开发模糊前端阶段企业技术差异化能力提升机理的研究奠定了重要的理论基础,还阐述了提升企业技术差异化能力可能遵循的路径,延展了新产品开发模糊前端阶段技术差异化能力研究领域的相关理论。

第三,本书实证检验了各个影响因素对企业技术差异化能力提升的影响作用,揭示了在新产品开发模糊前端阶段企业技术差异化能力提升的微观机理。虽然前期有研究涉及技术差异化能力的影响路径问题,但是研究的针对性和系统性较弱,深度不足,影响因素间的内在逻辑关系还需进一步探讨。本书基于资源编排理论视角,提出了"资源构建→资源整合→资源价值创造"的研究思路,厘清了技术差异化能力各个影响因素间的关系,通过理论推理和归纳总结,构建了新产品开发模糊前端阶段企业技术差异化能力提升机理的概念模型,并提出研究假设。通过大样本问卷调查收集数据,运用结构方程模型和层次回归分析方法对所提研究假设进行实证检验。研究结果表明,界内创意资源识取对调整型集成和丰富型集成有显著的正向影响,跨界创意资源识取对丰富型集成和开拓型集成有显著的正向影响;调整型集成、丰富型集成和开拓型集成均对技术差异化能力有显著的正向影响;调整型集成和丰富型集成在界内资源识取和技术差异化能力关系间具有部分中介效应,丰富型集成和开拓型集成在跨界资源识取和技术差异化能力关系间具有部分中介效应。同时,界内创意资源识取和跨界创意资源识取对技术差异化能力具有显著的正向影响;吸收能力在界内资源识取和技术差异化能力以及跨界资源识取和技术差异化能力之间均具有正向调节效应;利用式创新导向正向调节界内资源识取和技术差异化能力之间的关系,探索式创新导向正向调节跨界资源识取和技术差异化能力之间的关系。由此,本书揭示了新产品开发模糊前端阶段企业技术差异化能力提升的微观机理,探讨了各个因素对企业技术差异化能力的不同影响作用,明确了提升企业技术差异化能力的两条具体路径,为企业技术差异化能力的培育和构建提供了重要的理论支撑,丰富了新产品开发模糊前端阶段企业技术差异化能力的相关理论。同时,也为企业在新产品开发模糊前端阶段如何培育和提升技术差异化能力提供了重要的理论借鉴。

第三节　实践启示

本书以制造企业为调研样本,深入探讨了在开放式创新模式下,新产品开发模糊前端阶段企业技术差异化能力的提升机理。研究结论为企业在新产品开发模糊前端阶段如何提升技术差异化能力提供了切实可行的方向和具体实现路径,在丰富和扩展了现有理论研究的同时,也为企业如何在新产品开发模糊前端阶段提升技术差异化能力提供了管理启示和实践指导,具体表现在以下几个方面。

一、在新产品开发模糊前端阶段,企业应根据新产品开发特征选择不同创意资源识取策略

首先,要具有综合性和全面性。新产品开发具有高风险、不确定性和多面性,需要不同的观点和专业知识。为了降低风险和不确定性,并考虑到不同的观点,企业需要从全局出发,在创意选择过程中使用尽可能多的方法。否则,根据一种或两种方法选择新产品创意并不能回答所有相关问题,因为每种方法都关注创意选择过程中的一个独特方面。例如,技术分析强调可制造性,营销分析则侧重于可销售性,而竞争分析则关注当前和潜在的竞争。尽管这些方法各自都能为不确定的创意筛选过程提供一些启示,但如果能基于所有这些多重视角,筛选决策就会更加准确。

其次,新产品创意的选择不是孤立进行的,而是需要考虑到市场环境的快速变化。在新产品开发过程中,企业会收集到新的信息,需要对新产品创意进行调整,以便更有效地应对变化。然而,如果企业的创意选择方法在时间框架、预算、标准和替代方案方面非常死板,那么当这些创意得到充分开发时,它们可能已经失去意义。相反,他们需要做好准备,一旦有新的信息,就立即修改方法和标准,并重新评估新产品创意。新产品创意选择中的另一个重要问题是,从创意选定到推向市场之间存在很大的时间差。由于这一时间差,被选中的创意在推向市场时可能并不适用。为了更好地应对新的市场条件,企业也可以采取灵活的方法,不在一开始就选择最好的创意,而是在新产品开发过程的后期,确定并研究一些可能成功的创意。

第三,创意选择通常具有很大的不确定性。不过,随着公司新产品开发进程的推进和新信息的出现,这种不确定性会逐渐减小。此外,由于市场条件的变化,在创意选择过程中获得的信息在新产品实际进入市场时可能不再适用。因

此,一次性测试可能不足以考虑到所有不确定因素,也无法捕捉到开发过程中的信息变化。相反,企业可以采用动态方法,在获得新信息时重复测试。这将减少不确定性,帮助企业尽早将新信息纳入新产品决策。因此,企业可以在进一步投资开发之前改进产品或停止开发。

大量调查研究表明,由于管理者不了解新产品创意的选择方法,因此被他们广泛使用的方法并不多。此外,参与新产品开发过程的人员可能具有不同的背景,可能来自不同的职能领域。因此,他们对所用方法的理解可能不尽相同。为了更好地实施和有效使用创意筛选方法,人们需要熟悉这种方法。此外,还应向参与者解释该方法中使用的标准和衡量标准。这对公司有两方面的帮助。首先,衡量标准的清晰度是成功将供应商等不同人员纳入新产品开发流程的重要因素之一。其次,标准和衡量标准的透明度也可以使选择过程非政治化,从而提高人们对下游实施活动的参与度。

新产品从业人员和研究人员越来越多地认为,由于涉及大量资源和责任,新产品开发过程(包括创意选择阶段)可能具有很强的政治性。事实上,由于纯粹的政治原因,真正成功的新产品创意可能会被淘汰,而可能不成功的新产品创意的价值可能会被夸大。因此,创意筛选过程及其标准应尽可能客观。此外,参与创意筛选过程的每个人都应认为这一过程是公平、平衡和客观的。否则,他们会对创意遴选过程产生强烈的敌意,从而阻碍他们参与这一过程。

新产品成功的关键因素之一是要有一个清晰而具体的产品定义。因此,选择新产品构思的目标不应仅仅是选择最有利可图的构思,还应包括学习方面,以澄清和明确产品概念,并发现改进它们的方法。事实上,许多软件公司都采用这种方法,请潜在用户完善新产品。

尽管新产品创意的选择非常关键,但它只是一个漫长过程的开始。最值得注意的是,一个创意被选中后,还需要经过设计、开发、制造和营销,才能到达预期的买家手中。因此,在这个漫长的过程中,企业可能会面临许多挑战,需要得到参与这一过程的每个人的支持。确保相关各方支持的一个方法就是让他们参与到选择过程中来。事实上,有研究表明,一家大型建筑供暖和制冷系统主要制造商的营销、制造和研发副总裁参与新产品的选择,会使所选创意得到更好的实施。此外,企业还可以促进新产品创意的集体所有权。最近对工业研究所成员进行的一项调查表明,成功企业的员工认为新产品开发是整个企业的工作,而不是由市场营销或研发等单一职能部门所拥有。

首先,可以通过技术分析提升创意资源识取的准确性。技术分析包括确定新产品的技术要求,并评估这些要求与企业技术能力的匹配程度。经验研究已经表明,企业满足这些要求的能力会带来更高的产品和竞争优势,进而带来更高的产品性能。因此,技术分析可以帮助企业根据技术要求对新产品创意进行分类,并选择在设计、开发和制造方面技术上可行的创意。这种方法首先确定新产品创意的技术规格。其次,概述设计、开发和制造新产品所需的设计和制造流程。第三,评估产品和制造规格与公司技术和制造能力之间的匹配程度。如果企业内部没有相关技术,它还会询问外部是否有必要的技术,企业是否能成功获得并实施该技术,以及企业是否能将未来的技术变化纳入其新产品中。所有这些问题都有助于企业确定自己是否具备设计、开发和制造新产品的技术能力,从而选择与其技术能力相符的产品。显然,投资设计、开发和制造不可行的新产品是没有意义的。

公司在进行技术分析时可以使用多种方法。其中最常用的一种方法是,公司可以使用一份清单,涵盖所有产品和设计规格,并将其与公司能力相匹配。此外,他们还可以使用评分工具,为产品规格与公司能力之间的匹配度打分,并选出得分最高的新产品创意。此外,他们还可以使用环境扫描来确定公司外部是否有所需的技术。最后,他们还可以使用决策模型,如层次分析法(AHP),将技术分析划分为若干子类别,并对这些类别进行优先排序,从而选出在优先排序类别中得分较高的新产品创意。技术分析可为企业带来诸多益处。例如,它可以帮助企业在新产品开发过程中尽早解决技术和制造问题,从而更快地将新产品推向市场。否则,糟糕的评估会导致不可预见的技术和制造问题,延误新产品的市场推广。此外,在新产品开发过程中的新产品创意选择阶段关注技术和制造问题,可以让企业更加关注产品质量和可靠性,在新产品推向市场之前减少产品缺陷和故障,从而提高产品的成功率。然而,技术分析会迫使企业过分关注技术因素,却忽视了潜在买家的需求。尽管从技术角度看,新产品可能非常好,但最终用户的看法可能不尽相同。

其次,组织流程、结构和文化等组织因素对产品的成功也非常关键,特别是执行良好的新产品开发前活动、跨职能团队的使用以及频繁的、以政治和任务为导向的沟通与新产品的成功呈正相关。此外,与创新能力较弱的公司相比,创新型公司鼓励有计划地承担风险,为创新活动提供强有力的管理支持,促进团体导向,并奖励创新活动。公司可以确定成功设计、开发、制造和营销新产品所需的组织结构和文化,并将其与现有的结构和文化相匹配。如果新产品的要求与公司现有的组织结构和文化相匹配,那么公司就可以选择该新产品构想作进一步考虑。但是,如果企业无法满足新产品的组织要求,则可以评估是否能成功进行必要的体制改革。如果可以进行必要的组织变革,他们就可以选择该新产品创意,否则就需要寻找其他新产品创意。与评估新产品的技术、财务和营销要求与企业的技术、财务和营销能力之间的匹配程度类似,企业也可以根据核对表评估新产品构想的组织要求与其现有组织结构和文化之间的匹配程度。它们还可以使用评分工具来量化匹配程度。此外,它们还可以使用优先排序程序来确定各项要求是否同等重要,或者是否需要重点关注其子集。最后,他们可以利用内部和外部专家来进行所有这些评估。组织分析对于确定是否具备设计、开发、制造和营销特定新产品的组织条件非常有用。从技术、财务和营销角度看,新产品可能是可行的,但如果没有配套的组织条件和流程,新产品创意就永远不会超越创意选择阶段。这些条件和流程将帮助企业将所有资源付诸行动,并将新产品创意转化为成功的新产品。因此,组织分析有助于企业了解组织因素的重要性,将其纳入决策,从而提高新产品的成功率。此外,由于这种方法突出了新产品设计、开发、制造和营销过程的重要性,因此还能提高产品质量、降低单位成本并加快新产品开发过程。

在创意资源识取时,一个重要的初步考虑因素是评估新产品创意的目标与公司总体目标和战略之间的一致性。这意味着要评估公司对率先推出新产品的重视程度,以及新产品创意是否能使公司成为市场领导者。它还建议确定新产品如何与公司的其他产品相匹配,是公司现有产品的延伸还是新产品。最后,还要评估与新产品创意相关的风险大小是否符合公司对风险的整体态度。战略分

235

析要求企业确定可能影响其产品创新活动的公司战略。这可以通过内部审计来实现。其次,企业需要确定正在考虑的新产品创意的目标。这可以通过使用核对表来实现。第三,企业应使用核对表和评分工具,评估企业战略与新产品创意目标之间的匹配程度。最后,如果企业战略与新产品构想的目标不匹配,则应评估是否有可能修改其战略。要做到这一点,可以使用优先顺序和权重技术,也可以询问内部和外部专家。根据新产品创意与组织总体战略的一致性对其进行评估,可增加公司为新产品的开发和推出提供必要资源和支持的可能性。此外,它还能在组织现有产品之间创造和谐与协同效应。当新产品有可能抢走企业其他产品的业务时(即"同类相食"),这一点就非常重要。事实上,许多公司在推出在线服务时并没有意识到,他们的新服务只是抢走了离线业务的销售额,而不是创造了新的销售额。在此类服务的创意选择阶段进行战略评估,本可以避免这种蚕食现象。战略分析对于制定设计、开发、制造和营销新产品的总体战略方针非常有用。

良好的关系分析能够为企业建立优质的创意外部来源。资源依赖理论认为,市场环境本质上是不稳定的,企业需要采取行动减少这种脆弱性。减少企业脆弱性的一种方法是与供应商和分销商建立伙伴关系。由于企业的资源可能不足以确保新产品的成功,因此企业越来越多地与供应商、分销商和客户建立伙伴关系。它们还与竞争对手建立关系,以制定行业标准。与外界建立关系已被视为企业成功的关键因素之一。经验研究表明,买方与卖方的关系能为企业创造价值,在新产品开发活动的早期与供应商建立关系有助于企业提高绩效、提高产品质量和降低与新产品开发相关的成本。由此可见,企业在选择或拒绝新产品时,也可以考虑不同新产品创意所需的潜在关系。如果企业对与外界建立合作关系不感兴趣,就可以选择自己能够单独设计、开发、制造和销售的新产品创意。但是,由于大多数新产品都需要供应商和分销商等外部方的支持,因此企业需要选择那些需要与之建立关系并能成功和自信地建立关系的新产品创意。公司可以列出设计、开发、制造和销售新产品创意所需的关系清单。同样,它们也需要列出在这些领域的现有关系清单。他们可以使用现有的评分工具来匹配清单的相似性。他们可以使用传统的决策分析技术对所需关系进行优先排序。他们还应该利用二手数据、互联网和外部推荐,为确定的关系生成一份潜在合作伙伴清单。最后,他们需要利用现有的评分工具来评估每个合作伙伴是否合适。他们甚至可以对潜在合作伙伴进行访谈或调查,以确定他们是否合适。关系分析确实对企业非常有用,因为它可以迫使企业考虑从合作伙伴那里获得的额外资源,并探索原本不可行的新产品机会。此外,根据与外部各方的关系来选择新产品创意,可以让合作伙伴参与到新产品开发过程中来,从而减少设计的复杂性,并在这些问题变得难以解决之前,提醒项目团队注意潜在的下游问题。

　　公司需要在商业环境中运营,包括经济、法律、政治、社会、文化、技术和竞争环境。企业的产业组织观点认为,企业的绩效取决于其竞争环境的特征。因此,以往的研究认为,企业在某一环境中的成功与否取决于进入障碍、竞争企业的数量和规模、需求弹性以及竞争者之间的差异等因素。此外,许多新产品,如药品、先进的核反应堆和需要额外电波空间的创新电信产品,都需要在仔细考虑现有法规的基础上进行选择。此外,市场吸引力也是一个重要的考虑因素,因为研究还表明,在规模大、增长快、竞争少的市场中,产品可能会更成功。企业当然可以根据产品与环境的整体契合度来选择新产品创意。要做到这一点,企业首先需要了解新产品创意对环境的要求。然后,他们需要评估新产品创意的环境要求与业务环境之间的一致性。如果两者不一致,他们需要确定是否可以修改新产品创意,使其与环境相适应。如果可以,他们就可以修改想法并进入新产品开发流程的下一阶段。如果不可能,则需要考虑其他新产品创意。公司可以利用多种方法进行分析。它们可以扫描政府和非政府机构的二级数据库,以获取相关信息。除了根据与环境的契合程度来选择新产品创意外,企业还可以着眼于环境,提出符合环境的新产品创意。例如,企业可以利用远见卓识的技术,根据历史经验预测未来,或对未来进行远景规划,并逆向确定实现未来的相关新产品创意,从而确定未来的新产品创意。企业可以关注一系列未来可能出现的情况及其后果,并确定能够抢先其他企业抓住市场机遇的新产品创意。这种方法有助于企业确定其新产品创意是否符合商业环境的要求,从而提高新产品的成功率。此外,它还能帮助企业确定市场趋势,从而根据趋势推出新产品。然而,过于强调行业分析可能会将资源导向现有的大市场,从而阻碍创新。相反,企业应该超越明确界定的商业市场,开发新的市场,许多经典的创新产品都是如此,如电子邮件、微波炉、隔夜邮件和随身听。

二、在新产品开放式模糊前端阶段,企业应高度重视并积极培育对外部有价值创意资源的识取能力

封闭式模糊前端强调尽可能在企业内部积累和创造创意和创新资源,将创新成果商业化以构建企业竞争优势。然而,仅依靠内部开发创意和创新资源容易产生时间压缩不经济的问题(即违背规律地压缩时间,加快进程,最终的结果是不经济的),而且随着外部环境和客户需求的快速多变,封闭式模糊前端很难满足新产品开发对创意和创新资源的需求。同时,持续依赖创意和创新资源会导致来源单一而产生的能力刚性问题。

开放式模糊前端则更加注重如何更好地利用外部和内部创意以实现创新目标,并借助外部力量将创新成果推向市场。与过去封闭式模糊前端相比,开放式模糊前端给企业提供了海量的创意资源,但也造成了创意资源冗余的问题。由于企业在特定时间内注意力是有限的,只能关注有限创意资源,因此,对外部创意资源进行有效的识别和获取就至关重要。创意资源的识取不仅有助于企业快速锁定自身需要的外部异质性创意资源,为新产品开发模糊前端提供资源基础和保障,还有助于企业对这些外部异质性创意资源和技术知识进行有效的获取、消化、吸收和利用,实现知识资源的再创造。为此,企业应该加强与其供应链节点企业,如供应商、客户等,以及其他外部组织,如高校、科研院所、咨询企业和其他组织机构的联盟合作。诸多学者认为企业所处的联盟网络是"新产品开发的资源池",它允许联盟伙伴之间共享知识、技能和实物资产等。通过联盟合作获取的资源主要有两种形式:一种是那些可以明确表达、更容易编码,具有现象信息性质的知识;另一种是不易表达、晦涩的隐性知识,包括各种不同的技能和技巧等,这两种资源都是企业保证新产品开发顺利进行的重要先决条件。同时,联盟伙伴间接触的方式可分为直接和间接联系两种形式,允许核心企业从联盟企业获取知识和信息,而那些占有更多中心网络位置的企业则可以获得更丰富的信息流入。主要有两种方式:直接联系使企业能够顺利获取信息并直接利用合

作伙伴的知识等相关资源,从而为与新产品开发相关的决策提供关键信息;而间接联系也作为持续知识溢出的关键渠道存在。为此,在开放式新产品开发模糊前端,企业需要构建组织间沟通平台,运用现代化通信工具,加大沟通和交流力度,切实提升组织间技术资源共享水平,以获取更多高质量的外部技术资源。尤其是对技术诀窍等这些外部隐性知识资源的识取,更需要一些非正式渠道进行交流和沟通,为此,企业还需要注意内部和外部员工间进行非正式交流的必要性和重要作用,保护和鼓励企业员工积极参与与外部组织间的互动和交流,为他们能够经常性到其他企业进行参观、学习创造更多的便利条件,并逐渐形成组织惯例。同时,采用更为弹性的员工激励机制,能够更好地提高员工积极性与主动性,促进员工间的交流与沟通。

三、企业应根据自身差异性资源需求有针对性地采取匹配的外部创意资源识取行为

按照技术差异化能力对所需技术资源类型的差异,本书将资源识取行为分为界内资源识取和跨界资源识取两种方式。界内资源识取是一个相对于跨界资源识取而言的概念,两者处在一个不同识取活动的连续谱上。界内资源识取行为强调基于已有技术边界、侧重于识取较为成熟的技术资源,其目标是优化现有生产流程、改进当前产品的生产工艺。界内资源识取行为对产业技术发展轨迹的影响不大,但能够促进企业技术利用能力的根本提升。跨界资源识取行为则强调超越已有技术边界、侧重于识取较为新颖的技术资源,对产业技术发展轨迹有重大的影响,能够促进企业技术探索能力的根本提升。本书结论表明,在新产品开发模糊前端阶段,界内资源识取和跨界资源识取行为均显著正向影响企业技术差异化能力,说明企业可通过界内识取和跨界识取行为实现技术差异化能力的培育和提升。

此外,还需要考虑企业的创新导向,在不同创新目的驱动下,企业可以采取以一种资源识取行为为主,并辅以另一种资源识取行为的方式,使得企业能够积极主动地识取外部创意资源。企业进行资源识取目的在于进行技术创新,因此,在进行资源识取时企业应当权衡创新目的与资源需求情况,理清两种资源识取

行为的主次地位。一方面,在进行资源识取提高企业技术差异化能力的过程中,会面临资源过度消耗和企业成本增加等问题,平衡资源识取行为会在很大程度上减少企业运营成本及资源的消耗。为此,企业应在明确提升技术差异化所需不同种类资源的基础上,结合企业实际情况,采用不同创意资源识取的组合策略,不仅可以降低同时采用两种资源识取行为所耗费的协调成本,还能够主次兼顾,达到资源识取所期的理想效果。另一方面,处于不同发展阶段的企业对于资源识取需求可能不尽相同,如新创立的企业或是规模较小的企业,采用界内识取对企业技术差异化能力的提升效果可能会超过界外识取。当规模较大已经占据主要市场或处于成熟期的企业,由于其已经掌握了相关领域的核心技术,对于企业而言,主要问题已不再是怎样有效应对市场竞争,而是如何可以保证企业持续产生竞争优势的问题,所以企业不仅有需求而且也更有实力进行跨界识取,以获取异质类知识资源,实现已经掌握的相关领域资源与所获资源相互融合,产生新的资源体系,以此构建竞争优势。因此,企业采取界内识取和跨界识取行为时,可以根据提升技术差异化能力所需资源的差异性以及企业不同的创新目的进行权衡,以区别对待两种资源识取行为的主次关系,更好地开展资源识取以获得更加优质的外部资源。

具体来说,在探索式创新导向下,跨界资源识取行为对技术差异化能力有显著的正向影响,因此企业应该充分利用跨界资源识取行为,通过对超越已有技术边界、较为新颖创意知识资源的识取,增加企业创意知识宽度来提升企业技术差异化能力。一方面,跨界资源识取行为增加了企业相关创意知识的宽度,提高企业现有创意知识与外部获取创意知识结合的可能性,扩展了企业创意知识库,降低了创意知识来源单一产生的相关风险和能力陷阱;另一方面,在进行创意知识跨界识取的过程中,不仅为企业带来大量的异质类创意知识,让企业开发新的创意知识以及发现新的应用,还可以为其开发新产品和占据新市场提供先机。然而,对于创意知识宽度的扩大不可以盲目进行,只有在特定相关领域进行创意知识的持续深化和累积,在历经长时间创意知识学习和积累的基础上构建了企业核心技术能力时,才能够使得企业维持长期的竞争优势。因而,对于企业高层管理者而言,应当根据企业自身技术特点、技术基础和创新目的,不断强化已有相关创意知识,不断进行新创意知识的探索,在保证扩宽创意知识宽度所带来的范围经济的同时,还要避免由于一味追求创意知识的异质性和盲目追求增加技术领域而导致企业长期利益受到损害。

在利用式创新导向下,界内资源识取行为对技术差异化能力有显著的正向影响,因此企业应该充分利用界内资源识取行为,通过对现有技术边界较为成熟的创意资源的识取,增加企业创意知识深度来提升企业技术差异化能力。首先,企业要注重扩大创意知识的深度,强调对企业相关创意知识领域的积累度、熟练度和专业度的深入挖掘,这不仅能够在该技术领域累积丰富的技术诀窍、专业知识和隐性经验,还可以加深对后续获取新创意知识的理解和应用,以进一步实现产品创新。同时,由于识取前后创意知识重叠度较高,有较高的相似性,将有利于加速外部创意知识与内部创意知识的相互融合。其次,在扩展技术知识深度、提升技术利用能力的过程中,界内识取行为也为企业调整创意知识结构,剥离冗余、陈旧的创意知识,合理有效地匹配内外部新旧创意知识,使得企业能够及时更新创意资源库,实现持续的产品创新。然而,需要注意的是,企业不能盲目执着于对某一技术知识领域过度挖掘,否则会造成企业能力的核心刚性和资源瓶颈问题。所以,对于企业的中高层管理者而言,不仅要注重对企业核心领域知识的挖掘、累积和专业化培养,也要注重企业创意知识结构的合理性,及时摒弃老旧、冗余的技术知识,快速实现外部创意知识在企业内部的落地。同时辅以一定程度的新领域创意知识的探寻,以实现对某一核心技术领域的持续创新和价值创造,克服企业的创意资源瓶颈和核心刚性问题,为企业完成技术超越、实现技术创新奠定良好的资源基础,并兼顾企业短期效益和长期竞争力构建的关系。

四、注重企业界内资源识取行为和跨界资源识取行为与调整型集成、丰富型集成、开拓型集成三种资源利用方式之间的动态适配性

创意与创新资源集成是在企业获取相关资源以后,通过对所获取创意创新资源进行协调和整合,使创意创新资源能够与企业原有资源相互匹配、互为补充,使企业获取持续竞争优势的过程。资源编排理论的中间环节就是资源集成,在资源编排的过程中起着至关重要的作用,上承创意创新资源的识别和获取,下接创意创新资源的价值创造,因此创意创新资源的集成对企业技术差异化能力提升有着关键的影响。根据所需创意资源以及创新程度的不同,本书将资源集成分为调整型集成、丰富型集成和开拓型集成三种方式。本书结果表明,界内识取行为对调整型集成和丰富型集成的影响程度更大,而跨界识取行为显著影响丰富型集成和开拓型集成。由此可见,资源识取行为对资源集成方式有着差异化的影响效应。为此,企业应当注重资源识取行为与资源集成方式之间的动态适配性,实现界内资源识取和调整型集成、丰富型集成,以及跨界资源识取与丰富型集成、开拓型集成之间的有效匹配,更好完成企业的价值创造。由此可见,资源识取行为和资源集成方式的动态适配是企业进行价值创造的基础,是企业实现价值创造从而提升技术差异化能力的关键。一方面,企业对获取的创意知识进行快速响应和合理应用,有助于企业有效整合识别和获取创意知识,解决问题要具有"一致性",节约部门间、员工间的沟通和协调效率,提高企业有效利用异质性创意知识,实现企业技术差异化能力的提升;另一方面,这种动态匹配的资源编排模式不仅有助于企业维持稳定状态,还可以使创意知识在员工之间进行更加有效、有序和顺畅的传递和扩散。同时,也可以使企业在既定的操作惯例中依据敏锐嗅觉快速捕捉技术发展动态,快速做出调整措施,在多变的外部环境中保持柔性并进一步实现创新发展。

因此,在不同创新目的的引导下,企业不仅应考虑和选择以一种资源识取为主,另一种资源识取为辅的方式,更应当考虑为不同资源识取行为匹配合理的资源集成方式,从而实现资源识取与资源集成的巧配,更好地创造价值。当企业需要实现突破式创新时,要加强创意资源的跨界识取,为企业实现突破性创新提供更为广泛的创意知识来源,充分认识外部创意知识与企业自身知识基础的属性,选择和采用丰富型集成或开拓型集成方式。当外部新创意属于相似性知识时,可以采用丰富型集成对新创意知识与自身创意知识进行重新组合,由企业内部研发的组合策略形成对创意知识的转化能力和利用能力,以降低企业新产品开发成本。而当外部新创意知识属于互补性异质类知识时,可以采用开拓型集成方式,通过对其核心概念进行重新设计,或者对其内部逻辑做出根本性改变,实现技术差异化能力的提升。当企业要实现渐进式创新时,应当侧重于界内识取,节约创意搜寻成本,使得企业能够将优质资源投入放到现有产品和技术的完善和扩展上去,实现持续的渐进式创新,但是也要兼顾跨界识取,增强与外部相关企业的合作,关注并了解新兴技术的发展动态,以期使企业能够达到最优的创新效果。在实践中企业对于两种创新的需求往往是同时存在或者是动态转化的,企业要在综合考量自身技术知识基础和期望改善的创新类型的技术方面,动态利用资源识取行为和与之相匹配的资源集成方式。

五、注重创意资源识取对技术差异化能力影响中企业吸收能力所起的重要作用

企业通过界内资源识取和跨界资源识取行为获取外部创意资源,但要对这些资源进行充分的消化、吸收和利用则依赖于企业自身的吸收能力。吸收能力是企业通过对技术知识充分吸收,利用外部创意知识以实现创新目的的一种内在能力,是企业将技术知识转变为商业创新成果的关键要素。如果企业吸收能力较差,就很难实现对外部技术知识和资源的理解、消化、重新配置和整合应用。因此,企业通过资源识取行为提升技术差异化能力时,需要考虑到吸收能力对其影响作用。由于吸收能力受自身知识基础的影响,企业应当注重与外部联盟网络组织的沟通与合作,通过不断识别、获取和消化外部组织的知识资源,促进企业对外部网络组织新知识的吸收,提高企业吸收能力,进而提升资源识取对企业技术差异化能力的影响效应。本书结果表明,不论是界内资源识取还是跨界资源识取对技术差异化能力的影响,吸收能力均起到显著的正向调节作用。这与现有大多数研究的结论相一致,即外部技术资源对企业创新绩效的影响受到吸收能力的正向调节作用。外部技术资源是新产品模糊前端阶段技术差异化能力提升的有效来源之一,但是这些外部资源被引入企业内部后并不能自动提升企业技术差异化能力,而是需要企业内部对其分解、剖析和挖掘,才能被企业吸收、整合和利用并产生新的技术知识,提高企业技术差异化能力。因此,企业应当根据自身吸收能力,合理选择相应的资源识取行为,加强与外部网络单位(如供应商、客户、大学、科研院所和行业机构等)的联系,以更好地提升技术差异化能力。首先,资源价值性、稀缺性及难以替代性是形成企业技术差异化能力的基

础,而创新资源的消化、转化、吸收和利用则是把外部资源有效转化为资源价值的关键。故企业应当培养和强化自身吸收能力,更好地利用外部网络资源实现追赶和超越。其次,企业管理者要注意"过犹不及,事缓则圆",应当根据自身技术知识基础和创新目的合理提升自身吸收能力,并依据自身吸收能力情况采取相应的资源识取行为。如果在企业吸收能力较弱的情况下进行跨界识取,那么不仅浪费了大量成本用于跨界搜寻和技术资源获取,而且企业对获取来的技术资源也难以消化和吸收。由此可见,吸收能力和资源识取行为要合理匹配才能切实提升企业技术差异化能力。

同时,管理者培育和提升吸收能力的落脚点应该放在内部员工身上。因为对外部资源的消化、吸收和应用主要由企业内部员工完成,吸收能力水平在很大程度上受企业员工专业素质高低的影响。为此,一方面,企业需要根据员工专业素质和知识结构,有针对性地组织技能与知识培训,不断完善和丰富员工知识结构,提高员工的专业化素质;另一方面,促进企业员工与外部网络组织成员间进行正式和非正式的沟通与交流,建立有效的知识共享机制,使员工与外部网络组织成员之间能够面对面充分交流与深入沟通相关技术,保证员工能够相互探讨对新技术知识的利用心得,及时分享和交流相关技术获取和利用经验,使新技术知识能够在企业内部流动畅通,尤其需要提高员工对于隐性技术知识以及核心知识的获取能力,增加知识存量的累积,在潜移默化的过程中提升企业吸收能力。

六、在新产品开发模糊前端阶段切实注重企业技术差异化能力的培育和提升

技术差异化能力不仅是企业新产品开发模糊前端阶段获得成功的重要因素,还在很大程度上决定着产品创新的新颖程度。技术差异化能力是差异化和多样化技术知识的母体,是企业在自身技术愿景的基础上,通过感知、获取、整合和吸收内外部技术资源,形成多样化的技术轨道,重构企业资源价值体系,以快速推出差异化产品或服务,及时响应顾客需求的一种动态能力。然而实践中对技术差异化能力的关注相对不足,本书基于扎根理论的规范方法探索了技术差

异化能力的结构维度,将其分为技术愿景能力、技术感知能力、技术捕捉能力和技术重构能力四个维度。并基于资源编排理论,构建了以资源识取—资源集成—资源价值创造为主路径,以吸收能力和创新导向为调节变量的概念模型,更加明晰了在不同前因条件下企业提升技术差异化能力可选择的关键路径。

对于企业而言,首先,要积极识别和获取外部创意资源,通过集成内外部相关创意知识可以有效提升企业技术差异化能力。加强与外部网络组织沟通与协作从而获取新的创意知识,是企业弥补创意资源禀赋不足的关键途径。先前研究表明,任何一家企业都无法完全拥有提升技术差异化能力所需的全部技术资源。企业要想获取异质类技术知识必须与外部网络组织建立合作关系,本课题组的实地调研也发现,在技术差异化能力提升过程中,仅有40%作用的创意知识来自企业内部,其余均需要从企业外部获取。因此,要想提升企业技术差异化能力不能仅依靠内部跨部门间学习产生的技术知识,外部网络组织知识获取以及知识集成也起着不可忽视的关键作用。这要求企业要和外部网络组织建立良好的跨文化学习和合作关系,有效转移外部技术资源。同时,有针对性地加强企业员工的技能培训,建立起有效的跨部门沟通机制,及时更新员工技术知识储备,提高员工专业素养,以保证外部知识能够在企业内部进行快速有效的传播与扩散。

其次,提升技术差异化能力还需要根据企业自身创新导向和吸收能力进行动态调整。本书结果表明,存在两条能够有效提升企业技术差异化能力的路径,企业可以根据所处动态环境的变化,根据技术差异化能力的关键影响因素以及企业创新导向不同等具体情况选择不同路径,而不是简单的"一刀切"解决问题。具体而言,应做到在充分评估企业吸收能力和明晰创新导向的前提下,合理选择以资源识取策略,对不同资源识取行为匹配相应的资源集成方式,形成动态匹配机制,遵循相互匹配的资源编排流程,以针对具体创新需求做出快速响应。因此,该路径的提出给企业能够因地制宜对不同情况下如何提升技术差异化能力的问题进行分类管理的可能,也使企业技术差异化能力构建拥有了一定的可操作性。

最后,建立培养企业员工能动性的长效机制。处于转型经济体阶段中的企业,由于其自身能力系统缺乏完备性,能力要素间的联结关系尚未达到完美交织的理想状态,这给企业中高层管理者留下了很大的发挥空间用于自我改善。企业管理者应当审慎选择并判断能够发挥员工自身主体能动性的具体情境,建立长效机制,充分调动起员工的主观能动性,激发员工学习意识,培育员工开放式创新价值观,建立开放式创新制度,为企业顺利进行资源编排,提升技术差异化能力各个环节储备智力资本,使企业能力系统逐渐步入自身良性循环的成熟状态,为有效提高技术愿景能力、技术感知能力、技术捕捉能力和技术重构能力提供一个良好的内部环境。

第四节　研究局限与展望

以相关理论和前期研究为基础,本书运用定性与定量相结合的研究方法探索了企业技术差异化能力的内涵与结构维度,借助资源编排理论,探析在新产品开发模糊前端阶段影响企业技术差异化能力的关键因素,构建了技术差异化能力提升的理论模型,揭示新产品开发模糊前端企业技术差异化能力提升的微观机理,从而为企业有效培育和提升企业技术差异化能力提供可靠的理论基础和实践指导。然而,本书不可避免地存在一些局限性,需要进一步深入研究,具体而言有如下几点:

第一,在新产品开发模糊前端阶段企业技术差异化能力的提升是一个持续的动态过程,本书仅从资源编排理论视角,基于资源构建、资源整合、资源价值创造的研究框架提取了影响技术差异化能力的关键因素,分析了这些因素对技术差异化能力的影响效应,这有助于我们了解新产品开发模糊前端阶段企业技术差异化能力提升的深层次原因。然而,是否还能够从其他理论视角展开分析,以多方面、多视角揭示企业技术差异化能力的提升机理,还有待进一步深入探索。

第二,本书只是考察了吸收能力和创新导向如何调节资源识取行为和技术差异化能力之间的关系,未来研究可以考虑更多新产品开发模糊前端阶段的其他变量(如资源重叠和规模大小等)验证它们的调节效应。同时,对于处在不同产业发展阶段的企业和处于不同生命周期阶段的企业而言,其在新产品开发模糊前端阶段的创意资源需求可能存在明显差异,未来研究可以考察企业在不同发展阶段如何进行创意资源的有效匹配以满足自身的资源需求,从而更好地促进企业技术差异化能力的提升。最后,企业技术差异化能力的构建是一个多阶段的复杂过程,未来研究可以从动态视角更深入地探索新产品开发模糊前端阶段企业技术差异化能力的动态变化和演进过程。

第三,与其他采用问卷调研进行实证研究的做法一样,本书也只是以横截面数据分析了变量间的相关关系,而无法帮助我们解释变量之间严格的因果关系。未来研究可以考虑选取时间序列数据或面板数据,基于大样本分析对本书研究问题做进一步的假设检验,以得到更准确的研究结论。此外,本书仅选择了制造企业作为调研对象,而未针对其他行业展开研究。未来研究可以针对不同行业采取随机抽样的方法采集样本,进一步检验研究结果的普适性。

第八章　政策建议

本书旨在揭示新产品开发模糊前端阶段企业技术差异化能力的概念及其提升机理。在对企业技术差异化能力构念进行扎根研究的基础上,借助资源编排理论,提炼了影响企业技术差异化能力的关键因素,并进一步考察这些关键因素对技术差异化能力的作用机理。基于前几章的研究结果,本章拟提出改善企业创新环境的政策和建议,为企业技术差异化能力的培育与提升创造良好的政策环境。

一、根据所处外部和内部环境特征,研判模糊前端创新战略实施的必要性

任何成功的战略都是建立在有效环境分析的基础上。环境分析是新品开发前期分析阶段中的重要一环。通过环境分析,我们能对新品概念可能带来的市场需求有一个较明确的判断,从而更好地把握新产品可能给我们带来的发展机会。当然,在对“环境分析”展开讨论之前,需要对整个前期分析阶段做一个总的梳理,这样才能从整体到局部有一个通盘的考虑。企业及策划人经常会忽略环境分析对于新品开发的重要性,更多可能将其变成一种走过场的形式,从而导致重形式而轻实质的现象。其实,相对于企业战略规划层面的环境分析,新品开发上的环境分析应更多站在“需求”的角度来展开,因此我们不能将一些环境分析的模型生搬硬套,而需要有所侧重。当前很多企业在新品开发的前期分析阶段缺乏一套系统的方法,更多是以个人的喜好来对新品开发进行判断。这样很容易造成策略上的方向性错误,使得后期执行阶段大量的资源被浪费,严重的甚至会直接导致新品上市失败,可见新品开发在前期分析阶段的重要性。

二、完善引导企业加大技术创新投入的机制,打造一批具备技术差异化能力的创新型企业

新产品开发的模糊前端阶段,是技术从实验室走向产业化的过程,中小企业作为创新的主体,此阶段企业的盈利能力仍比较薄弱,这与需要投入高额的研发经费相矛盾,企业自身的技术差异化能力成为制约技术产业化发展的关键因素。要解决这个矛盾,需要政府在相关创新支持政策方面的大力扶持。

(一)完善创新政策配套,充分发挥和增强企业的创新主体地位和主导作用

改革开放 40 多年来,中国政府在促进科技成果转化相关政策从无到现在日益完善。我国从 2000 年开始借鉴美国《拜杜法案》,促进科技成果转化相关具体政策开始陆续出台,科技部在 2001 年 12 月颁布了《关于加强与科技有关的知识产权保护和管理工作的若干意见》;随后在 2002 年 5 月,财政部与科技部共同制定颁布了《关于国家科研计划项目研究成果知识产权管理的若干规定》;2002 年 6 月,科技部与教育部共同制定了《关于充分发挥高等学校科技创新作用的若干意见》。2006 年以后,我国科技成果转化又迎来一个政策法规修订和完善的高潮。国务院在 2006 年出台了《国家中长期科学和技术发展规划纲要(2006—2020 年)》,对创新政策进行全面系统的布局。2008 年 8 月,科技部、教育部、中国科学院联合发布了《国家技术转移促进行动实施方案》,内容包括我国技术转移体系建设的指导思想、指导原则、总体目标、重点内容和保障措施。2015 年修订的《中华人民共和国促进科技成果转化法》进一步消除科技成果转化的制度性障碍。

党的十九届四中全会通过了《中共中央关于坚持和完善中国特色社会主义制度 推进国家治理体系和治理能力现代化若干重大问题的决定》,在我党成立100 年的时点,国家的每个部门体系的制度要越加完善越加有效果有效率;在 2035 年的时点,每个部门体系的制度越加成熟,国家的治理系统及能力将达到现代化标准。因此,科技创新管理系统与现代化的管理能力作为国家治理体系与治理能力现代化的关键,需要完善科技体制机制改革,促进科技资源配置

优化。

现阶段的创新政策法规应该更多引导企业提升自身的品牌开发与管理及其研发能力,创建出能够储备积累技术的相关制度,不断增强自身的关键竞争力与创新能力。在国家层面政策法规逐渐完善的同时,政府也要出台促进高校科技成果转化的政策。通过完善相应的法律制度,明确产权确定,促进技术创新的有效扩散,依靠法律制度来优化扩散效果,因而能够在区域及行业间促进技术的分享与传播,从而大大促进技术商业化进程。有效鼓励企业不断提升自身能力,以在全球化、竞争化的激烈环境下生存发展,持续提升自身创新能力的内驱力。积极引导企业不断推动原初创新,加大对基础研究及应用的投入,通过独创性与核心技术来有效地提升企业的技术差异化能力。

(二)完善金融支持政策,深化科技金融促进企业研发投入

一方面,给予适当的优惠政策和资金支持,其中政府大力推出助力科技创新的金融服务,有效利用金融机构的保障功能,建立了全面高效的科技创新投融资系统,加大对科技创新的投入以及对投融资渠道的支持,加快推进科技创新与金融创新融合,主要目的是拓宽中小企业的融资通道,促进各方基金、资本对新创企业及种子企业的关注与投资,并推动专利执行险、专利被侵权损失险等保险产品的开发,有效减少创新方的被侵权风险及损失。加速科研项目经费后补助工作,促进并指导遵循国家战略与市场需求而优先进行的研发项目。合理有效地利用知识产权、融资租赁、科技保险、科技小额贷款等融资方式,以保障企业进行技术创新的相关融资。指导并推进各种创新相关保险的开发与制定,减少创新方被侵权风险与损失。

另一方面,引导资本快速有效地流入具有较高技术差异化能力的企业。政府逐步培育和完善资本市场,出台鼓励创新支持的相关金融政策,通过设立产业基金等方式引导风险投资进入技术创新的模糊前端阶段,缓解企业在技术差异化能力提升过程中资金困乏的难题,通过政府政策引导市场机制发挥作用,提升市场对技术资源的配置效率。同时加强国家科技奖励对企业技术创新的引导激励,全面支撑企业自主创新和科技成果产业化。

三、加强中央政府和区域政府合作,促进跨区域资源配置效率

协同创新作为国家发展战略的重大决策,其实现关键在于创新资源有效整合,通过明确和完善中央和地方的分工,强化上下联动和统筹跨区域政府部门协同,跨区域政府通过制定协同科技创新政策培育形成一大批具有创新能力的创新型企业。

（一）深化中央政府对企业创新的服务职能,推进知识产权等创新体制改革

要实现高质量发展,须提升国家科技创新治理体系和治理能力现代化,推动政府科技的管理与服务功能的创新,优化科技创新政策与组织结构,促进政府向创新服务方面与创新治理方面转型,保障自主创新能力的不断提升。现阶段,中央政府对于科技创新主体的协同创新能力还有很大提升空间,在各层级创新支持的职能服务的职能定位仍旧混乱,没有在顶层设计中统筹考虑资源的协调性,出现重复性布局、资源分散的问题,急需完善并全面适应各创新主体共同治理系统。

中国的知识产权保护制度长期以来保护不力,并不能有效保护企业的研发知识产出,原因是科技工作者缺乏对知识产权的认识,导致一些人对自己在科技活动中的权利和义务缺乏分辨能力。知识产权制度的引入,使科技工作者能够独立工作,解决了科技工作者在合理化建议和发明方面的责任、权利和特权问题,使其对科技创新的热情日益高涨。

知识产权在技术创新传播中的作用。通过技术革新,企业追求高回报,然后模仿技术,在模仿的基础上进一步发展技术,推动了持续创新。对国家来说,最重要的一点是,技术通过不断创新传播,创造新的产业集群。专有权利将专有权和促进技术信息的出版与公布的技术内容结合起来,这为传播创造了条件,大大促进了知识共享和技术转让,并促进了企业生产性资产按照市场原则的合理流动。

我国现行知识产权保护采取的是司法保护和行政保护并行的"双轨制"特色模式,相对于司法保护的流程和成本较高,行政保护可以更有效地为企业提供

知识产权保护,因而只有大力加强相关政府部门的行政保护,来提升企业研发投资的积极性。政府应大力推进知识产权体制改革,强化科技成果转化激励、创新科技金融服务、完善科研管理等来解决好知识产权运用中的科技成果转化和科技人员职务发明的激励机制,促进知识产权保护。近年来,国务院常务会议计划再出台一系列推动创新的激励政策制度,以点燃创新创造的激情与能量,依据《中华人民共和国专利法修正案(草案)》,保障创新主体的知识产权,严厉惩戒侵权行为。

技术创新具有不确定性,成功的技术创新的特点是技术效率高。成功的技术创新大大增加了企业对技术创新的不确定性,导致企业对创新产品和技术路径的盲目选择。这种情况导致创新产品和技术路径选择的盲目性。企业可以选择产品的开发方向,并根据已发表的研究成果决定技术。这不仅可以避免重复研究,还可以确保技术创新应用于潜在的技术和商业领域。在技术创新的情况下,侵权和仿冒的成本比研究和商业发展的成本低得多。技术创新领域的竞争为不公平竞争创造了必要条件。知识产权保护制度是激励企业创新的重要制度安排,目的是垄断权利人的技术,知识产权制度试图在权利人对技术的垄断地位和公共利益之间找到一个平衡。政府加强知识产权保护有利于提升企业创新研发的投入,整个国家技术创新驱动力是借助知识产权制度来不断打磨、锻造一个持续优化的技术创新服务体系,整个知识产权战略框架部署完全为知识产权的本质服务,全社会相对在一个理性、有序的思维意识下创新变革,从而有效促进社会各界各类资源的创新汇集,提升资源整合配置的效率,建立具有政府引导作用和市场推动作用相融合的促进创新的制度政策。

(二)强化区域政府合作,推动政府职能向创新服务转变,加强跨区域资源配置效率

区域经济合作集中在区域经济管理,提供协调服务,积极发展区域间经济组织。只有良好的政府支持才能促进发展目标的实现。为了明确各创新主体的定位和职责,政府应该加强促进创新生态环境建设的顶层设计,城市间围绕新产品开发参与产学研协同创新,通过跨区域政府协同来共建技术创新的跨区域创新载体,充分发挥各地高校和科研院所对企业技术差异化能力提升中的积极作用。

加强区域合作组织的问责制,引入合作组织的任务,明确制定区域合作组织的任务,政府间的经济合作更需要通过政策来发展,而经济框架则让地方政府在协调区域经济方面发挥更大的作用。只有通过改善这些关键系统并加强其作用,才能实现高效发展的目标。

在区域经济发展过程中,制度政策的更新应从不同层面进行,具有关键意义。正确划分地方政府的行政权力和经济发展权利,克服地方保护主义,促进地方经济发展。通过将一个地区的行政权力与经济发展权利相分离,选择不同的发展方式,选择自然地理条件相似的地区,选择有特殊资源的地区,消除地方保护主义,积极促进区域经济发展。区域经济协调发展结束了积极的区域主义。同时要重视建立新的区域经济合作组织,确保其约束力和规范性。此外,还应加强发展和培养科技服务业,积极培育科技成果转移转化机构,促进科技服务业能为企业提供专业化服务,促进科技成果转化,专利等科技成果在得到政策、资金、法律与市场推广的支持后,能够加速产品开发模糊前端阶段的知识产品更好推向市场。一个创新的区域经济政策应包括区域政策、收入政策和产业政策等。区域政策和产业政策之间存在着密切的联系,对促进区域合作具有积极的影响。为了制定有针对性的创新政策,有必要把重点放在确定关键的发展点和产业政策与区域政策的有机结合上,制定双重的、协调的产业和区域政策议程,以优化产业和区域的联系。中央政府应提供财政支持,增加对大型基础设施项目的投资,还应注意改善金融转移体系,新的发展模式将是区域经济合作发展的关键,它保证了区域经济合作的发展。

与此同时,作为技术创新的主体,中小企业对比大企业来说,其创新支持政策配套远远不够,我国政府对于创新支持政策不应"一刀切",通过建立生态化创新平台体系,推动技术驱动基础设施建设,就企业的技术差异化能力所形成的商业潜力引导平台提供更准确的多层次、多渠道的动态机制。创新支持政策有效增强企业的创新主体地位和主导作用,激发各类创新主体活力,系统提升创新主体能力。对于区域经济发展战略的实施,工具性政策的创新最为重要。这种创新主要包括建立省区联合发展基金和企业投资支持体系,企业对区域整体发展的支持等方面的创新。如建立省区联合发展基金,由中央和省级政府按比例出资,主要用于国家的经济发展和流域、省际的生态环境改善。应明确规定基金的资源,并根据各省份的人均收入进行具体捐助,同时考虑到对欠发达省份的现有发展援助,以实现最大的经济效益。推动政府职能从研发管理向创新服务转变,优化调整资源配置系统,促进社会各界各类资源的创新汇集,提升资源整合配置的效率,建立具有政府引导作用和市场推动作用相融合的促进创新的制度政策。中国可以学习国外的发展经验,所支持的企业应符合政策的长期发展趋势,为当地人创造更多的就业机会。应加强这些政策创新,帮助实现区域经济发展目标。

四、鼓励并支持建立以企业为主导的产业技术创新联盟,推动创新资源开放共享

完善科技创新体系建设,强化政府、产业、学校和科研院所、金融服务机构、科技服务机构各个创新主体之间形成协同创新,激发科技创新活力,强化企业在技术创新各主体中的主导作用,坚持市场导向的技术创新,促进科技创新和经济相结合,推动企业创新内驱力的提升,在国家及区域创新层面激发企业的积极性与主动性。除了通过联盟分享知识,企业的另一个目标是转让联盟伙伴的知识,以增加知识资源的组合数量,提高知识使用的协同效应。因此,联盟应该采取谨慎和平衡的方法主动行动。联盟应采取谨慎和有分寸的方法,利用联盟伙伴的技术知识,提高合作意识,充分利用网络化的知识资源。在开放的知识经济时代,市场的复杂性和强烈的竞争迫使企业寻求获得异质的知识资源,以提高其灵活性和可持续发展潜力的机会。因此,企业应该获取更多的异质性知识,不惧怕知识转移,大胆地参与创新联盟网络,以获得更多有用的知识资源。同时,企业应培养创新人才,设计强有力的创新激励机制,营造有利于创新的氛围,建立学习型组织,因为只有这样才能提高企业对不同类型知识的分析能力。

(一)围绕产业链部署创新网络

加强各类创新主体之间的协作,推动产学研的高效融合和科教结合的长远发展,促进军民融合创新,建立健全各方创新主体间的交流合作机制,搭建能促使社会各界创新创业资源有效融合的开放型创新网络。支持企业同科研院所、

高等学校共同制定战略性合作方案及协议,创立出共同研发、成果互享、优劣互补、风险共担的产学研协作体系,形成产业层面的技术创新战略联盟。战略联盟是企业交流和共享创新知识的一种有效方式。企业间战略联盟不仅可以降低投资和知识获取成本,提高战略灵活性,还可以降低退出成本,提高企业在生产链中的竞争力。当企业之间形成并维持战略联盟时,联盟网络中的企业直接或间接地从联盟伙伴那里获得必要的知识资源。因此,联盟网络为企业的创新和有效获取知识资源提供了一个普遍的平台和机会。通过加强创新联盟网络的联系,企业在与企业合作时可以更好地了解对方。随着战略联盟网络关系的发展,良好的值得信赖的声誉将在整个联盟网络中传播。与此同时,企业的机会主义行为可能会导致战略联盟网络关系在联盟网络内部迅速变化和转移,从而降低创新联盟网络中企业间的有效凝聚力,影响其长期发展。

联盟企业之间相互交换技术资源,创造与强大竞争对手的协同效应。技术和产品多样化不可避免地要求联盟网络企业改变其原有的市场、产品、工艺和实际生产条件,从而促进技术创新,不断提高联盟网络企业的业绩和联盟网络企业的竞争地位。联盟网络的多样化促进了企业间的技术创新,联盟网络中的企业不可避免地要在最初的市场、产品、工艺和实际生产条件的基础上做出改变,同时共享互补资源,实现产品和技术的差异化,从而促进技术创新,不断提高联盟网络的竞争力。

企业的创新能力受到区域环境和产业因素的强烈影响,同时也受到良好的外部创新环境和有效的知识共享机制的影响。良好的外部创新环境和有效的知识共享机制可以促进企业之间的合作和知识转移。因此,政府可以通过产业政策和激励机制鼓励企业间的开放联盟。应鼓励企业间的开放式创新联盟网络。例如,政府可以带头管理企业间的协作和创新,并出台补贴、税收和激励措施,以及监管和限制措施,以促进企业间的知识共享,阻止搭便车,惩罚那些有机会主义行为的企业。同时,政府可以利用财政准则来发展知识共享平台,建立技术创新的担保协会,并提供更多的公共产品和服务来促进企业联盟和知识共享。依托产学研深度融合不断促进新产品开发创新是世界主流发达国家优化科技资源配置、提高创新竞争力的重要战略途径。政府在经济发展和高质量创新中的作用越来越重要,知识社会的创新 2.0 将推动科技创新向"政产学研"转变。在政府区域知识产权管理的引导下,政产学研组成的协同创新主体,发挥创新联盟主体的优势互补,协同促进科技成果转化。

企业联盟网络促进了企业层级结构的创新。现代信息技术的发展和应用,先进的信息和网络技术的发展和应用,通过网络改变了企业的内部和外部环境。在现代企业制度中,创新是指为了实现管理目标而对生产方式、经营方式、营销方式、经营计划和组织理念进行规范的活动。制度创新是思想创新、技术创新和组织创新在管理上的制度化和规范化。合并过程必须辅以企业制度的创新,以创造更好的制度结构,在合并过程中结合所有者、企业家和雇员的权利和利益,使其更有效率。战略性商业联盟是创新体系中创新的一部分。企业制度的现代创新是指在企业的设计和组织中使生产方法、商业惯例、营销方法和管理概念标准化的创新,以实现管理目标。制度创新是指在知识、技术和组织创新领域的创新活动的制度化和标准化,以及对知识、技术和组织创新的管理。在直接联盟的情况下,知识共享的成本较高,影响了企业参与联盟网络的能力。只有通过联盟,创新的转移和传播才能产生经济的周期性变化,创造新的产业,改善经济的结构和整体水平。为确保企业间有效的知识转移,首先,政府应增加投资,特别是培训,以提高企业员工的知识潜力、学习意愿和能力。同时,他们应确保人才在区域和部门层面的公平流动,建立流动机制,最大限度地发挥人才潜力,促进知识转移。其次,政府应加强知识信息系统的建设,开发"知识矩阵",使企业能够有效地联网并利用异质的知识来源。最后,政府应加强集群企业获取和转让知识的力度,打破它们的市场垄断,鼓励它们参与市场竞争,使它们能够为自我发展和积极的知识交流和学习创造创新环境。

联盟网络的形成过程中,联盟企业内外部环境的变化,联盟网络的层级,使组织内不同层次和部门之间的信息交流更加方便,传统的管理范围理论不再有效,企业的层级组织结构逐渐扁平化和网络化,联盟企业层级结构不断更新。联盟网络的工作单位与外界的广泛接触,使组织不断获得新的知识,而组织内部相互联系的交流网络,保证了组织内各工作单位获得的知识和经验能够迅速传播。联盟网络的组织文化强调主导的价值观和行为规则,同时允许异质的价值观和行为规则。

（二）健全科技资源开放共享制度，推动科技资源和知识开放共享

政府鼓励建立联盟不是为了创新本身，而是为了创新的传播，即知识的传播。研究表明，如果没有知识转移，创新联盟网络中的企业都不愿意与其他企业免费分享其知识。除了通过联盟联系汇集知识外，企业的另一个目标是转让联盟伙伴的知识，以增加知识源的组合数量，增加知识合作的机会。因此，联盟企业需要采取谦虚谨慎的态度，积极主动地学习联盟伙伴的技术知识，提高合作意识，最大限度地有效利用网络内的知识资源。知识共享是企业填补知识空白和提高市场竞争力的重要途径。通过直接联系共享的知识和成本、通过网络共享的知识转移和知识协同对企业的创新绩效有重大影响。在开放的知识经济时代，市场的复杂性和激烈的竞争迫使企业寻求获得异质的知识资源以提高其可持续发展能力。因此，企业需要获取更多的异质性知识，不惧怕知识转移，加入创新联盟网络，以获取更多对其有用的知识来源。同时，企业需要培养创新人才，制定强有力的创新激励机制，营造良好的创新氛围，建立学习型组织，因为这是提高企业分析多样化知识能力的唯一途径。

创建能够使所有科研院所、高校、企业的科研成果及设备等科技资源面向社会开放的有效资源网络。提升国家重点实验室、工程实验室、大型科学仪器中心、国家工程研究中心等大型研发部门对各类科技创新型企业的服务质量与效果，把资源开放状况纳入各科研部门的绩效考评之中。推进对基础科研平台的资源开放服务情况的绩效考评与相应的绩效奖励，指导其合理地对企业进行相应服务。增强区域间科研器材设备的共享与合作，提升各科研部门及平台对企业技术创新的保障能力。参与知识共享的企业将从创新中获益更多，并从获取和利用异质创新知识中获益，从而增加了创新潜力，为企业提供了规模经济，进而提高了企业的创新能力和市场竞争力。

（三）建立联盟知识产权保护机制，促进联盟内更深层次的知识共享

知识产权保护科研促进企业技术差异化能力提升，国家在政策制度平台、资源及信息共享等层面为各创新主体营造了有利的环境，从而减少企业开展外部搜索而产生的损耗，加深了技术协作的市场化。在以知识为基础的经济中，获取

和有效利用知识资源是提高企业竞争力的一个重要因素。政府出台的知识产权管理政策来鼓励产学研合作的快速发展。企业之间的直接联盟是强有力的、相互依赖的利益联系,但也可以有间接的网络联系,具有相互依赖的目标,符合产业的利益。然而,在实践中,企业倾向于保护自己的利益,限制知识的传播,而这种行为导致知识来源的排斥,造成网络的封闭和低效率。在进行投资周期长且风险高的研发创新投资活动时,受制于外部资源约束,区域知识产权管理政策的存在使国有企业在向科研机构、高校或科技型企业等机构获取与创新相关的专用资产或联合专用资产具有更加高昂的专有成本和信息壁垒,进一步导致国有企业面对亟待解决的"卡脖子"的技术发展瓶颈,面临建设资本投入大、协同创新率低、科研成果转化率低等一系列问题。

因此,制定合理的知识转移激励机制,促进知识共享和转移是提高网络整体创新效率的有效途径,企业可以通过专利的技术披露信息进行商业化审核,给出哪些技术可以申请专利决策,并制定后期的专利战略,帮助其决定支持外部相关创新科研者,真正实现产学研合作。企业可以在其技术差异化能力较强的领域形成专利壁垒,通过知识产权成果保护和知识产权多级利益分配机制都有明确的划分和界定,以连接科技与经济的轨道为目标,以人才资源、技术资源、资本市场为联结,通过资源开放共享方式,使产业链配置创新链,使创新链联结资金链,不断深化创新主体之间的交流协作,推动产学研的有效融合,从而形成多主体协同创新网络。企业的创新能力在很大程度上受区域环境与产业因素的影响,良好的外部创新环境与有效的知识交流机制便于企业间合作的建立与知识转移。区域环境和行业因素对企业创新绩效有很大影响。良好的外部创新环境和有效的知识共享机制有利于企业间的合作和知识转移。因此,政府可以通过产业政策和激励机制鼓励企业间建立开放的创新网络。例如,政府可以带头管理企业间的合作和创新,采取补贴、税收和奖励以及监管和限制措施,促进企业间的知识共享,防止搭便车,惩罚机会主义企业。因此,政府可以通过产业政策与奖励机制,以及财政激励措施来发展知识共享平台,建立技术创新保障伙伴关系,并提供更多的公共产品和服务来促进商业合作和知识共享,在制定创新激励政策时,以确保知识产权创新质量为前提,防止"专利泡沫"现象的盛行,确保企业在现有知识和资源技术的前提下,通过新产品开发创新探索新的知识和资源,不断获取新知识与技术、研发新产品,满足新出现的市场需求。同时,政府可以利用资金引导,开发知识共享平台,组建技术创新的担保企业,提供较多的公共产品与服务,为企业间联盟构建与知识交流提供便利。

　　降低知识共享的成本对企业来说至关重要。降低知识共享成本的一个重要方面是降低联盟形成的成本。形成联盟的动机之一是为了获得对自己有用的知识,而企业开展联盟主要基于从联盟伙伴的选择、对话和交流,到联盟的建立、维护和管理,对于追求利润最大化的企业来说,重要的是尽量减少组建联盟的成本,以实现利润最大化,同时确保获得它们所需要的知识。知识共享的成本在一定程度上决定了联盟关系的稳定性和知识共享的有效性。高昂的知识共享成本降低了企业共享知识的热情,追求利润最大化的企业会减少对知识的需求,影响其创新绩效。一方面,在企业内部建立信任是降低知识共享成本的有效途径。企业之间基于信任的关系可以降低建立、维护和管理联盟的成本,增加知识共享,提高联盟网络的整体效率。如果企业之间互不信任,不愿意相互沟通,也不愿意过度分享知识,那么这个网络就不会有效果。建立企业间的信任机制可以减少联盟创新网络中企业的机会主义行为。因此,降低创新网络中企业间的知识共享成本,是保持联盟稳定、扩大网络规模、提高网络整体创新潜力的有效途径。

　　企业通过将内外部知识进行共享、融合、应用和创造实现区域知识产权的运用过程。一个地区区域知识产权保护水平技术的强弱,使知识产权的运用受到不同程度的影响,导致创新市场的活跃度和地区创新企业的竞争活力及创新动力存在不同程度的差异,从而影响新产品开发企业模糊前端创新绩效。当一个地区区域知识产权保护水平较强时,企业之间为了获得创新机会,应对激烈的市场竞争,必然会加大知识产权的运用,会倾向于实现知识产权的许可、转让、出口、技术交易等活动。如果企业实施区域知识产权保护,成功地对外部广泛的知识搜索进行内部整合,对现有知识进行深度提取,可以更新和扩大企业的知识库,为后续的知识整合方法和手段提供越来越有效的知识资源,促进企业的知识整合能力,有助于不同部门间知识共享和流动,在对现有知识基础进行整合的基础上,找到企业适应新环境产品、工艺和创新的方向。区域知识产权保护水平的提高,能保障知识产权在企业创新成果和新产品的运用,加速新产品的开发与形成,在一定程度上会促进企业模糊前端创新绩效。一方面,企业应重视企业内部知识产权的保护,对企业产品、服务和过程进行有效的知识产权保护以防止被模仿,成为企业获得竞争优势的主要来源;另一方面,企业不仅可以从知识产权的许可和销售中获利,而且还可以利用竞争业务领域的讨价还价。对于企业外部的区域知识产权保护,可以加强企业内部知识产权的运用,对外部知识的密集搜索和对现有信息的彻底提取,可以适当地在企业中内化,这将更新和补充企业的知识库,提高企业整合知识的能力,有助于不同部门的交流、知识共享和流动,从而对现有知识基础进行整合,找到适应新环境下企业产品、工艺和服务创新的新方向。在发达地区与不发达地区,采取不同程度的知识产权保护政策对当地企业创新和发展产生一定的激励作用。当该省份知识产权保护水平较高时,并且企业具有较强的技术消化与吸收能力,能够有效满足企业对外部知识的需求和利用,很好地内化于企业,企业知识基础得以补充和更新,从而为企业提供更多和更有效的知识资源,从而产生并选择更多的创意,有利于企业依据内部技术来准确识别外部机会。提高企业间知识共享的效率,也能有效降低知识转移的成本。一方面,知识需求方应利用现有的知识资源,充分挖掘和吸收有效的知识来源,提高自身的知识分析能力;另一方面,成员企业应共同开发知识共享平台,进行全面的知识共享和互动,促进企业间的知识转移,强化彼此的知识资源,并通过协调和整合不同的知识,提高水平。通过协调和整合异质性知识,可以实现联盟的整体效益。

知识产权运用的程度越深,企业通过学习、模仿获得的技术更新机会也越多,企业的创新投入很有可能变成培养竞争对手的温床,直接增加企业的创新成本,甚至成为创新的主要抑制因素,适应新环境的产品、工艺和创新方向的新产品难以实现。企业产业附加值的不断减少,阻碍技术扩散传播,降低企业研发创新积极性。企业申请知识产权保护一方面是为了获得创新回报,另一方面是为了阻止竞争对手的新产品入侵、增加交叉授权筹码。然而,专利的申请、注册、获取和维持,以及可能出现的咨询和诉讼都需要负担一定的交易成本,而申请授予专利以及法律诉讼所耗费的时间成本也给企业自身带来了较大的不确定性。

构建公正高效的知识产权司法保护体系,为"严保护、大保护、快保护"的知识产权保护新格局提供支撑。强化知识产权保护的意识。加强对外合作的知识产权审查和管理。积极协调联盟内成员间的合作关系,引导联盟成员建立持续稳定的合作关系,促进产业技术创新链的构建。积极协调联盟内部的知识产权纠纷,促进联盟知识产权共享和技术转移,监督联盟使行业共性技术向行业内部扩散。知识共享是维系全球创新网络可持续增长的关键[恩斯特(Ernst),2009]。通过与低成本地区的本地知识系统的连接和互动,一方面,企业或地区可以在网络中更好地创造、发现、获取、传播和分享相关的应用和未来知识,从而扩大网络的规模;另一方面,网络可以传播和交流大量的想法、信息、概念、经验和商业模式。这种多样性为所有网络成员的创新提供了机会。

(四)鼓励企业积极参与全球创新网络

全球创新网络的一个重要特征是其对价值创造的关注。全球创新网络超越了技术创新过程,关注技术如何商业化,即关注技术市场的商业模式,而不仅仅是技术创新模式[赫斯塔德等(Herstad, et al.),2014]。内科切亚-蒙德拉贡等(Necoechea Mondragón, et al.,2017)认为,全球创新网络是一种商业模式,通过寻求全球合作伙伴,分享有价值的知识资源,并在高度开放的创新战略中注重资源的获取,实现创新的价值。它包括三个方面:地理分布、网络规模(内部或外部)和创造的产品(创新),并具有全球性、网络化和创新性的特点。Expernova 平台利用大数据和机器学习,将世界各地的大量科学家、工程师和创新网络聚集起来,为企业提供工业技术解决方案,支持企业以获取新技术、知识产权为目标的境外投资并购活动;鼓励企业在海外设立研发机构,支持国际高端人才引进。全球创新网络强调的是超越组织和区域界限的活动。活动和资源是一体化的。此后,一些研究者将全球创新网络的概念扩展到其他方面。例如,从知识的角度来看,刘等(Liu, et al.,2015)认为全球创新网络是一种在"全球范围—地方范围"层面管理和利用分析和综合知识的方式,克服了"黏性"和隐性知识的限制,对全球—本地知识进行分析和综合的创新方法。

全球创新竞争力指标体系的制定应从四个方面入手:科学性、全面性、相关性和实用性。科学性是指标的构成要符合丰富的创新内容,要真实有效地反映国际城市的创新竞争力;全面性是指标的构成能够全面反映全球创新网络的三个维度,包括产业维度、知识维度和创新服务维度;相关性是指标的选择和构成能够反映各个子维度的真实含义,更要注意数据收集;实用性是指在选择指标时有足够的数据,能够进行明确的比较分析。全球创新网络具有三个主要特点:全球性、网络化和创新性,涉及不同层次的不同因素的行为者,不仅关注技术创新的过程,而且关注创新价值的实现和创新创造。在实践中,网络成员运用全球技术研究与贸易、全球创新开发、全球创新制造、全球技术合作等模式来实现技术和市场价值,如国际专利许可、技术研究合作、国际许可、外国直接投资等。基于在线平台的全球创新网络,在全球范围内整合和调动分散的个人和组织的知识价值,提供技术解决方案,也成为近年来的一个热门话题。坚持改革开放,完善科技创新开放合作平台,以全球化视角,加强与欧美相关科技创新主体合作,通过在全世界建立创新共同体,使全球命运与共,并在国家重大战略布局方面,加强建立全球创新链接,共同探索开放包容的创新模式,促进我国高质量发展科技创新,提高我国科技创新供应开放能力,最终实现全球科技创新。

一个领先的企业或地区建立全球创新网络的首要目标是快速而廉价地利用其他地区的知识、技能和能力,以补充其核心竞争力。通过将地理上分散的创新集群或中心连接成一个全球创新网络,一个领先的企业或地区将大大增加其知识库的广度和深度,同时降低创新成本,增强其国内创新体系的创新活力。全球创新网络内的知识创造会进一步产生知识和技能外溢。专业企业、供应商和其他组织或个人的知识和技能在全球层面上对企业或地区保持和提高其核心竞争力变得越来越重要。

恩斯特(Ernst,2009)通过首先引入全球创新网络的概念,探讨了区域和全球化生产之间密不可分的联系。恩斯特首次提出了"全球创新网络"这一术语,他认为全球创新网络是一种将分散的设计、产品开发和研发跨越组织和区域边界联系起来的网络类型。这一定义包含了三个层面的含义:全球创新网络是一个广泛的概念,网络参与者可以是企业或其他组织等微观层面的参与者,也可以是区域等更大层面的参与者。

五、营造良好的创新生态环境,激发企业创新活力

政府在科技创新资源配置方面积极引导,并且为其提供良好的创新环境,为各创新主体实现创新供给能力提供坚强的保障。建立科技创新主体间的协调联动的科技创新治理机制和科技创新治理能力现代化。创新的市场体系包括客户、供应商、买方、开发商和竞争对手。今天,创新已不再是创新活动本身或创新的形式。创新已经从单个企业之间的竞争演变为客户和供应链之间的竞争。创新资源系统不单指系统内的土地、水资源、能源、厂房,还包括教育资源、法律法规、政府政策因素,合理配置研发资源,需要注意的是立法保护知识产权、法律的实施程度,这些因素在一定程度上影响着创新的质量和速度。

硅谷经济体的优势在于其以地区网络为基础的工业体系,鼓励协作和竞争,社会网络、团队、信任等因素是营造良好创新生态系统和创新型经济发展的关键要素。在创新生态系统中,能够掌握生态系统话语权的企业有两种:一种是高科技信息化企业,利用信息附加价值和共享知识来实现对制造业等传统行业的控制;另一种则是传统制造业,通过自身积累的制造业大数据来实现逆向颠覆。现代创新市场体系结合了客户的需求和他们对设计的参与,供应商的创新速度和生产能力,客户的购买和销售量,设计服务提供商的研究和开发速度,竞争对手的研究和开发速度,以及新产品的推出速度、市场份额和其他因素。

（一）持续强化创新发展导向,倡导创新文化,激励创新成效,积极构建具有竞争力的创新生态环境

在突破科技与经济深度融合的体制机制障碍的同时,加大技术创新能力的市场导向性;在发挥市场在资源配置方面的决定性作用的同时,更好地发挥政府的引导作用。运用各种激励手段提高高科技创新的投入,积极推动原创的突破和创新成果的转化,为创新的积极可持续发展提供持久的动力。政府通过进一步改革举措,更大力度激活创新资源、激励创新活动,培育壮大发展新动能。政府从科技管理向创新治理转变中,要深入改进政府关于科技管理的碎片化现象,减少相关科技创新支持政策,科技计划项目在各部门、各级政府部门自我封闭和分散重复,从而在最终科技创新支持方面出现低效率。

　　为实现"优化创新生态环境,激发国内创新创造和商业活力"的目标,必须明确支持研发的政策,重点支持重点科技企业,建立新的研究机构、创新平台和创新创业孵化器,加大研发投入,展示高层次人才,加大对科技的资金支持,将科技成果转化为技术转让。

　　政府要持续优化营商环境,政府要提高创新的效果,建立创新的连接网络,积极推动经济与科技相通对接,联通研发人员创新劳动与其利益的相连,最终使创新产业主动对接创新成果,形成循环网络,在创新产业化的背景下,推动实现创新成果。为技术创新提供一个持续优化的服务体系,营造积极互动交流、容忍创新失败的创新氛围。科技创新要从自身的发展规律出发,在进行创新的同时积极面对失败,从失败中汲取能量,保障创新人员积极且主动进行创新,同时完善创新失败的市场退出机制,最大限度保障创新人员的利益,并建立相关的人才激励计划,使各个高校和科研院所主动参与,并提高企业的主导地位,通过各个主体的合作交流,最大化地分散创新分享,共享创新成果,进一步提高创新的能动性。

　　(二)健全知识产权促进产业与企业创新发展体系,着力构建知识产权保护机制和完善知识产权市场治理机制

　　知识产权运用是知识产权产品化、市场化的过程,是赋予智力成果的创造者获取竞争优势和收益的过程。企业通过向专利所有者购买对知识的财产权来获取创新技术和知识,面临激烈的市场竞争,为了获得创新机会,必然会加大知识产权的运用,倾向于实现知识产权的许可、转让、出口、技术交易等活动,成功地对外部广泛的知识搜索进行内部整合,更新和扩大企业的知识库,为后续的知识整合方法和手段提供越来越有效的知识资源,找到企业适应新环境产品、工艺和创新的方向。随着知识经济的出现,企业之间的竞争正逐渐从资源竞争转向知识和技能的竞争。市场的复杂性和激烈的竞争促使企业进行合作和分享知识资源,以增加知识积累,保持强大的创新优势和市场竞争力。随着企业新产品开发的不断发展,知识产权管理在创新中的作用不言而喻。内外部知识获取作为企业创新产品成功输出的关键,企业的市场势力由突破性创新的差异化特征取得,为不同创新情境下丰富组织学习理论奠定了基础。

随着企业的不断发展,区域创新集聚程度的进一步增加,面对外部的知识产权,激烈的市场竞争推进企业进行自主创新研发,减少通过知识产权实现对外部专利信息资源的索取,减少了组织现有知识体系的外部知识嵌入的渠道和"间隙",资源的稀缺性使企业必然将有限的资源投入预期收益最大的技术开发中,为企业在创新和研发投入方面提供关键智力支撑和专利获取主动选择。较高的创新凝聚性使企业具备了整合不同领域知识元素的能力和经验,有助于组织选择最优的解决方案,从而促使组织进入更具发展潜力的技术轨迹或加速实现创新范式转移。技术的日益复杂化使组织通过拓展现有合作关系实现技术创新的难度大幅增加,专业化的知识有助于解决日趋复杂的技术问题,从现有知识元素的重组中促进技术创新,有助于减缓区域知识产权管理对企业新产品开发的消极影响。

区域知识产权创造为企业提供了广泛的外部技术创意来源,同企业内部原有技术知识进行重组后,可以起到改变企业生存和发展技术基础,突破企业原有技术轨道和技术范式的作用,明晰需使用的技术、避免走弯路,拓宽产品创意的来源渠道,实现"1+1>2"的成长性跨越,确保企业外部创新资源与企业内部资源之间的"异花授粉"效应的发生,产生更高质量的突破性创新。我国鼓励知识产权创新的一些政策和机制,如对企业的税收优惠、对个人职称评定的税收优惠、降低对侵权行为的处罚、继续教育的加分等,最终导致大量低质量的专利、创新程度不高的实用新型和外观设计等专利创造数量的增加,知识产权创造导致"专利泡沫"现象出现。专利泡沫使专利新知识所具有的价值被高估,企业选用低技术质量的专利信息进一步导致创新效率低下,导致组织掉入"能力陷阱",具备的迅速感知能力和快速转化能力,及时应对环境变化、改变惯例的能力,对知识和信息的特征进行及时更新和应用的能力会变成阻碍企业发展进步的羁绊。与外部投资者之间的信息壁垒更低,但是没有技术价值与学习意义的专利的存在导致企业的投入产出效益越低,会诱使企业通过低质量没有价值的专利来主动申请的激励效应最终导致企业新产品创新质量的下降。技术创新的实质是知识元素的重组和再创造,充分整合外部创新资源弥补自身的不足。因此,正确利用知识产权对于创新的积极作用,避免知识产权对创新的不利影响。企业突破性技术的产生受到所处区域经济发展水平、资源经济的束缚。区域的企业越多,区域的创新环境就越好,创新凝聚程度相对较高,创新形式复杂多样,企业容易形成对资源的垄断,导致企业间竞争加剧,在资源条件有限的市场环境中区域知识产权管理形成"专利泡沫"现象,进一步导致创新效率低下,企业获取外部资源使企业可能沿着既定的技术范式和技术轨迹进行创新,而忽略了外部异质性较强的资源,从而陷入"技术能力陷阱",削弱了区域知识产权管理对企业新产品开发创新绩效的促进作用。

　　不断创新监管模式,构建更加公平竞争的创新和营商环境。政府通过破除行政垄断,持续优化营商环境,铲除在政府金融政策支持可能产生寻租导致的负面效应,让具有技术差异化能力的创新企业成为真正的市场主体。在理想的市场环境中,知识产品的专利信息已被投资主体充分利用,行业技术创新活跃的主体会实时关注行业技术创新的最新进展,关注行业最新专利的披露,如果这些新技术与自己未来发展领域相关,各投资主体会主动向它们靠拢。整个技术交易无须政府的介入和推进,市场制度和信息公开披露的程度明确不同主体的职责,而作为市场创新主体只需要做好分内的事情即可。

附　录

附录 1:企业技术差异化能力结构维度的访谈提纲

目前新产品开发模糊前端技术差异化能力的研究属于较新的研究领域,已有研究由于研究目的和研究视角的不同,企业技术差异化能力的内涵和结构尚未形成统一结论。在实践中,我国企业构建、发展和提升技术差异化能力仍处于盲目摸索阶段,探究我国情境下技术差异化能力的内涵和结构维度具有重要意义。因此,本研究结合我国制造企业实际情况,通过深入访谈和焦点小组会议探讨企业技术差异化能力的内涵与构成维度,以期了解并准确掌握企业技术差异化能力。

访谈目的:了解并掌握我国企业技术差异化能力内涵和维度。

访谈方式:面对面访谈。

访谈对象:企业高管、中层管理人员、项目经理、技术研发人员和营销人员等。

访谈要点:

您好,本次访谈主要通过问答形式进行,访谈内容将严格保密,访谈结果仅用于研究,不作其他用途,且访谈结果中不会出现企业名称及个人的任何信息。为保证访谈的有效性,请根据企业的实际情况回答问题。

1. 请简要介绍您所在企业的基本情况:

(1)企业的规模;

(2)企业从事的行业及其行业地位的简要介绍;

(3)企业目前的新产品开发情况;

（4）企业目前的技术研发情况。

2. 对企业技术差异化能力是怎么理解的,其内涵和功能是什么?

3. 企业的技术差异化能力主要反映在哪些方面? 其形成与发展过程是怎样的?

4. 在企业技术差异化能力的形成与发展过程中企业如何管理、整合与利用资源,请描述具体行为与活动事项。

5. 企业技术差异化能力为其带来了哪些好处? 请举例说明。

6. 企业为开发和提升技术差异化能力是否采取一些针对性的管理措施和方法,请举例说明。

再次感谢您的配合,祝您工作顺利,生活愉快!

附录 2:企业技术差异化能力结构维度调查问卷

尊敬的女士/先生:

您好! 非常感谢您在百忙中抽出时间填写这份问卷! 请您根据问卷的题项设置,结合您所在企业的实际情况,以及您同意或不同意的程度,选择相应的选项。本问卷旨在调查企业技术差异化能力结构维度。本项调查的数据资料仅用于理论课题研究,匿名填写,我们将会严格保密,请放心作答。真诚感谢您的支持与合作!

第一部分:背景资料

下面是有关您个人以及您所在企业情况的描述,请根据实际情况做出选择。

1. 性别: A.男 B.女

2. 工作职务: A.企业高管 B.技术总监 C.技术研发人员 D.营销人员

3. 企业性质: A.国有控股 B.外商独资 C.中外合资 D.民营企业

4. 行业类型: A.信息通信行业 B.计算机行业 C.生物制药行业 D.电子行业

5. 企业规模:A.100 人以下 B.101—300 人 C.301—500 人 D.500 人以上

6. 企业所在地:A.陕西　B.江西　C.重庆　D.上海　E.江苏　F.新疆

第二部分:

本部分调查问卷旨在验证企业技术差异化能力的结构维度。您认为,企业技术差异化能力的结构维度应包含哪些。

序号	问卷题项 (填写说明:对于以下 **47** 个调研问题,请根据您的工作实践经验和所在的企业实际情况,选择不同的等级并标注"√",代表着您对该题项所描述情况或状态的认可程度,①完全不同意;②比较不同意;③态度中立;④比较同意;⑤完全同意。)	完全不同意	比较不同意	态度中立	比较同意	完全同意
1	企业可以快速识别、评估和判断外部技术信息	1	2	3	4	5
2	企业积极检测市场环境来识别机会	1	2	3	4	5
3	企业经常根据各种途径收集潜在的市场需求	1	2	3	4	5
4	企业研发新产品成功率处于同行业领先水平	1	2	3	4	5
5	企业建立了判断和评估外部技术资源的标准	1	2	3	4	5
6	企业分析自身优势和劣势	1	2	3	4	5
7	企业分析行业技术发展情况	1	2	3	4	5
8	企业定期收集外部利益相关者(竞争对手、供应商和客户等)的信息	1	2	3	4	5
9	企业根据战略需要制定新技术开发目标	1	2	3	4	5
10	企业具备较强的技术扫描和跟踪能力	1	2	3	4	5
11	企业善于将技术机会和市场需求相结合	1	2	3	4	5
12	企业建立了完善的信息交流渠道	1	2	3	4	5
13	企业积极探索和搜寻外部新技术	1	2	3	4	5
14	企业具备吸引和留住高素质技术人才的能力	1	2	3	4	5
15	企业剥离了无用的资源	1	2	3	4	5
16	企业满意自身资源禀赋	1	2	3	4	5
17	企业在技术开发中能够敏锐发现潜在技术机会	1	2	3	4	5
18	企业根据既定目标绑定并利用各类资源	1	2	3	4	5
19	企业经过整合内外部技术资源提升了组织整体效率和效能	1	2	3	4	5
20	企业内部具有良好的创新氛围	1	2	3	4	5

序号	问卷题项 (填写说明:对于以下 **47** 个调研问题,请根据您的工作实践经验和所在的企业实际情况,选择不同的等级并标注"√",代表着您对该题项所描述情况或状态的认可程度,①完全不同意;②比较不同意;③态度中立;④比较同意;⑤完全同意。)	完全 不同意	比较 不同意	态度 中立	比较 同意	完全 同意
21	企业内部组织和员工间能够积极交流沟通、共享技术信息	1	2	3	4	5
22	企业能够有效地鉴别内部和外部有价值的信息、经验或技术诀窍	1	2	3	4	5
23	企业具有获得最新科学和技术知识的能力	1	2	3	4	5
24	企业能够促进技术信息的内外部沟通、共享和传递	1	2	3	4	5
25	企业将创造的新知识或核心技术有效地扩散渗透到创新产品中,实现其价值	1	2	3	4	5
26	企业不断提高创新产品的市场竞争力	1	2	3	4	5
27	企业积极响应技术变革	1	2	3	4	5
28	企业具有吸收新技术和实现技术差异化产品的能力	1	2	3	4	5
29	企业具有创造先进工艺流程的能力	1	2	3	4	5
30	企业核心技术开发能力处于同行业较高水平	1	2	3	4	5
31	企业可以将新知识或核心技术有效应用到新产品中	1	2	3	4	5
32	企业不断从外部获取关键技术信息、技术诀窍等技术资源的支持	1	2	3	4	5
33	企业掌握最先进的技术	1	2	3	4	5
34	企业具备吸收新技术和实现技术差异化的能力	1	2	3	4	5
35	企业善于对技术资源开发新的用途,催生新技术,增加企业经济效益	1	2	3	4	5
36	企业不断增加自主知识产权的获取数量	1	2	3	4	5
37	企业快速协调资源以解决研发中遇到的问题	1	2	3	4	5
38	企业新开发或新引进的技术能很快应用到生产中并解决实际问题	1	2	3	4	5
39	企业能够准确感知技术发展方向并指导企业内部选择新的技术拐点	1	2	3	4	5
40	企业注重吸收不同技术领域的知识	1	2	3	4	5

序号	问卷题项 （填写说明：对于以下47个调研问题，请根据您的工作实践经验和所在的企业实际情况，选择不同的等级并标注"√"，代表着您对该题项所描述情况或状态的认可程度：①完全不同意；②比较不同意；③态度中立；④比较同意；⑤完全同意。）	完全 不同意	比较 不同意	态度 中立	比较 同意	完全 同意
41	企业经常在组织内交流和分享所获得的全新知识	1	2	3	4	5
42	面对突发情况，企业能够快速做出决策并采取行动	1	2	3	4	5
43	企业通过建立信息搜集平台获取所需技术和市场信息	1	2	3	4	5
44	企业常对原有技术知识进行创新性突破或改进	1	2	3	4	5
45	企业具备获得最新科学和技术知识（技术诀窍、知识和经验）的能力	1	2	3	4	5
46	企业重视搜寻提炼项目合作中有创意的信息	1	2	3	4	5
47	企业设置有专门人员收集本领域最新研发动向和科学知识	1	2	3	4	5

附录3：新产品开发模糊前端企业技术差异化
能力影响因素的访谈提纲

　　现有研究对技术差异化能力影响因素尚未形成统一。本研究结合我国制造企业实际情况，通过深入访谈和焦点小组会议探讨新产品开发模糊前端企业技术差异化能力的影响因素，以期为我国企业构建、发展技术差异化能力提供理论指导。

　　访谈目的：了解并掌握新产品开发模糊前端企业技术差异化能力影响因素。

　　访谈方式：面对面访谈。

　　访谈对象：企业高管、中层管理人员、项目经理、技术研发人员和营销人员等。

访谈要点:

您好,本次访谈主要通过问答形式进行,访谈内容将严格保密,访谈结果仅用于研究,不作其他用途,且访谈结果中不会出现企业名称及个人的任何信息。为保证访谈的有效性,请根据企业的实际情况回答问题。

1. 介绍自己和访谈目的。

2. 了解企业的背景资料。

3. 行业中是否有在新产品开发模糊前端有效提升企业技术差异化能力的成功案例。

4. 在新产品开发模糊前端阶段,哪些因素可能会促进或阻碍企业技术差异化能力的提升?

5. 在影响企业技术差异化能力的主要因素中,有没有一些企业独有的且其他企业难以模仿的因素?它们分别在多大程度上影响企业技术差异化能力的形成?如何影响?

6. 标志企业技术差异化能力的形成方面有没有特殊的地方或关键事件,请具体说明。

7. 总结,还有没有讨论遗漏的影响因素。

注:"个访"与"组访"的不同之处在于"组访"没有第 2 项。

附录 4:新产品开发模糊前端企业技术 差异化能力影响因素调查问卷

尊敬的女士/先生:

您好!非常感谢您在百忙中抽出时间填写这份问卷!请您根据问卷的题项设置,结合您所在企业的实际情况,以及您同意或不同意的程度,选择相应的选项。本问卷旨在调查新产品开发模糊前端企业技术差异化能力的影响因素。本项调查的数据资料仅用于理论课题研究,匿名填写,我们将会严格保密,请放心作答。真诚感谢您的支持与合作!

第一部分:背景资料

下面是有关您个人以及您所在企业情况的描述,请根据实际情况做出选择。

1. 性别： A.男　B.女

2. 工作职务： A.企业高管　B.技术总监　C.技术研发人员 D.营销人员

3. 企业性质： A.国有控股　B.外商独资　C.中外合资　D.民营企业

4. 行业类型： A.信息通信行业　B.计算机行业 C.生物制药行业 D.电子行业

5. 工作年限： A.5 年以下　B.6—10 年　C.11—15 年　D.16 年以上

6. 企业所在地:A.西安　B.重庆　C.北京　D.深圳　E.上海

第二部分:

本部分调查问卷旨在验证新产品开发模糊前端企业技术差异化能力的影响因素。您认为,企业技术差异化能力的影响因素应包含哪些。

序号	问卷题项 (填写说明:对于以下 **44** 个调研问题,请根据您的工作实践经验和所在的企业实际情况,选择不同的等级并标注"√",代表着您对该题项所描述情况或状态的认可程度,①完全不同意;②比较不同意;③态度中立;④比较同意;⑤完全同意。)	完全不同意	比较不同意	态度中立	比较同意	完全同意
1	本企业拥有许多与核心技术相关的技术知识和高素质人才	1	2	3	4	5
2	本企业在技术创新过程中能够有效地通过外部合作伙伴(供应商、顾客、产学研联盟等)获取相关技术知识	1	2	3	4	5
3	本企业能够跟踪行业内的最新技术发展,非常了解本行业的专利发明情况	1	2	3	4	5
4	本企业收集与我们使用同类专利的所有行业和企业的信息	1	2	3	4	5
5	本企业的员工都清楚并认同企业的目标与使命	1	2	3	4	5
6	本企业愿意主动进入跨越现有专利边界的新技术领域	1	2	3	4	5
7	本企业经常与外界沟通、交流,以了解最新行业技术发展动态	1	2	3	4	5

企业技术差异化能力的提升机理
——基于新产品开发模糊前端的实证研究

序号	问卷题项 (填写说明:对于以下 **44** 个调研问题,请根据您的工作实践经验和所在的企业实际情况,选择不同的等级并标注"√",代表着您对该题项所描述情况或状态的认可程度,①完全不同意;②比较不同意;③态度中立;④比较同意;⑤完全同意。)	完全不同意	比较不同意	态度中立	比较同意	完全同意
8	本企业具有较强的技术机会感知和识别能力	1	2	3	4	5
9	本企业能够将外部知识转化为员工个体所掌握,也能将个体知识转化为企业知识库	1	2	3	4	5
10	本企业密切关注那些在我们的产品领域不是领导者,但是拥有与我们相似专利的企业	1	2	3	4	5
11	本企业能够按照自身需求来识取行业内最新技术	1	2	3	4	5
12	本企业能够按照自身需求来识取跨行业的最新技术	1	2	3	4	5
13	本企业致力于寻求新的技术知识以突破现有专利局限	1	2	3	4	5
14	本企业能够评估各类信息、技术,并获得对企业有用的信息技术	1	2	3	4	5
15	本企业能够将不同来源和不同类型的知识进行有条理的分类、整合和利用	1	2	3	4	5
16	本企业能够很快理解外部获得的新知识	1	2	3	4	5
17	本企业能够将获取的外部知识融入到解决问题的实践过程中,以形成企业自己的知识库	1	2	3	4	5
18	本企业鼓励员工为解决问题而做出各种尝试	1	2	3	4	5
19	本企业平时注重内部资源共享且具有较为开放的资源整合平台	1	2	3	4	5
20	本企业能够快速地分析和理解市场需求变化	1	2	3	4	5
21	本企业不断尝试尚不成熟且具有一定风险的技术,接触新的专利和知识	1	2	3	4	5
22	本企业时刻关注在专利属性方面与我们密切相关的行业和企业	1	2	3	4	5
23	本企业勇于进入新技术领域	1	2	3	4	5
24	本企业能够承担风险开发新的技术知识	1	2	3	4	5
25	本企业致力于寻求全新的、有发展前景的新技术	1	2	3	4	5

序号	问卷题项 （填写说明：对于以下 **44** 个调研问题，请根据您的工作实践经验和所在的企业实际情况，选择不同的等级并标注"√"，代表着您对该题项所描述情况或状态的认可程度，①完全不同意；②比较不同意；③态度中立；④比较同意；⑤完全同意。）	完全 不同意	比较 不同意	态度 中立	比较 同意	完全 同意
26	本企业努力提高已有的技术在多个相关业务领域的适用性	1	2	3	4	5
27	本企业能很快地将外部新知识纳入企业内部	1	2	3	4	5
28	本企业致力于开拓全新的目标市场	1	2	3	4	5
29	本企业对现有成熟技术的开发进行投资以提高生产效率	1	2	3	4	5
30	本企业的产品非常能满足消费者的差异化需求	1	2	3	4	5
31	本企业不断尝试推出新的换代产品	1	2	3	4	5
32	本企业勇于承担开发新产品或技术带来的风险	1	2	3	4	5
33	本企业能够有效地将创造的新知识或核心技术扩散和渗透到不同的产品中去	1	2	3	4	5
34	本企业擅长资源调配与优化	1	2	3	4	5
35	本企业能将已消化的新知识与企业原有的知识进行融合	1	2	3	4	5
36	本企业能够较为准确地判断自身的技术水平	1	2	3	4	5
37	本企业能够在内部推广新技术的阻力较小	1	2	3	4	5
38	本企业能够实现产品、服务和信息的新组合	1	2	3	4	5
39	本企业努力更新现有技术以生产同类产品	1	2	3	4	5
40	本企业注重提升与现有客户问题接近的解决方案的能力	1	2	3	4	5
41	本企业创造了新的盈利方式和盈利点	1	2	3	4	5
42	本企业的主要管理者参与过许多重大的技术战略决策	1	2	3	4	5
43	本企业不断改良现有的生产工业和流程	1	2	3	4	5
44	本企业对未来的发展有明确的愿景	1	2	3	4	5

附录 5:新产品开发模糊前端阶段企业技术差异化能力的提升机理研究调查问卷

尊敬的女士/先生:

您好!非常感谢您在百忙中抽出时间填写这份问卷!请您花十分钟左右的时间,根据问卷的题项设置,结合您所在企业的实际情况,以及您同意或不同意的程度,选择相应的选项。本问卷旨在调查新产品开发模糊前端阶段企业技术差异化能力的提升机理研究。本项调查的数据资料仅用于理论课题研究,匿名填写,我们将会严格保密,请放心作答。真诚感谢您的支持与合作!

第一部分:背景资料

下面是有关您个人以及您所在企业情况的描述,请根据实际情况作出选择。(电子版回答,请将选项涂红)

1. 工作职务:

A.企业高管　　B.部门经理　　C.项目经理　　D.技术管理人员

E.研发人员　　F.工艺人员　　G.采购人员　　H.发展规划人员

2. 企业性质:

A.国有控股　　B.民营企业　　C.股份制(非国有控股)

D.中外合资　　E.外商独资　　F.其他(请注明)

3. 行业类型:

A.通用设备制造(锅炉及原动机、金属加工机械、起重运输设备、压缩机、电炉、齿轮传动、通用零部件、金属加工等通用设备制造)

B.专用设备制造(矿山、冶金、建筑、化工、食品加工、印刷、制药、纺织、医疗器械等专用设备制造)

C.交通运输设备制造(汽车、航空航天器、铁路运输、船舶、交通器材等设备制造)

D.电气机械及器材制造(输配电及控制、电机、电工器材、电池等电气设备制造)

E.通信设备、计算机及电子设备制造(通信、雷达、广播电视、计算机、电子器件等设备制造)

F.仪器仪表及文化、办公用设备制造(通用或专用仪器仪表、钟表及计时仪器、光学仪器等设备制造)

4. 企业所在地:

第二部分:

注:本问卷采用五级打分制,分值 1—5 表示您认为题项中所描述的内容与本企业实际情况的认同程度(1 = 完全不同意、2 = 比较不同意、3 = 态度中立、4 = 比较同意、5 = 完全同意)。

请根据企业实施自主创新的实践经验结合您自身对技术差异化能力的理解,对 1—5 作出相应的选择:(电子版回答,请将选项涂红)

企业为提高技术差异化创新能力,应该:

序号	问卷题项 (填写说明:对于以下 **38** 个调研问题,请根据您的工作实践经验和所在的企业实际情况,选择不同的等级并标注"√",代表着您对该题项所描述情况或状态的认可程度,①完全不同意;②比较不同意;③态度中立;④比较同意;⑤完全同意。)	完全 不同意	比较 不同意	态度 中立	比较 同意	完全 同意
1	企业可以分析行业技术发展情况	1	2	3	4	5
2	企业内部具有良好的创新氛围	1	2	3	4	5
3	企业经常根据各种途径收集潜在的市场需求	1	2	3	4	5
4	企业根据战略需要制定新技术开发目标	1	2	3	4	5
5	企业具备较强的技术扫描和跟踪能力	1	2	3	4	5
6	企业分析自身优势和劣势,企业积极检测市场环境来识别机会	1	2	3	4	5
7	企业在技术开发中能够敏锐发现潜在技术机会	1	2	3	4	5
8	企业定期收集外部利益相关者(竞争对手、供应商和客户等)的信息	1	2	3	4	5
9	企业可以快速识别、评估和判断外部技术信息	1	2	3	4	5
10	企业建立了判断和评估外部技术资源的标准	1	2	3	4	5

续表

序号	问卷题项 （填写说明：对于以下 **38** 个调研问题,请根据您的工作实践经验和所在的企业实际情况,选择不同的等级并标注"√",代表着您对该题项所描述情况或状态的认可程度,①**完全不同意**;②**比较不同意**;③**态度中立**;④**比较同意**;⑤**完全同意**。)	完全 不同意	比较 不同意	态度 中立	比较 同意	完全 同意
11	企业善于将技术机会和市场需求相结合	1	2	3	4	5
12	企业能够准确感知技术发展方向并指导企业内部选择新的技术拐点	1	2	3	4	5
13	企业积极探索和搜寻外部新技术	1	2	3	4	5
14	企业具备吸引和留住高素质技术人才的能力	1	2	3	4	5
15	企业剥离了无用的资源	1	2	3	4	5
16	企业重视搜寻提炼项目合作中有创意的信息	1	2	3	4	5
17	企业通过建立信息搜集平台获取所需技术和市场信息	1	2	3	4	5
18	企业建立了完善的信息交流渠道	1	2	3	4	5
19	企业内部组织和员工间能够积极交流沟通、共享技术信息	1	2	3	4	5
20	面对突发情况,企业能够快速做出决策并采取行动	1	2	3	4	5
21	企业快速协调资源以解决研发中遇到的问题	1	2	3	4	5
22	企业能够有效地鉴别内部和外部有价值的信息、经验或技术诀窍	1	2	3	4	5
23	企业具有获得最新科学和技术知识的能力	1	2	3	4	5
24	企业能够促进技术信息的内外部沟通、共享和传递	1	2	3	4	5
25	企业经常在组织内交流和分享所获得的全新知识	1	2	3	4	5
26	企业不断提高创新产品的市场竞争力	1	2	3	4	5
27	企业积极响应技术变革	1	2	3	4	5
28	企业具备获得最新科学和技术知识（技术诀窍、知识和经验）的能力	1	2	3	4	5
29	企业新开发或新引进的技术能很快应用到生产中并解决实际问题	1	2	3	4	5
30	企业研发新产品成功率处于同行业领先水平	1	2	3	4	5

序号	问卷题项 (填写说明:对于以下 **38** 个调研问题,请根据您的工作实践经验和所在的企业实际情况,选择不同的等级并标注"√",代表着您对该题项所描述情况或状态的认可程度,①完全不同意;②比较不同意;③态度中立;④比较同意;⑤完全同意。)	完全 不同意	比较 不同意	态度 中立	比较 同意	完全 同意
31	企业将创造的新知识或核心技术有效地扩散渗透到创新产品中,实现其价值	1	2	3	4	5
32	企业掌握最先进的技术	1	2	3	4	5
33	企业具备吸收新技术和实现技术差异化的能力	1	2	3	4	5
34	企业善于对技术资源开发新的用途,催生新技术,增加企业经济效益	1	2	3	4	5
35	企业不断增加自主知识产权的获取数量	1	2	3	4	5
36	企业核心技术开发能力处于同行业较高水平	1	2	3	4	5
37	企业具有吸收新技术和实现技术差异化产品的能力	1	2	3	4	5
38	企业具有创造先进工艺流程的能力	1	2	3	4	5

第三部分:

请根据企业创意资源识取、企业创意资源集成、吸收能力和创新导向的实际情况,作出下面的选择:(电子版回答,请将选项涂红)

创意资源识取

企业创意资源的识取过程中:

1. 创意资源界内识取

序号	问卷题项 (填写说明:对于以下 **4** 个调研问题,请根据您的工作实践经验和所在的企业实际情况,选择不同的等级并标注"√",代表着您对该题项所描述情况或状态的认可程度,①完全不同意;②比较不同意;③态度中立;④比较同意;⑤完全同意。)	完全 不同意	比较 不同意	态度 中立	比较 同意	完全 同意
1	企业能够跟踪行业内的最新技术发展,非常了解本行业的专利发明情况	1	2	3	4	5

续表

序号	问卷题项 (填写说明:对于以下 **4** 个调研问题,请根据您的工作实践经验和所在的企业实际情况,选择不同的等级并标注"√",代表着您对该题项所描述情况或状态的认可程度;①完全不同意;②比较不同意;③态度中立;④比较同意;⑤完全同意。)	完全不同意	比较不同意	态度中立	比较同意	完全同意
2	企业收集与我们使用同类专利的所有行业和企业的信息	1	2	3	4	5
3	企业时刻关注在专利属性方面与我们密切相关的行业和企业	1	2	3	4	5
4	企业密切关注那些在我们的产品领域不是领导者,但是拥有与我们相似专利的企业	1	2	3	4	5

2. 创意资源跨界识取

序号	问卷题项 (填写说明:对于以下 **4** 个调研问题,请根据您的工作实践经验和所在的企业实际情况,选择不同的等级并标注"√",代表着您对该题项所描述情况或状态的认可程度;①完全不同意;②比较不同意;③态度中立;④比较同意;⑤完全同意。)	完全不同意	比较不同意	态度中立	比较同意	完全同意
1	企业能够将不同来源和不同类型的知识进行有条理的分类、整合和利用	1	2	3	4	5
2	企业平时注重内部资源共享且具有较为开放的资源交流平台	1	2	3	4	5
3	企业能够将外部知识转化为员工个体所掌握,也能将个体知识转化为企业知识库	1	2	3	4	5
4	企业擅长资源调配与优化	1	2	3	4	5

创意资源集成

1. 调整型集成

序号	问卷题项 （填写说明：对于以下 **4** 个调研问题，请根据您的工作实践经验和所在的企业实际情况，选择不同的等级并标注"√"，代表着您对该题项所描述情况或状态的认可程度，①完全不同意；②比较不同意；③态度中立；④比较同意；⑤完全同意。)	完全 不同意	比较 不同意	态度 中立	比较 同意	完全 同意
1	企业能够将不同来源和不同类型的知识进行有条理的分类、整合和利用	1	2	3	4	5
2	企业平时注重内部资源共享且具有较为开放的资源交流平台	1	2	3	4	5
3	企业能够将外部知识转化为员工个体所掌握，也能将个体知识转化为企业知识库	1	2	3	4	5
4	企业擅长资源调配与优化	1	2	3	4	5

2. 丰富型集成

序号	问卷题项 （填写说明：对于以下 **3** 个调研问题，请根据您的工作实践经验和所在的企业实际情况，选择不同的等级并标注"√"，代表着您对该题项所描述情况或状态的认可程度，①完全不同意；②比较不同意；③态度中立；④比较同意；⑤完全同意。)	完全 不同意	比较 不同意	态度 中立	比较 同意	完全 同意
1	企业能够将获取的外部知识融入到解决问题的实践过程中，以形成企业自己的知识库	1	2	3	4	5
2	企业努力提高已有的技术在多个相关业务领域的适用性	1	2	3	4	5
3	企业能够在内部推广新技术的阻力较小	1	2	3	4	5

3. 开拓型集成

序号	问卷题项 （填写说明：对于以下 **3** 个调研问题，请根据您的工作实践经验和所在的企业实际情况，选择不同的等级并标注"√"，代表着您对该题项所描述情况或状态的认可程度，①完全不同意；②比较不同意；③态度中立；④比较同意；⑤完全同意。）	完全不同意	比较不同意	态度中立	比较同意	完全同意
1	企业能够有效地将创造的新知识或核心技术扩散和渗透到不同的产品中去	1	2	3	4	5
2	企业能够实现产品、服务和信息的新组合	1	2	3	4	5
3	企业能够承担风险开发新的技术知识	1	2	3	4	5

吸收能力

企业创新资源集成的过程中：

序号	问卷题项 （填写说明：对于以下 **5** 个调研问题，请根据您的工作实践经验和所在的企业实际情况，选择不同的等级并标注"√"，代表着您对该题项所描述情况或状态的认可程度，①完全不同意；②比较不同意；③态度中立；④比较同意；⑤完全同意。）	完全不同意	比较不同意	态度中立	比较同意	完全同意
1	企业能够快速地分析和理解市场需求变化	1	2	3	4	5
2	企业能很快地将外部新知识纳入企业内部	1	2	3	4	5
3	企业能够很快理解外部获得的新知识	1	2	3	4	5
4	企业能够快速消化、吸收外部各类信息、技术，并获得对企业有用的信息技术	1	2	3	4	5
5	企业能将已消化的新知识与企业原有的知识进行融合	1	2	3	4	5

创新导向

1. 利用式创新导向

序号	问卷题项 （填写说明：对于以下 **4** 个调研问题，请根据您的工作实践经验和所在的企业实际情况，选择不同的等级并标注"√"，代表着您对该题项所描述情况或状态的认可程度，①**完全不同意**；②**比较不同意**；③**态度中立**；④**比较同意**；⑤**完全同意**。）	完全 不同意	比较 不同意	态度 中立	比较 同意	完全 同意
1	企业努力更新现有技术以生产同类产品	1	2	3	4	5
2	企业对现有成熟技术的开发进行投资以提高生产效率	1	2	3	4	5
3	企业不断改良现有的生产工艺和流程	1	2	3	4	5
4	企业注重提升与现有客户问题接近的解决方案的能力	1	2	3	4	5

2. 探索式创新导向

序号	问卷题项 （填写说明：对于以下 **4** 个调研问题，请根据您的工作实践经验和所在的企业实际情况，选择不同的等级并标注"√"，代表着您对该题项所描述情况或状态的认可程度，①**完全不同意**；②**比较不同意**；③**态度中立**；④**比较同意**；⑤**完全同意**。）	完全 不同意	比较 不同意	态度 中立	比较 同意	完全 同意
1	企业致力于寻求全新的、有发展前景的新技术	1	2	3	4	5
2	企业不断尝试推出新的换代产品	1	2	3	4	5
3	企业勇于承担开发新产品或技术带来的风险	1	2	3	4	5
4	企业勇于进入新技术领域	1	2	3	4	5

谢谢您的悉心作答！

参考文献

蔡莉、尹苗苗:《新创企业学习能力、资源整合方式对企业绩效的影响研究》,《管理世界》2009 年第 10 期。

蔡壮华等:《创业机会理论综述》,《石家庄经济学院学报》2008 年第 3 期。

曹勇等:《模糊前端活动对 NPD 绩效的影响——战略匹配的中介作用》,《科学学与科学技术管理》2016 年第 7 期。

曹勇等:《模糊前端不确定性、知识共享与新产品开发绩效》,《科研管理》2016 年第 5 期。

曹勇等:《日本制造企业新产品开发过程中模糊前端创新的效果分析》,《南开管理评论》2009 年第 6 期。

曹勇等:《团队异质性、模糊前端创新与 NPD 绩效:理论评述与展望》,《武汉纺织大学学报》2020 年第 4 期。

曹勇等:《新产品开发过程中模糊前端创新的理论与实证研究——基于中国制造业企业的实践》,《科研管理》2009 年第 3 期。

曹勇等:《新产品开发模糊前端的不确定性管理模型》,《中国科技论坛》2015 年第 3 期。

曹勇等:《众包战略、模糊前端与产品创新绩效:基于开放式创新视角的实证分析》,《科学学与科学技术管理》2018 年第 10 期。

曹勇等:《众包战略与模糊前端创新》,《中国科技论坛》2017 年第 6 期。

陈华、王磊:《调整型集成战略与企业技术创新的关系研究》,《科研管理》2021 年第 3 期。

陈劲、阳银娟:《协同创新的理论基础与内涵》,《科学学研究》2012 年第 2 期。

陈劲、高金玉:《复杂产品系统创新的模糊前端影响因素分析》,《管理学报》2005 年第 3 期。

陈君达、邬爱其:《国外创新搜寻研究综述》,《外国经济与管理》2011 年第 2 期。

陈牧迪:《创造力、机会识别和创业绩效间关系研究》,吉林大学硕士学位论文,

2017 年。

陈晓红、刘洋:《丰富型集成对企业技术创新生态系统的影响研究》,《中国软科学》2022 年第 5 期。

储德银、张同斌:《自主研发、技术引进与高新技术产业成长》,《科研管理》2013 年第 11 期。

崔启国:《基于网络视角的创业环境对新创企业绩效的影响研究》,吉林大学出版社 2007 年版。

崔新有:《企业的资源整合能力和企业的运行能力》,《天津商业大学学报》2004 年第 6 期。

代军:《新产品开发中模糊前端的评价与管理研究》,《科技管理研究》2016 年第 8 期。

邓学军、夏宏胜:《创业机会理论研究综述》,《管理现代化》2005 年第 3 期。

董保宝、葛宝山:《新创企业资源整合过程与动态能力关系研究》,《科研管理》2012 年第 2 期。

董保宝等:《新企业创业导向与绩效的倒 U 形关系——基于资源整合能力的调节效应研究》,《管理科学学报》2019 年第 5 期。

董保宝等:《资源整合过程、动态能力与竞争优势:机理与路径》,《管理世界》2011 年第 3 期。

杜龙政:《创新董事对企业创新能力的影响研究》,《科研管理》2019 年第 12 期。

杜占河等:《大数据环境特征对 IT 外包项目绩效的影响——基于资源编排理论视角》,《科技进步与对策》2017 年第 4 期。

封伟毅等:《基于知识整合与共享的企业创新能力提升机理与对策》,《情报科学》2017 年第 11 期。

巩见刚、董小英:《技术优势、环境竞争性与信息技术吸收——基于高层支持的中介作用检验》,《科学学与科学技术管理》2012 年第 11 期。

谷宏:《资源整合能力、创业导向对创业绩效的影响研究》,云南财经大学出版社 2011 年版。

郭婧、苏秦:《团队异质性与产品创新模糊前端中的个人创造力》,《管理学报》2014 年第 7 期。

何剑锋:《基于"事理学"理论的产品创新开发模糊前端设计方法研究》,湖南大学出版社 2009 年版。

洪勇、苏敬勤:《发展中国家企业技术能力提升因素的实证研究》,《管理科学》2009 年第 4 期。

胡大立等:《服务业开放、低端锁定程度与制造业技术创新能力》,《企业经济》2019年第 12 期。

胡海青、张颖颖:《创业苗圃资源搜寻对种子项目开发模糊前端绩效影响:适应性行为视角下的权变机理》,《管理评论》2018 年第 8 期。

胡海青等:《创业网络、效果推理与新创企业融资绩效关系的实证研究——基于环境动态性调节分析》,《管理评论》2017 年第 6 期。

黄金睿:《环境特性、创业网络对创业机会识别的影响研究——以服务业为例》,吉林大学出版社 2010 年版。

贾虎:《创新和学习对高科技企业的技术能力和创业绩效影响机制的实证研究》,华南理工大学出版社 2015 年版。

简泽等:《市场竞争的创造性、破坏性与技术升级》,《中国工业经济》2017 年第 5 期。

江志鹏等:《技术势差对企业技术能力影响的长短期效应——基于企业产学研联合专利的实证研究》,《科学学研究》2018 年第 1 期。

姜春等:《知识资本国际研究:理论溯源、研究主题与未来展望》,《科技进步与对策》2023 年第 14 期。

焦豪:《创新导向与企业绩效——基于中国企业的实证研究》,《管理世界》2008 年第 7 期。

李柏洲、夏文飞:《知识属性、技术创新能力与企业创新绩效关系的实证研究——基于环境动态性的调节效应》,《预测》2019 年第 6 期。

李柏洲、周森:《科研院所创新行为与区域创新绩效间关系研究》,《科学学与科学技术管理》2015 年第 1 期。

李晓莉、于渤:《技术创新战略与技术创新能力的交互对后发企业技术跨越的影响》,《技术经济》2018 年第 4 期。

李艳华:《中小企业内、外部知识获取与技术能力提升实证研究》,《管理科学》2013 年第 5 期。

李忆、司有和:《探索式创新、利用式创新与绩效:战略和环境的影响》,《南开管理评论》2008 年第 5 期。

李玥等:《知识整合视角下高端装备制造企业技术创新能力提升路径研究》,《科学管理研究》2018 年第 1 期。

李云等:《知识视角下的颠覆式创新过程分析》,《科技管理研究》2018 年第 13 期。

李志刚、王琛:《丰富型集成与企业技术创新绩效:基于知识管理的视角》,《研究与发展管理》2021 年第 2 期。

林筠、郭敏:《知识流与技术能力:探索和利用性学习的中介作用》,《科研管理》2016 年第 6 期。

刘芳等:《企业家能力、关键资源获取与新创企业成长关系研究》,《科技进步与对策》2014 年第 8 期。

刘海兵:《创新情境、开放式创新与创新能力动态演化》,《科学学研究》2019 年第 9 期。

刘学元、丁雯婧:《企业创新网络中关系强度、资源重复性与创新绩效的关系研究》,《南开管理评论》2017 年第 1 期。

刘志迎等:《众创空间创客创新自我效能感与创新行为关系研究——创新支持为二阶段调节变量》,《科学学与科学技术管理》2017 年第 8 期。

柳卸林、李艳华:《知识获取与后发企业技术能力提升——以汽车零部件产业为例》,《科学学与科学技术管理》2009 年第 7 期。

罗洪云、张庆普:《知识管理视角下新创科技型小企业突破性技术创新能力评价指标体系构建及测度》,《运筹与管理》2016 年第 1 期。

吕帅:《基于流程的我国制造业企业新产品开发项目关键成功因素实证研究》,中国科技大学出版社 2010 年版。

马鸿佳:《创业环境、资源整合能力与过程对新创企业绩效影响研究》,吉林大学出版社 2008 年版。

马鸿佳等:《资源整合过程、能力与企业绩效关系研究》,《吉林大学社会科学学报》2010 年第 4 期。

马永红、张帆:《转移企业结网策略对集群网络结构与知识水平的影响研究》,《科学学与科学技术管理》2016 年第 10 期。

马宗国、李静:《联合体视角下我国中小企业自主创新能力提升机制研究》,《科技进步与对策》2016 年第 10 期。

孟韬等:《共享办公情境下创业者资源编排路径——基于资源编排理论》,《技术经济》2019 年第 2 期。

穆瑞、肖胜权:《中小企业创新能力影响因素模型研究》,《科技管理研究》2019 年第 6 期。

裴旭东等:《企业技术差异化能力提升机理研究》,《科技进步与对策》2015 年第 20 期。

裴旭东等:《众包能力对新产品开发模糊前端绩效的影响——模糊前端不确定性的中介作用》,《科技进步与对策》2019 年第 20 期。

裴旭东等:《资源识取行为对技术差异化能力的影响》,《科学学研究》2018 年第

5 期。

彭纪生、王秀江:《技术学习与企业技术能力链条:知识转化整合的作用》,《科技进步与对策》2014 年第 20 期。

彭学兵等:《创业网络、效果推理型创业资源整合与新创企业绩效关系研究》,《科学学与科学技术管理》2017 年第 6 期。

秦鹏飞等:《知识吸收与集成能力双重调节下知识搜索对创新能力的影响效应研究》,《管理学报》2019 年第 2 期。

秦志华、刘艳萍:《商业创意与创业者资源整合能力拓展——白手起家的创业案例分析及理论启发》,《管理世界》2009 年第 1 期。

饶扬德:《新资源观与企业资源整合》,《软科学》2006 年第 5 期。

邵云飞等:《跨界创新在突破性技术创新模糊前端的作用机制》,《科技进步与对策》2018 年第 22 期。

盛济川、曹杰:《开放式模糊前端的技术路线图研究——市场拉力与技术推力的结合》,《科学学研究》2012 年第 5 期。

石乘齐:《基于知识特性的技术创新网络组织权力形成研究》,《情报学报》2014 年第 7 期。

唐靖、姜彦福:《创业过程三阶段模型的探索性研究》,《经济师》2008 年第 6 期。

王晨筱等:《颠覆性创新四阶段扩散过程模型——基于液晶电视机与山寨手机案例》,《科技进步与对策》2018 年第 22 期。

王凤彬等:《探索式与利用式技术创新及其平衡的效应分析》,《管理世界》2012 年第 3 期。

王伏虎、赵喜仓:《知识获取、吸收能力与企业创新间关系研究》,《科技进步与对策》2014 年第 6 期。

王建中:《创业机会、资源整合能力与创业绩效:一个概念性框架的构建》,《中国市场》2011 年第 46 期。

王雎、曾涛:《开放式创新:基于价值创新的认知性框架》,《南开管理评论》2011 年第 2 期。

王雎:《开放式创新下的知识管理过程研究》,《管理世界》2009 年第 2 期。

王凯等:《开放式创新模式下企业创新资源整合能力的形成机理》,《科技管理研究》2018 年第 1 期。

王鹏、刘静:《丰富型集成对企业产品创新和技术创新协同作用的研究》,《科技管理研究》2023 年第 4 期。

王玉帅等:《三维社会资本与创业机会识别特质关系研究——基于"中三角"336

份调查问卷的实证分析》,《工业技术经济》2017 年第 1 期。

王钰莹等:《企业产学研主体地位对创新绩效的影响——吸收能力的中介作用与双元情境的调节作用》,《科技进步与对策》2020 年第 1 期。

王元地等:《技术距离与技术引进企业技术多元化发展关系研究》,《科研管理》2015 年第 2 期。

王元地等:《外部技术获取下企业技术能力提升研究——基于技术国别属性视角》,《情报杂志》2017 年第 1 期。

魏华飞、杜磊:《知识基础、知识场活性与技术差异化能力》,《企业经济》2019 年第 4 期。

吴冰等:《软件企业创业网络对创新绩效的影响机制研究》,《科学学研究》2007 年第 S2 期。

吴先明、苏志文:《将跨国并购作为技术追赶的杠杆:动态能力视角》,《管理世界》2014 年第 4 期。

吴晓波、周浩军:《开放式创新中企业内外部资源的整合策略》,《科研管理》2015 年第 1 期。

吴莹等:《创业企业社会网络"关系—规模—结构"演化的纠错机理研究》,《软科学》2013 年第 9 期。

吴永林、万春阳:《协同技术创新中的技术互补、资源互补与技术创新能力研究》,《工业技术经济》2016 年第 6 期。

肖冰等:《中小企业集群复杂网络的结构与其资源整合能力的关系》,《科技管理研究》2009 年第 11 期。

肖丁丁、朱桂龙:《跨界搜寻对组织双元能力影响的实证研究——基于创新能力结构视角》,《科学学研究》2016 年第 7 期。

肖萌、马钦海:《顾客资源对价值共创能力的影响机制——资源整合的中介作用》,《技术经济》2017 年第 9 期。

谢言等:《外部社会联系能否提升企业自主创新?—— 一项基于知识创造中介效应的实证研究》,《科学学研究》2010 年第 5 期。

徐国军、杨建君:《技术转移、新产品开发与企业绩效》,《科研管理》2019 年第 11 期。

徐梦周、蔡宁:《联合投资网络、中心性与创投机构绩效——基于 IDGVC 的探索式研究》,《重庆大学学报(社会科学版)》2011 年第 1 期。

徐雨森等:《国际接口、资源体系与技术创新共演过程研究》,《科学学研究》2018 年第 11 期。

许晖、张海军:《制造业企业服务创新能力构建机制与演化路径研究》,《科学学研究》2016 年第 2 期。

许庆瑞等:《技术创新的组合及其与组织、文化的集成》,《科研管理》2002 年第 6 期。

许晓明、徐震:《基于资源基础观的企业成长理论探讨》,《研究与发展管理》2005 年第 2 期。

颜晓晴、陈德智:《基于结构方程的企业研发资源配置结构研究》,《科技与经济》2015 年第 3 期。

杨立新、李元:《企业技术创新战略研究——基于企业能力理论的探讨与启示》,《大连理工大学学报(社会科学版)》2002 年第 3 期。

杨婷、李随成:《战略采购对企业技术能力的影响研究:网络关系视角的分析》,《管理评论》2012 年第 10 期。

杨兴龙等:《农产品加工企业技术创新能力与影响因素分析——基于吉林省 30 户农产品加工业龙头企业的调查》,《经济纵横》2019 年第 3 期。

杨智、张茜岚:《创新导向与企业持续竞争优势》,《管理学报》2010 年第 6 期。

姚明明等:《技术追赶视角下商业模式设计与技术创新战略的匹配—— 一个多案例研究》,《管理世界》2014 年第 10 期。

易朝辉:《资源整合能力、创业导向与创业绩效的关系研究》,《科学学研究》2010 年第 5 期。

易锐、夏清华:《开放式创新的理论基点、研究维度与未来研究展望》,《湘潭大学学报(哲学社会科学版)》2015 年第 2 期。

殷俊杰、邵云飞:《创新搜索和惯例的调节作用下联盟组合伙伴多样性对创新绩效的影响研究》,《管理学报》2017 年第 4 期。

尹成龙、孔凡让:《产品设计模糊前端的创新和管理研究》,《科研管理》2005 年第 5 期。

尹苗苗等:《中国情境下新企业投机导向对资源整合的影响研究》,《南开管理评论》2014 年第 6 期。

詹坤等:《联盟组合的网络结构对企业创新能力影响的研究》,《研究与发展管理》2018 年第 6 期。

张保仓、任浩:《虚拟组织持续创新能力提升机理的实证研究》,《经济管理》2018 年第 10 期。

张方华:《资源获取与技术创新绩效关系的实证研究》,《科学学研究》2006 年第 4 期。

张红、葛宝山：《创业机会识别研究现状述评及整合模型构建》,《外国经济与管理》2014 年第 4 期。

张君立等：《社会网络、资源获取与新创企业绩效关系研究》,《工业技术经济》2008 年第 5 期。

张璐等：《跨越组织层级的鸿沟：企业创新能力动态构建机制研究》,《管理评论》2019 年第 12 期。

张庆华、张庆普：《复杂软件系统客户创意知识分析与获取研究》,《科学学研究》2013 年第 5 期。

张庆垒等：《技术多元化、行业竞争互动与双元创新能力》,《外国经济与管理》2018 年第 9 期。

张庆垒等：《技术多元化与企业绩效关系的实证研究——行业竞争互动的调节作用》,《科学学与科学技术管理》2014 年第 9 期。

张文红等：《如何解决制造企业服务创新的困境：跨界搜索的作用》,《经济管理》2013 年第 3 期。

张晓燕：《丰富型集成策略对企业产品创新的影响研究》,《科技进步与对策》2019 年第 11 期。

张亚新：《二元性创新平衡、价值网络交易集中度与制造企业绩效》,《财贸研究》2018 年第 5 期。

张振刚等：《开放式创新、吸收能力与创新绩效关系研究》,《科研管理》2015 年第 3 期。

张振刚等：《企业慈善捐赠、科技资源获取与创新绩效关系研究——基于企业与政府的资源交换视角》,《南开管理评论》2016 年第 3 期。

赵镝：《创业网络对新创企业融资方式的影响研究》,吉林大学出版社 2009 年版。

赵晓庆、许庆瑞：《技术能力评价：理论与方法》,《科学学与科学技术管理》2011 年第 4 期。

赵晓阳：《调整型集成战略与企业产品和技术的快速迭代》,《科技进步与对策》2019 年第 7 期。

赵炎等：《基于粗糙集理论的知识密集型服务业集群创新能力评价研究》,《软科学》2009 年第 4 期。

赵志强、杨建飞：《企业技术创新能力提升机制研究——基于知识管理视角》,《西南交通大学学报(社会科学版)》2011 年第 6 期。

郑霞：《我国高技术企业技术创新能力影响因素研究》,《财经问题研究》2014 年第 11 期。

周雄国:《创业网络对创业的影响:创业资源获取的视角》,《科技创业月刊》2017年第 20 期。

朱海就:《区域创新能力评估的指标体系研究》,《科研管理》2004 年第 3 期。

朱晋伟、胡万梅:《国内外资本与海归创业绩效关系研究》,《科技管理研究》2015年第 20 期。

朱秀梅等:《网络能力、资源获取与新企业绩效关系实证研究》,《管理科学学报》2010 年第 4 期。

朱秀梅等:《组织学习与新企业竞争优势关系——以知识管理为路径的实证研究》,《科学学研究》2011 年第 5 期。

左凌烨、雷家骕:《创业机会评价方法研究综述》,《管理评论》2002 年第 7 期。

Aagaard, A., "The Contribution of Innovation Strategy Development and Implementation in Active Facilitation of Pharmaceutical Front End Innovation", *Systemic Practice and Action Research*, Vol.25(December 2012).

Akhavan, P., Mahdi Hosseini, S., "Social Capital, Knowledge Sharing, and Innovation Capability: an Empirical Study of R&D Teams in Iran", *Technology Analysis & Strategic Management*, Vol.28, No.1 (January 2016).

Albach, H., et al., "Erfolgsdeterminanten von Neuprodukten deutscher Hochtechnologie-Unternehmen: Eine empirische Erfolgsfaktorenuntersuchung im Rahmen der internationalen Erfolgsfaktorenstudie INTERPROD", *Innovation und Investition*, Vol.1, (1999).

Alblas, A., Jayaram, J., "Design Resilience in the Fuzzy Front End (FFE) Context: An Empirical Examination", *International Journal of Production Research*, Vol.53, No.22 (November 2015).

Alexander Ardichvili, et al., "A Theory of Entrepreneurial Opportunity Identification and Development", *Journal of Business Venturing*, Vol.18, No.1(January 2003).

Aljanabi, et al., "The Mediating Role of Absorptive Capacity on the Relationship between Entrepreneurial Orientation and Technological Innovation Capabilities", *International Journal of Entrepreneurial Behavior & Research*, Vol.24, No.4(June 2018).

Amit, R., et al., "Strategic Assets and Organizational Rent", *Strategic Management Journal*, Vol.14, No,1(January 1993).

Anderson, A.R., Jack S.L., "The Articulation of Social Capital in Entrepreneurial Networks: A Glue or a Lubricant?", *Entrepreneurship & Regional Development*, Vol.14, No.3 (May 2002).

Ann, Mooney., "Core Competence, Distinctive Competence, and Competitive Advantage： What Is the Difference?", Journal of Education for Business, Vol.83, No.2(November 2007).

Atuahene-Gima, K., "Resolving the Capability-rigidity Paradox in New Product Innovation", *Journal of Marketing*, Vol.69, No.4(October 2005).

Atuahene-Gima, K., "The Influence of New Product Factors on Export Propensity and Performance： An Empirical Analysis", *Journal of International Marketing*, Vol.3, No.2(December 1995).

Backman, M., et al., "Working with Concepts in the Fuzzy Front end： Exploring the Context for Innovation for Different Types of Concepts at Volvo Cars", R&D Management, Vol.37, No.1(January 2007).

Baker, T., Nelson, R.E., "Creating Something from Nothing： Resource Construction through Entrepreneurial Bricolage", *Administrative Science Quarterly*, Vol.50, No.3(September 2005).

Balbontin, A., et al., "New Product Development Practices in American and British Firms", *Technovation*, Vol.20, No.5(June 2000).

Barney, J. B., "Resource-Based Theories of Competitive Advantage：A Ten-Year Retrospective on the Resource-Based View", *Journal of Management*, Vol.27, No.6(June 2001).

Barney, J., "Firm Resources and Sustained Competitive Advantage", *Journal of Management*, Vol.17, No.1(March 1991).

Berkowitz, H., "Meta-Organizing Firms' Capabilities for Sustainable Innovation： A Conceptual Framework", *Journal of Cleaner Production*, Vol.175, No.20(October 2018).

Bertels, H.M.J., et al., "Communities of Practice Versus Organizational Climate： Which One Matters More to Dispersed Collaboration in the Front End of Innovation?", *Journal of Product Innovation Management*, Vol.28, No.5(September 2011).

Björk, J., Magnusson, M.,"Where Do Good Innovation Ideas Come from? Exploring the Influence of Network Connectivity on Innovation Idea Quality",*Journal of Product Innovation Management*,Vol.26,No.6(November 2009).

Blundell, R., et al., "Consumption and the Timing of Income Risk", *European Economic Review*, Vol.43, No.4(March 1999).

Bocken, N.M.P., et al., "The Front-end of Eco-Innovation for Eco-Innovative Small And Medium Sized Companies", *Journal of Engineering and Technology Management*, Vol. 31, No.1/3(June 2014).

Boeddrich, H.J., "Ideas in the Workplace： A New Approach Towards Organizing the

Fuzzy Front End of the Innovation Process", *Creativity and Innovation Management*, Vol.13, No.4(December 2004).

Bolivar-Ramos, M.T., et al., "Technological Distinctive Competencies and Organizational Learning: Effects on Organizational Innovation to Improve Firm Performance", *Journal of engineering and technology management*, Vol.29, No.3(June 2012).

Booz, A.H., et al., New Products Management for the 1980s, New York: Booz-Allen & Hamilton, 1982.

Börjesson, S., et al., "Innovative Scanning Experiences from an Idea Generation Project at Volvo Cars", Technovation, Vol.26, No.7(June 2005).

Brentani, D.U., Reid, E.S., "The Fuzzy Front-end of Discontinuous Innovation: Insights for Research and Management", *Journal of Product Innovation Management*, Vol.29, No.1(January 2012).

Brockhoff, T., Brinksmeier, E., "Grind-Hardening: A Comprehensive View", *CIRP Annals - Manufacturing Technology*, Vol.48, No.1(June 1999).

Brun, E., et al., "Classification of Ambiguity in New Product Development Projects", *European Journal of Innovation Management*, Vol.12, No.1(June 2009).

Brun, E., Saetre, A.S., "Ambiguity Reduction in New Product Development Projects", *International Journal of Innovation Management*, Vol.12, No.4(December 2008).

Brun, E., et al., "Classification of Ambiguity in New Product Development Projects", *European Journal of Innovation Management*, Vol.12, No.1(June 2009).

Cagan, J., Vogel, C. M., "Creating Breakthrough Products: Innovation from Product Planning to Program Approval", New Jersey: Ft Press, 2002.

Calantone R.J., Di Benedetto C.A., "An Integrative Model of the New Product Development Process: An Empirical Validation", *Journal of Product Innovation Management*, Vol. 5, No.3(September 1988).

Capon, N., et al., "Determinants of Financial Performance: A Meta-Analysis", *Management Science*, Vol.36, No.10(October 1990).

Carnabuci, G., Operti, E., "Where do Firms' Recombinant Capabilities Come from? Indra-Organizational Networks, Knowledge, and Firms' Ability to Innovate by Technological Recombination", *Strategic Management Journal*, Vol.34, No.13(November 2013).

Carnes, C.M., et al., "Resource Orchestration for Innovation: Structuring and Bundling Resources in Growth-and Maturity-Stage Firms", *Long range Planning*, Vol.4, No.50(June 2017).

Casson, M., "The Theory of Vertical Integration: A Survey and Synthesis", *Journal of Economic Studies*, Vol.11, No.2(February 1984).

Chamakiotisa, P., et al., "The Role of Temporal Coordination for the Fuzzy Front-End of Innovation in Virtual Teams", *International Journal of Information Management*, Vol.50 (January 2020).

Chandler, G.N., Hanks, S.H., "Market Attractiveness, Resource-Based Capabilities, Venture Strategies, and Venture Performance", *Journal of Business Venturing*, Vol.9, No.4 (July 1994).

Chaney, P. K., et al., "New Product Innovations and Stock Price Performance", *Journal of Business Finance & Accounting*, Vol.19, No.5(September 1992).

Chang, S., et al., "Conceptualizing, Assessing, and Managing Front-end Fuzziness in Innovation/NPD Projects", *R&D Management*, Vol.37, No.5(November 2007).

Chesbrough, H., "Business Model Innovation: It's not Just about Technology Anymore", *Strategy & Leadership*, Vol.35, No.6(June 2013).

Chesbrough, H., Crowther, A. K., "Beyond High Tech: Early Adopters of Open Innovation in other Industries", *R&D Management*, Vol.36, No.3(June 2006).

Chun, Y.T., "Technological Innovation Capability, Knowledge Sourcing and Collaborative Innovation in Gulf Cooperation Council Countries", *Innovation Management*, *Policy & Practice*, Vol.26, No.7(February 2014).

Cohen, W.M., Levinthal, D.A., "Absorptive Capacity: A New Perspective on Learning and Innovation", *Administrative Science Quarterly*, Vol.35, No.1(March 1990).

Cohen, W.M., Levinthal, D.A., "Absorptive Capacity: A New Perspective on Learning and Innovation", *Administrative Science Quarterly*, Vol.35, No.1(March 1990).

Cook, A., "Revolutionizing Product Development-Quantum Leaps in Speed, Efficiency, and Quality", *R & D Management*, Vol.24, No.3(January 2010).

Cooper, R. G., "Predevelopment Activities Determine New Product Success", *Industrial Marketing Management*, Vol.17, No.3(August 1988).

Cooper, R.G., Kleinschmidt, E.J., "An Investigation into the New Product Process: Steps, Deficiencies, and Impact", *Journal of Product Innovation Management*, Vol.3, No.2 (June 1986).

Cooper, R.G., Kleinschmidt, E.J., "New Products: What Separates Winners From Losers?", *Journal of Product Innovation Management*, Vol.4, No.3(September 1987).

Cooper, R.G., Kleinschmidt, E.J., "Screening New Products for Potential Winners",

Long Range Planning, Vol.26, No.26(December 1993).

Cooper, Robert G., Kleinschmidt, Elko J., "An Investigation into the New Product Process: Steps, Deficiencies, and Impact", *Journal of Product Innovation Management*, Vol.3, No.2(June 1986).

Cooper, R.G., Kleinschmidt, E.J., "New Products: What Separates Winners from Losers?", *Journal of Product Innovation Management*, Vol.4, No.3(September 1987).

Crook, T. R., et al., "Strategic Resources and Performance: A Meta Analysis", *Strategic Management Journal*, Vol.29, No.6(March 2008).

Cyert R., March J., "Behavioral theory of the firm: A Meta Analysis", *Organizational Behavior Routledge*, 2015.

Dahlander, L., Gann, D. M., "How Open is Innovation?", *Research Policy*, Vol.39, No.6(July 2010).

Danneels, E., "Second-Order Competences and Schumpeterian Rents", *Strategic Entrepreneurship Journal*, Vol.6, No.1(February 2012).

De Brentani U., Reid S. E., "The Fuzzy Front-End of Discontinuous Innovation: Insights for Research and Management", *Journal of Product Innovation Management*, Vol. 29, No.1(January 2012).

De Brentani, U., "Success and Failure in New Industrial Services", *Journal of Product Innovation Management*, Vol.6, No.4(December 1989).

Deluca, L.M., Atuahene-Gima, K., "Market Knowledge Dimensions and Cross-Functional Collaboration: Examining the Different Routes to Product Innovation Performance", *Journal of marketing*, Vol.71, No.1(January 2007).

Deppe, L., et al., "The Holistic View of the Front End of Innovation", *Proceedings of IMTs and New Product Development*, (2002).

Dosi, G., "Technological Paradigms and Technological Trajectories: A Suggested Interpretation of the Determinants and Directions of Technical Change", *Research Policy*, Vol.11, No.3(June 1982).

Durand, R., et al.,"The Expanding Domain of Strategic Management Research and the Quest for Integration", *Strategic Management Journal*, Vol.38, No.1(January 2017).

Eisenhardt, K.M., Bourgeois, III.L.J., "Politics of Strategic Decision Making in High-Velocity Environments: Toward a Mid Range Theory", *Academy of management journal*, Vol. 31, No.4(December 1988).

Eisenhardt, Kathleen M., Martin, Jeffrey A., "Dynamic Capabilities: What are

They?", *Strategic Management Journal*, Vol.21, No.10(October 2000).

Eling, K., et al., "Using Intuition in Fuzzy Front-end Decision-Making: A Conceptual Framework", *Journal of Product Innovation Management*, Vol.31, No.5(September 2014).

Eling, K., Herstatt, C., "Managing the Front End of Innovation-Less Fuzzy, yet Still not Fully Understood", *Journal of Product Innovation Management*, Vol.34, No.6(November 2017).

Ende, J., et al., "The Front End of Innovation: Organizing Search for Ideas", *Journal of Product Innovation Management*, Vol.32, No.4(July 2015).

Ernst, D., "A New Geography of Knowledge in the Electronics Industry? Asia's Role in Global Innovation Networks", *Asia's Role in Global Innovation Networks*, (March 2009).

Fabrizio,K.R., "Absorptive Capacity and the Search for Innovation", *Research Policy*, Vol.38, No.2(January 2009).

Figueiredo, Paulo, N., "Does Technological Learning Pay off? Inter-Firm Differences in Technological Capability-Accumulation Paths and Operational Performance Improvement", *Research Policy*, Vol.31, No.1(June 2002).

Florén, H., et al., "Critical Success Factors in Early New Product Development: A Review and a Conceptual Model", *International Entrepreneurship and Management Journal*, Vol.14, No.2(June 2018).

Freeman, C., "Technological Innovation and Multinational Corporations", *The Economic Journal*, Vol.100, No.401(June 1990).

Frishammar, J., et al., "Beyond Managing Uncertainty: Insights from Studying Equivocality in the Fuzzy Front End of Product and Process Innovation Projects", *IEEE Transactions on Engineering Management*, Vol.58, No.3(January 2011).

Frishammar, J., et al., "The Front End of Radical Innovation: A Case Study of Idea and Concept Development at Prime Group", *Creativity and Innovation Management*, Vol.25, No.2(June 2016).

Gallagher, K.S., "Limits to Leapfrogging in Energy Technologies? Evidence from the Chinese automobile industry", *Energy Policy*, Vol.34, No.4(June 2006).

Gammeltoft, Peter., "Development of Firm-Level Technological Capabilities", *Journal of the Asia Pacific Economy*, Vol.9, No.1(February 2004).

Garcia-Morales, V. J., et al., "Technological Variables and Absorptive Capacity Influence on Performance through Corporate Entrepreneurship", *Journal of Business Research*, Vol.67, No.6(July 2014).

Ge, B.S., Dong, B.B., *Resource Integration Process and Venture Performance*: *Based On the Contingency Model Of Resource Integration Capability*, Long Beach USA: International Conference On Management Science and Engineering, 2008.

Gemünden, H.G., et al., "Network Configuration and Innovation Success: An Empirical Analysis in German High-Tech Industries", *International Journal of Research in Marketing*, Vol.13, No.5(June 1996).

Gilson, L.L., Litchfield, R.C., "Idea collections: A link between creativity and innovation", Innovation, Vol.19, No.1(January 2017).

Glaser, B. G., Strauss, A. L., *The Discovery of Grounded Theory*, New York: Aldine, 1967.

Grant, R.M., Baden-Fuller, C., "A Knowledge Accessing Theory of Strategic Alliances", *Journal of Management Studies*, Vol.41, No.1(January 2004).

Griffin, A., "The Effect of Project and Process Characteristics on Product Development Cycle Time", *Journal of marketing research*, Vol.34, No.1(February 1997).

Griffin, A., "Modeling and Measuring Product Development Cycle Time Across Industries", *Journal of Engineering and Technology Management*, Vol.14, No.1(June 1997).

Griffin, A., et al., "Serial Innovators' Processes: How They Overcome Barriers to Creating Radical Innovations", *Industrial Marketing Management*, Vol. 43, No. 8 (November 2014).

Grimpe, C., Sofka, W., "Search Patterns and Absorptive Capacity: Low-And High-Technology Sectors in European Countries", *Research Policy*, Vol.38, No.3(April 2009).

He, Z., Wong, P., "Exploration Vs Exploitation: An Empirical Test of the Ambidexterity Hypothesis", *Organization Science*, Vol.15, No.4(July 2004).

Helfat, C.E., et al., "Dynamic Capabilities: Understanding Strategic Change in Organizations", *Academy of Management Review*, Vol.30, No.1(October 2010).

Helfat, C.E., Peteraf, M.A., "The Dynamic Resource-Based View: Capability Life Cycles", *Strategic Management Journal*, Vol.24, No.10(October 2003).

Helmut S., "Optimal Price and Advertising Policy for New Products", *Journal of Business Research*, Vol.10, No.1(March 1982).

Henderson, R., et al., "Universities as a Source of Commercial Technology: A Detailed Analysis of University Patenting, 1965–1988", *The Review of Economics and Statistics*, Vol. 80, No.1(February 1998).

Henderson, R.M., Clark, K.B., "Architectural Innovation: The Reconfiguration of Existing Product Technologies and the Failure of Established Firms", *Administrative Science Quarterly*, *Vol.*35, No.1(March 1990).

Herstad, S., et al., "On Industrial Knowledge Bases, Commercial Opportunities and Global Innovation Network Linkages", *Research Policy*, Vol.43, No.3(April 2014).

Herstatt, C., Verworn, B., *The "Fuzzy Front End" of Innovation*, UK: Palgrave Macmillan, 2004.

Hon, A.H.Y., Lui, S.S., "Employee Creativity and Innovation in Organizations: Review, Integration, and Future Directions for Hospitality Research", *International Journal of Contemporary Hospitality Management*, Vol.28, No.5(January 2016).

Hoy, F., et al., *Strategies and Environments of High Growth Firms*, Boston: PWS-Kent, 1992.

Jafri, M.H., Dem, C., "Emotional Intelligence and Employee Creativity: Moderating Role of Proactive Personality and Organizational Climate", *Business Perspectives and Research*, Vol.4, No.1(January 2016).

Jansen, J., et al., "Exploratory Innovation, Exploitative Innovation, and Performance: Effects of Organizational Antecedents and Environmental Moderators", *Management Science*, Vol.52, No.11(November 2006).

Jantunen, A., "The Impact of Innovativeness on Internationalization", *Journal of International Entrepreneurship*, Vol.3, No.3(2005).

Joe, S., Bain, "Economies of Scale, Concentration, and the Condition of Entry in Twenty Manufacturing Industries", *The American Economic Review*, Vol.44, No.1(March 1954).

Johnson, L., Christensen, C., "The Relationship between Exploratory Integration and Firms' Sustained Innovation Capability", *Long Range Planning*, Vol.55, No.2(2022).

Kang, K. H., & Kang, J., "Do External Knowledge Sourcing Modes Matter for Service Innovation? Empirical Evidence from South Korean Service Firms", *Journal of Product Innovation Management*, Vol.31, No.1(January 2014).

Kang, K.H., Kang, J., "How Do Firms Source External Knowledge for Innovation? Analysing Effects of Different Knowledge Sourcing Methods", *International Journal of Innovation Management*, Vol.13, No.1(March 2009).

Katila, R., Ahuja, G., "Something Old, Something New: A Longitudinal Study of Search Behavior and New Product Introduction", *Academy of Management Journal*, Vol.45, No.6(December 2002).

Khurana, A., Rosenthal, S., "Towards Holistic 'Front ends' in New Product Development", *Journal of Product Innovation Management*, Vol.15, No.1(January 1998).

Khurana, A., Rosenthal, S.R, "Integrating the Fuzzy Front End of New Product Development", *MIT Sloan Management Review*, Vol.38, No.4(January 1997).

Kim, J., Wilemon, D., "Focusing the Fuzzy Front-End in New Product Development", *R&D Management*, Vol.32, No.4(September 2002).

Kim,J., Wilemon, D., "Focusing the Fuzzy Front-end in New Product Development", *R&D Management*, Vol.32, No.4(September 2002).

Kleinschmidt, E.J., et al., *Front end of Innovation: What is Difference Between Low and High-risk Projects for Success*, Copenhagen, Denmark: Proceedings of the 12th International Product Development Management Conference, 2005.

Kock, A., et al.,"How Ideation Portfolio Management Influences Front-End Success", *Journal of Product Innovation Management*, Vol.32, No.4(July 2015).

Kock, A., et al., "How Ideation Portfolio Management Influences Front-End Success", *Journal of Product Innovation Management*, Vol.32, No.4, (July 2015).

Koen P., et al., "Providing Clarityand a Common Language to the 'Fuzzy Front End'", *Research-Technology Management*, Vol.44, No.2, (Jan 2016).

Koen P., et al., The PDMA ToolBook 1 for New Product Development. John Wiley & Sons, Inc., New York. Edited by Belliveau, P., Griffin, A. & Somermeyer, S., 2002.

Koen, P.,et al., "Providing Clarity and Common Language to the Fuzzy Front End", *Research Technology Management*, Vol.44, No.2(March 2001).

Kotzbauer, Norbert, *Erfolgsfaktoren neuer Produkte: Der Einfuß der Innovationshöhe auf den Erfolg technischer Produkte*, Frankfurt am Main: Lang, 1992.

Kuczmarski, T. D., *Managing New Products: The Power of Innovation*, Englewood Cliffs: Prentice-Hall,1992.

Kumar, V., et al., "Building Technological Capability through Importing Technology: The Case of Indonesian Manufacturing Industry", *The Journal of Technology Transfer*, Vol. 24,No.1(April 1999).

Lall, S., "Promoting Technology Development: The Role of Technology Transfer and Indigenous Effort", *Third World Quarterly*, Vol.14, No.1(March 1993).

Lane, P.J., et al., "The Reification of Absorptive Capacity: a Critical Review and Rejuvenation af the Construct", *Academy of Management Review*, Vol.31,No.4(Oct 2006).

Langlois, R. N., Robertson, P. L., "Business Organization as a Coordination Problem:

Toward a Dynamic Theory of the Boundaries of the Firm", *Business and Economic History*, Vol.22, No.1(October 1993).

Lau, et al., "Absorptive Capacity, Technological Innovation Capability and Innovation Performance: An Empirical Study in Hong Kong", *International Journal of Technology Management*, Vol.80, No.1/2(May 2019).

Laursen, K., & Salter, A.,"Open for Innovation: The Role of Openness in Explaining Innovation Performance among UK Manufacturing Firms", *Strategic Management Journal*, Vol.27, No.2, (February 2006).

Laursen, K., Salter, A., "Open for Innovation: The Role of Openness in Explaining Innovation Performance among U.K. Manufacturing Firms", *Strategic Management Journal*, Vol.27, No.2(February 2006).

Lecossier, A., et al., "Towards Radical Innovations in a Mature Company: An Empirical Study on the UX-FFE Model", *Artificial Intelligence for Engineering Design*, *Analysis and Manufacturing*, Vol.33, No.2(May 2019).

Lee, S., Park, G.,"The Impact of Exploratory Integration onFirm's Technological Innovation and Product Differentiation",Technovation, Vol.41,No.1(2021).

Leonard-Barton, D., "Core Capabilities and Core Rigidities: A Paradox in Managing New Product Development", *Strategic Management Journal*, Vol.13, No.S1(July 1992).

Leonard-Barton, D., "Management of Technology and Moose on Tables", *Organization Science*, Vol.3, No.4(November 1992).

Lesser, E. L., *Knowledge and Social Capital: Foundations and Applications*, MA, United States: Butter worth-Heinemann, 1999.

Levitt,T., "Creativity is not Enough", *Harvard Business Review*, Vol.80, No.8(August 2002).

Li, Z., et al., "Fuzzy Front End Patent Management and Innovation Performance: Mediating Role of Patent Commercialization and Moderating Effect of Technological Lock-in", *Management Decision*,Vol.55, No.6(July 2017).

Liao, S., et al., "Knowledge Sharing, Absorptive Capacity, and Innovation Capability: An Empirical Study of Taiwan's Knowledge-Intensive Industries", *Journal of Information Science*, Vol.33, No.3(June 2007).

Lichtenthaler, U., "Open Innovation: Past Research, Current Debates, and Future Directions", *Academy of Management Perspectives*, Vol.25, No.1(February 2011).

Lin, et al., "Restaurant Service Scape, Service Encounter, and Perceived Congruency on Customers' Emotions and Satisfaction", *Journal of Hospitality Marketing & Management*, Vol.19, No.8(October 2010).

Liu, J., et al., "The Geography and Structure of Global Innovation Networks: A Knowledge Base Perspective", *European Planning Studies*, Vol.21, No.9(September 2013).

Liu, Y., Chen, K., "The Relationship Between Innovation Orientation, Technological Capabilities, and Firm Performance", *Journal of Business Research*, Vol.65, No.5(2012).

Love, J. H., et al., "Learning From Openness: The Dynamics of Breadth in External Innovation Linkages", *Strategic Management Journal*, Vol.35, No.11, (2014).

Maidique M.A., Zirger B.J., "The New Product Learning Cycle", *Research Policy*, Vol.14, No.6(December 1985).

Makri, M., et al., "Complementary Technologies, Knowledge Relatedness, and Invention Outcomes in High Technology Mergers and Acquisitions", *Strategic Management Journal*, Vol.31, No.6(June 2010).

Markham, S. K., "The Impact of Front-End Innovation Activities on Product Performance", *Journal of Product Innovation Management*, Vol.30(December 2013).

Martin, S., et al., "The Nature of Innovation Market Failure and the Design of Public Support for Private Innovation", *Research Policy*, Vol.29, No.4-5(April 2000).

Martín-Rojas, R., et al., "How Can We Increase Spanish Technology Firms' Performance?", *Journal of Knowledge Management*, Vol.15, No.5(September 2011b).

Martín-Rojas, R., et al., "The Influence on Corporate Entrepreneurship of Technological Variables", *Industrial Management & Data Systems*, Vol.111, No.7(August 2011a).

Martín-Rojas, R., et al., "Encouraging Organizational Performance Through the Influence of Technological Distinctive Competencies on Components of Corporate Entrepreneurship", *International Entrepreneurship & Management Journal*, Vol. 13, No. 2 (June 2017).

Martinsuo, M., Poskela, J., "Use of Evaluation Criteria and Innovation Performance in the front End of Innovation", *Journal of Product Innovation Management*, Vol.28, No.6(November 2011).

Mason, E. S., "Price and Production Policies of Large Scale Enterprises", *The American Economic Review*, Vol.29(1939).

Miles, M.B., Huberman, A.M., *Qualitative Data Analysis: An Expanded Sourcebook*, London: SAGE, 1994.

Mishra, S., et al., "Factors Affecting New Product Success: Cross-Country Comparisons", *Journal of Product Innovation Management*, Vol.13, No.6(November 1996).

Moenaert, R. K., et al., "R&D/marketing Communication during the Fuzzy Front-End", *IEEE Transactions on Engineering Management*, Vol.42, No.3(August 1995).

Nagahira, A., et al., "The Fuzzy Front End of Japanese New Product Development Projects: Impact on Success and Differences between Incremental and Radical Projects", *R&D Management*, Vol.38, No.1(December 2008).

Ndofor, H.A.,et al., "Firm Resources, Competitive Actions and Performance: Investigating a Mediated Model with Evidence from the Invitro Diagnostics Industry", *Strategic Management Journal*, Vol.32, No.6(June 2011).

Necoechea-Mondragón, H., et al., "Critical Factors for Participation in Global Innovation Networks. Empirical Evidence from the Mexican Nanotechnology Sector", *Technological Forecasting and Social Change*, Vol.114(January 2017).

Nelson, R.R.,Winter, S.G., "The Schumpeterian Trade off Revisited", *The American Economic Review*, Vol.72, No.1(July 1982).

Nerilee Hing., "A Review of Hospitality Research in the Asia Pacific Region 1989 – 1996: A Thematic Perspective", *International Journal of Contemporary Hospitality Management*, Vol.9, No.7(June 1997).

Nieto, M., "Basic Propositions for the Study of the Technological Innovation Process in the Firm", *European Journal of Innovation Management*, Vol.7, No.4(December 2004).

Nobelius, D., Trygg, L., "Stop Chasing the Front-End Process? Management of the Early Phases in Product Development Projects", *International Journal of Project Management*, Vol.20, No.5(July 2002).

Nonaka I. "A Dynamic theory of Organizational Knowledge Creation", *Organization Science*,Vol.5, No.1, (Feb 1994).

O'Brien, K., "Innovation Types and the Search for New Ideas at the Fuzzy front End: Where to Look and How Often?", *Journal of Business Research*, Vol.107(February 2020).

Ofstein, L.F., *Boundary Spanning in the Entrepreneurial Firm: Effects on Innovation and Firm Performance*, Chicago: Dissertation of University of Illinois, 2013.

Ottaviano, G.I.P., "Knowledge Economies: Clusters, Learning and Cooperative Advantage", *Journal of Economic Geography*, Vol.3, No.4(October 2003).

Parida, V., et al., "Inbound Open Innovation Activities in High-Tech SMEs: The Impact on Innovation Performance", *Journal of Small Business Management*, Vol.50, No.2

(March 2012).

Parry, E. M., Song, X., "Identifying New Product Successes in China", *Journal of Product Innovation Management*, Vol.11, No.1(January 1994).

Pateli, A., Lioukas, S., "How Functional Involvement Affects the Transformation of External Knowledge into Innovation Outcomes", *R&D Management*, Vol.49, No.2(March 2019).

Pereira, A. R., et al., "Front End of Innovation: An Integrative Literature Review", *Journal of Innovation Management*, Vol.5, No.1(2017).

Porter, M.E., Miller, V.E., "How Information Gives You Competitive Advantage: The Information Revolution is Transforming the Nature of Competition", *Harvard Business Review*, Vol.854, No.4(July 1985).

Poskela, J. et al., "Management Control and Strategic Renewal in the Front End of Innovation", *Journal of Product Innovation Management*, Vol.26, No.6(November 2009).

Poskela, J., Martinsuo, M., "Management Control and Strategic Renewal in the front End of Innovation", *Journal of Product Innovation Management*, Vol.26, No.6(November 2009).

Postma, T. J. B. M., et al., "The Contribution of Scenario Analysis to the Front-End of New Product Development", *Futures*, Vol.44, No.6(August 2012).

Prahalad, C.K., Hamel, G., *The Core Competence of the Corporation*, London, New York: Routledge, 1990.

Prencipe, A., "Breadth and Depth of Technological Capabilities in CoPS: The Case of the Aircraft Engine Control System", *Research Policy*, Vol.29, No.7-8(August 2000).

Prencipe, A., "Technological Competencies and Product's Evolutionary Dynamics a Case Study from the Aero-engine Industry", *Research Policy*, Vol.25, No.8(January 1997).

Real, J.C., et al., "Determinants of Organisational Learning in the Generation of Technological Distinctive Competencies", *International Journal of Technology Management*, Vol.35, No.1-4(June 2006b).

Real, J.C., et al., "Information Technology as a Determinant of Organizational Learning and Technological Distinctive Competencies", *Industrial Marketing Management*, Vol.35, No.4(May 2006).

Reid, S.E., Brentani, U.D., "The Fuzzy Front End of New Product Development for Discontinuous Innovations: A Theoretical Model", *Journal of Product Innovation Management*, Vol.21, No.3(May 2004).

Reinertsen, D. G., Smith, P. G., "The Strategist's Role in Shortening Product Development", *Journal of Business Strategy*, Vol.12, No.4(November 1991).

Reinertsen, D., "Streamlining the Fuzzy Front-end", *World Class Design to Manufacture*, Vol.1, No.5(October 1994).

Ren, S., et al., "Search Scope and Innovation Performance of Emerging-Market Firms", *Journal of Business Research*, Vol.68, No.1(2015).

Robert, G., et al., "New-Product Success in the Chemical Industry", *Industrial Marketing Management*, Vol.22, No.2(May 1993).

Robert, W., Veryzer, J., "Discontinuous Innovation and the New Product Development Process", *Journal of Product Innovation Management*, Vol.15, No.4(October 2003).

Robinson, R., "Exploratory Integration and the Innovation Ecosystem", *Journal of Strategic Management*, Vol.41, No.1(2020).

Rosenkopf, L., Nerkar, A., "Beyond Local Search: Boundary-spanning, Exploration, and Impact in the Optical Disk Industry", *Strategic Management Journal*, Vol.22, No.4(April 2001).

Rothwell, R., et al., "SAPPHO Updated-Project SAPPHO Phase II", *Research Policy*, Vol.3, No.3(November 1974).

Russell, R.K., Tippett, D.D., "Critical Success Factors for the Fuzzy Front End of Innovation in the Medical Device Industry", *Engineering Management Journal*, Vol.20, No.3 (April 2008).

Salomo, S., Mensel, N., "Front-end Idea Generation for Innovation: Empirical Evidence from German Industrial Corporations", *Management of Engineering and Technology*, Vol.8, No.2(January 2001).

Sandmeier, Patricia, et al., "Towards a Structured and Integrative Front-end of Product Innovation", Proceedings of The R and D Management Conference (RADMA), ETH-Zürich, 2004.

Schmidt, B. J., et al., "Are Really New Product Development Projects Harder to Shut Down?", *Journal of Product Innovation Management*, Vol.15, No.2(March 1998).

Schweitzer, F., et al., "Beyond Listening: The Distinct Effects of Proactive Versus Responsive Customer Orientation on the Reduction of Uncertainties at the Fuzzy Front End of Innovation", R&D Management, Vol.48, No.5 (November 2018)

Schweitzer, F., Gabriel, I., "Action at the Front end of Innovation", *International Journal of Innovation Management*, Vol.16, No.6(November 2012).

Shafer, S.M., et al., "The Power of Business Models", *Business Horizons*, Vol.48, No. 3(June 2005).

Sidhu, J.S., et al., "The Multifaceted Nature of Exploration and Exploitation: Value of Supply, Demand, and Spatial Search for Innovation", *Organization Science*, Vol.18, No.1 (January 2007).

Simsek Z., Heavey C., "The Mediating Role of Knowledge Based Capital for Corporate Entrepreneurship Effects on Performance: A Study of Small to Medium Sized Firms", *Strategic Entrepreneurship Journal*, Vol.5, No.1(March 2011).

Sirmon, D.G., et al., "Capability Strengths and Weaknesses in Dynamic Markets: Investigating the Bases of Temporary Competitive Advantage", *Strategic Management Journal*, Vol.31, No.13(October 2010).

Sirmon, D.G., et al., "Resource Management in Dyadic Competitive Rivalry: the Effects of Resource Bundling and Deploymen", *Academy of Management Journal*, Vol.51, No.5(October 2008).

Sirmon, D.G., et al., "Resource Orchestration to Create Competitive Advantage: Breadth, Depth, and Life Cycle Effects", *Journal of Management*, Vol.37, No.5(September 2011).

Sirmon, D.G., Hitt, M.A., "Managing Resources: Linking Unique Resources, Management and Wealth Creation in Family Firms", *Entrepreneurship Theory and Practice*, Vol. 27, No.4(October 2003).

Sirmon, D.G., Ireland, M.A.H.D., "Managing Firm Resources in Dynamic Environments to Create Value: Looking Inside the Black Box", *The Academy of Management Review*, Vol.32, No.1(January 2007).

Smith, J., Cohen, D., "Exploratory Integration Strategies and Corporate Innovation: an Empirical Investigation", *Journal of Product Innovation Management*, Vol.35, No.6 (2018).

Song, X., et al., "What Separates Japanese New Product Winners from Losers", *Journal of Product Innovation Management*, Vol.13, No.5(September 1996).

Souder, W.E., et al., "Success through Customer-Driven New Product Development: A Comparison of U.S. and New Zealand Small Entrepreneurial High Technology Firms", *Journal of Product Innovation Management*, Vol.14, No.6(October 2003).

Spieth, P., Joachim, V., "Reducing Front End Uncertainties: How Organisational Characteristics Influence the Intensity of Front End Analysis", *Technological forecasting & Social Change*, Vol.123 (October 2017).

Spieth, P., Joachim, V., "Reducing Front End Uncertainties: How Organisational Characteristics Influence the Intensity of Front End Analysis", Technological forecasting & Social Change (2017).

Stevens, E., "Fuzzy Front-End Learning Strategies: Exploration of a High-Tech Company", Technovation, Vol.34, No.8(August 2014).

Subramaniam M., Youndt M.A., "The Influence of Intellectual Capital on the Types of Innovative Capabilities", *Academy of Management Journal*, Vol.48, No.3(June 2005).

Takey, S. M., Carvalho, M. M., "Fuzzy Front End of Systemic Innovations: a Conceptual Framework Based on a Systematic Literature Review", Technological forecasting and Social Change, Vol.111(October 2016).

Teece, D. J. Dynamic Capabilities and Strategic Management: Organizing for Innovation and Growth, Oxford University Press on Demand, 2009.

Teece, D., Pisano, G., "The Dynamic Capabilities of Firms: an Introduction", Industrial and Corporate Change, Vol.3, No.3(1994).

Teece, D., et al., "Dynamic Capabilities and Strategic Management", *Strategic Management*, Vol.18, No.7(August 1997).

Teece, D.J., "Capturing Value from Technological Innovation: Integration, Strategic Partnering, and Licensing Decisions", *Interfaces*, Vol.18, No.3(July 1988).

Teece, D.J., "Explicating Dynamic Capabilities: The Nature and Micro-foundations of (Sustainable) Enterprise Performance", *Strategic Management Journal*, Vol.28, No.13(August 2007).

Teece, D.J., "Profiting from Technological Innovation: Implications for Integration, Collaboration", *Licensing and Public Policy*, Vol.15, No.6(December 1986).

Thanasopon, B., et al., "The Role of Openness in the Fuzzy Front-End of Service Innovation", Technovation, Vol.47(January 2016).

Tsai, W.S., Ghoshal, "Social Capital and Value Creation: The Role of Intrafirm Networks", *Academy of Management Journal*, Vol.41, No.4(August 1998).

Tushman, M. L., "Special Boundary Roles in the Innovation Process", *Administrative Science Quarterly*, Vol.22, No.4(February 1977).

Tushman, M. L., et al., "External Communication and Project Performance: An Investigation into the Role of Gatekeepers", *Management Science*, Vol. 26, No. 11 (November 1980).

Tzortzaki A. M., Mihiotis A., "A Review of Knowledge Management Theory and Future

Directions", *Knowledge and Process Management*, Vol.21, No.1(January 2014).

Ulrich, et al., *Product Design and Development*, New York: MvGraw-Hill, 2003.

Urban, et al., *Design and Marketing of New Products*, Englewood Cliffs: Prentice Hall, 1980.

Verworn, B., "A Structural Equation Model of the Impact of the'Fuzzy Front End'on the Success of New Product Development", *Research Policy*, Vol.38, No.10 (December 2009).

Verworn, B., et al., "The Fuzzy Front End of Japanese New Product Development Projects: Impact on Success and Differences between Incremental and Radical Projects", *R&D Management*, Vol.38, No.1(January 2008).

Wagner, S. M., "Tapping Supplier Innovation", *Journal of Supply Chain Management*, Vol.48, No.2(April 2012).

Wan, W.P., et al., "Resource-Based Theory and Corporate Diversification", *Journal of Management*, Vol.37, No.5(September 2011).

Wang, C. L., Ahmed, P., K., "Dynamic Capabilities: A Review and Research Agenda", *International Journal of Management Reviews*, Vol.9, No.1(March 2007).

Wernerfelt, B., "The Resource-Based View of the Firm: Ten Years After", *Strategic Management Journal*, Vol.16, No.3(March 1995).

West, J., Bogers, M., "Leveraging External Sources of Innovation: A Review of Research on Open Innovation", *Journal of Product Innovation Management*, Vol.31, No.4(November 2013).

West, J., et al., "Challenges of Open Innovation: The Paradox of Firm Investment in Open-Source Software", *R&D Management*, Vol.36, No.3(May 2006).

Westphal, L.E., "Technology Strategies for Economic Development in a Fast-Changing Global Economy", *Economics of Innovation & New Technology*, Vol. 11, No. 4 – 5 (June 2002).

Wiklund, J., Shepherd, D., "Knowledge-Base Resources, Entrepreneurial Orientation, and the Performance of Small and Medium-Sized Businesses", *Strategic Management Journal*, Vol.24, No.13(December 2003).

Williams, et al., "Issues in Front-End Decision Making on Projects", *Project Management Journal*, Vol.41, No.2(March 2010).

Williamson, O. E., "Transaction Cost Economics: The Comparative Contracting Perspective", *Journal of Economic Behaviour & Organization*, Vol.8, No.4(December 1987).

Williamson, O. E., The Economic Institutions of Capitalism: Firms, Markets, Relational Contracting, New York: The Free Press, 1985.

Wolfgang, S., Christoph, G., "Specialized Search and Innovation Performance-Evidence across Europe", *R&D Management*, Vol.40, No.3(June 2010).

Xu, S., "Balancing the Two Knowledge Dimensions in Innovation Efforts: An Empirical Examination among Pharmaceutical Firms", *Journal of Product Innovation Management*, Vol. 32, No.4(July 2015).

Yam, et al., "Analysis of Sources of Innovation, Technological Innovation Capabilities, and Performance: An Empirical Study of Hong Kong Manufacturing Industries", *Research Policy*, Vol.40, No.3(April 2011).

Yin, R., *Case Study Research: Design and Methods*, Thousand Oaks, CA: Sage Publishing, 1994.

Yitshaki, R., Kropp, F., "Motivations and Opportunity Recognition of Social Entrepreneurs", *Journal of Small Business Management*, Vol.54, No.2(April 2016).

Zahra, S.A., George, G., "Absorptive Capacity: A Review, Reconceptualization, and Extension", *Academy of Management Review*, Vol.27, No.2(April 2002).

Zhang Q., Doll W J., "The Fuzzy Front End and Success of New Product Development: A Causal Model", *European Journal of Innovation Management*, Vol.4, No.2(June 2001).

Zhang, Y., LI, H., "Innovation Search of New Ventures in a Technology Cluster: The Role of Ties with Service Intermediaries", *Strategic Management Journal*, Vol.31, No.1 (January 2010).

Zott, C., Amit, R., "Business Model Design: An Activity System Perspective", *Long Range Planning*, Vol.43, No.2-3(April-June 2010).

责任编辑:陆丽云

图书在版编目(CIP)数据

企业技术差异化能力的提升机理:基于新产品开发模糊前端的实证研究/
裴旭东 著. —北京:人民出版社,2024.7
ISBN 978－7－01－026101－0

Ⅰ.①企…　Ⅱ.①裴…　Ⅲ.①企业-技术开发-研究　Ⅳ.①F273.1

中国国家版本馆 CIP 数据核字(2023)第 217731 号

企业技术差异化能力的提升机理
QIYE JISHU CHAYIHUA NENGLI DE TISHENG JILI
——基于新产品开发模糊前端的实证研究

裴旭东　著

人民出版社 出版发行
(100706　北京市东城区隆福寺街 99 号)

北京汇林印务有限公司印刷　新华书店经销

2024 年 7 月第 1 版　2024 年 7 月北京第 1 次印刷
开本:710 毫米×1000 毫米 1/16　印张:20
字数:315 千字

ISBN 978－7－01－026101－0　定价:98.00 元

邮购地址 100706　北京市东城区隆福寺街 99 号
人民东方图书销售中心　电话 (010)65250042　65289539